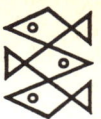

Über dieses Buch Daß der Mensch ein Produkt der ›Umstände‹ ist und dennoch verantwortliche Entscheidungen zu treffen hat, daß er die Geschichte, die ihn prägt, mit oder ohne Willen selbst hervorbringt – dieser unaufhebbare Widerspruch wurde von keinem anderen europäischen Intellektuellen mit solcher Intensität durchlebt, erlitten und reflektiert wie von Jean-Paul Sartre. 1939, als Sartre aus einer eher behaglichen Existenz gerissen und in den Krieg geschickt wurde, stellte sich ihm dieses Problem mit voller Schärfe, und es veranlaßte ihn in den folgenden Jahren zu einer besessenen, weitverzweigten Aktivität: Umfangreiche Tagebücher entstanden, Romane, Theaterstücke, Essays, das philosophische Hauptwerk *Das Sein und das Nichts*, die großen Monographien über Baudelaire, Mallarmé, Genet; daneben betrieb er die ideologische Auseinandersetzung mit den Kommunisten, die Gründung einer Zeitschrift und einer Partei; schließlich, 1953, zog er autobiographische Bilanz: *Die Wörter*.

Mit Einfühlungskraft und analytischer Genauigkeit zeichnet Walter van Rossum nach, wie Sartre in wenig mehr als einem Jahrzehnt sämtliche Möglichkeiten einer intellektuellen Praxis auffächert und durchspielt – ein beispielloses Unternehmen, mit dem Sartre zu Recht in die gegenwärtige Diskussion zurückkehrt.

Der Autor Walter van Rossum (geb. 1954) lebt als freier Publizist in Köln. Er veröffentlichte zahlreiche Aufsätze zur französischen Philosophie und Literatur.

Walter van Rossum

Sich verschreiben

Jean-Paul Sartre

1939–1953

Fischer Taschenbuch Verlag

Lektorat: Reiner Stach

Originalausgabe
Veröffentlicht im Fischer Taschenbuch Verlag GmbH,
Frankfurt am Main, Dezember 1990

© 1990 by Fischer Taschenbuch Verlag GmbH, Frankfurt am Main
Umschlaggestaltung: Buchholz/Hinsch/Hensinger
Foto: Radio Times, London
Gesamtherstellung: Clausen & Bosse, Leck
ISBN 3-596-10533-1

Inhalt

Meinen Eltern
und
Für Ulla – oder
   verschreibe ich mich
   schon wieder?

Hinweise zur Zitierweise

Die meisten Texte Sartres sind auf französisch im Verlag Gallimard, Paris, erschienen; fast alle deutschen Übersetzungen Sartres im Rowohlt Verlag, Reinbek. Nur bei den sehr seltenen Abweichungen gebe ich den Verlagsort an.

Ich zitiere nach den deutschen Übersetzungen, soweit vorhanden. Wo ich trotz vorliegendem deutschen Text selbst übersetze, gebe ich dies an. Gibt es keine Übersetzung, übersetze ich selbst (ohne dies anzumerken) und gebe die betreffende Stelle im Original an.

In die Zitate eingefügte Ergänzungen in eckigen [ ] Klammern stammen von mir.

Bei den Quellenangaben setze ich in den Fällen, wo ich es für geboten halte, das Jahr der Erstveröffentlichung (und/oder der Niederschrift, falls es relevante Abweichungen gibt) in eckige [ ] Klammern.

Einleitung

»Cours, camarade, le vieux
monde est derrière toi«

Jean-Paul Sartre starb am 15. April 1980. Seine Beerdigung nimmt sich heute wie die letzte große und spektakuläre Manifestation der Generation aus, die er als ihr Sprecher und Inbild verkörperte. Seitdem hat man nicht aufgehört, diesen Tod zu besiegeln, die Grabplatten festzubetonieren. Es wäre vielleicht erhellend, einmal im Detail zu zeigen, wie die nachsartresche Intellektuellengeneration ihren vermeintlich radikalen Bruch mit der Tradition an oder besser: gegen Sartre symbolisch exemplifiziert. Hier nur ein Beispiel, das verdient, genauer untersucht zu werden. Schließlich stammt es aus dem Munde eines der prominentesten Vertreter der neuen Intelligentsia: Jacques Derrida. In einem Interview mit dem *Nouvel Observateur* fragt er 1983: »Was für eine Gesellschaft muß die unsrige sein, damit ein Mann [Sartre], der auf seine Art derartig viele theoretische und literarische Ereignisse seiner Zeit – kurz gesagt, die Psychoanalyse, den Marxismus, den Strukturalismus, Joyce, Artaud, Bataille, Blanchot – entweder abgelehnt oder mißverstanden hat, der über Heidegger und manchmal auch über Husserl den unglaublichsten Unsinn wiederholt oder verbreitet hat, derart die kulturelle Szene dominieren und sogar zu einer Berühmtheit werden kann?«[1]

Derrida erledigt in ein und demselben Atemzug nicht nur Sartre, sondern auch noch die französische Gesellschaft, die dieses bedauerliche Phänomen hervorgebracht und gefeiert haben soll. So bringt er die Exklusivität und die Radikalität der neuen Denker zum Ausdruck, und noch wichtiger: er läßt uns ihre Gefährlichkeit spüren. Schließlich hat dieser beamtete Professor Subversivität auf seine philosophischen Fahnen geschrieben. In einem Punkt allerdings hat Derrida recht: »Man müßte der Frage« – die er eben gestellt hat – »einige Dutzend Bücher widmen.« (ibid.) Nun finden sich in Derridas Werk allerdings kaum ein paar Dutzend Zeilen, die sich mit Sartre auseinandersetzen. Es ist auch

---

1 ›Derrida l'insoumis‹, in: *Le Nouvel Observateur*, 9. September 1983. S. 86. Wiederabdruck in: *De Sartre à Foucault. Vingt ans de grands entretiens dans Le Nouvel Observateur*. Paris 1984. S. 366–375. Hier: S. 371.

nicht bekannt, daß er seitdem seine Behauptungen mit etwas hand-festeren Argumenten präzisiert hätte. Wenn wir einmal Beiträge aus dem großen Kreis der folgsamen und gelehrigen Schülerschaft außer acht lassen, dann bietet jene Interviewäußerung immerhin eine der ausführlichsten Stellungnahmen eines führenden französischen Post-strukturalisten zu Sartre. Und außerdem wird Derrida, der sonst nur noch »von den Rändern der Sprache« linguistische Signale trop-fen läßt, hier einmal genau: es fallen Namen, und es rollt ein Kopf: Sartres.

Derrida nennt »kurz gesagt« eine Reihe von Begriffen und Na-men, die Sartre »entweder abgelehnt oder mißverstanden« haben soll. Es verwundert ein wenig die Technik, ein Werk durch seinen Bezug zu untereinander reichlich unterschiedlichen anderen Theo-rien und Namen zu charakterisieren, zu denen es überdies in Schief-lage stehen soll. Man könnte ja zunächst fragen: warum gerade diese Namen? Und dann: was mag es bedeuten, wenn Sartre allen diesen Instanzen gegenüber durch Ablehnung und Mißverständnis gefrevelt hat? Was sagt es etwa über Heidegger – bekanntlich Derridas bevor-zugte philosophische Referenz –, daß er zum Beispiel die Psycho-analyse, den Marxismus oder den Strukturalismus nicht nur abge-lehnt, sondern noch nicht einmal einer Auseinandersetzung für wert erachtet hat? Ob Heidegger die Schriftsteller Joyce, Artaud, Bataille oder Blanchot überhaupt kannte, wissen wir nicht. Fest steht hinge-gen, daß er sich nie zu diesen Autoren geäußert hat. Sollte Heideg-ger also ganz wie Sartre an seiner Zeit vorbeigegangen sein? Übri-gens hatten oder haben Joyce, Artaud, Bataille und Blanchot zu Strukturalismus, Marxismus oder Psychoanalyse ein – bestenfalls – eigensinniges Verhältnis. Kurz, man kann das Glasperlenspiel mit den Namen und Schulen ad nauseam fortführen – bei Lichte bese-hen läßt der Aufbau des Arguments überhaupt keine Schlüsse zu, außer vielleicht über seinen Urheber.

Freilich, die Unschärfe hat Methode. Sie wird noch disperser durch die Kriterien »abgelehnt oder mißverstanden«. »Abgelehnt« scheint deutlich, andererseits: was heißt es schon, eine Reihe von Theorien und Autoren abzulehnen? Gewöhnlich pflegt das von einem eigenen Kopf zu zeugen. »Mißverstanden« verweist hingegen auf ein allzu wei-tes Feld. Ohne den geringsten argumentativen Beleg ist dieser Vor-wurf seiner Natur nach nicht nachprüfbar und wohl deshalb auch hier erhoben worden. Wollte Derrida damit vielleicht implizieren, daß *er* über das angemessene Verstehen verfügt? Das wäre trivial, auch ungereimt, denn schließlich besteht ja eine der Grundintentionen seines Denkens im »Nachweis« unserer Unfähigkeit zur Wahrheit, ja nur zur Richtigkeit, auch wenn wir nie verstehen werden, wie er uns diese Wahrheit über die Wahrheit mitteilen konnte. Aber lohnt es sich überhaupt, einer Interviewäußerung – auch wenn sie an exponierter Stelle von einem Exponenten der neuen Intelligenz vorgebracht wird – eine solche Bedeutung beizumessen? Ich glaube, daß dieser antisartresche Affekt nicht nur einiges darüber aussagt, wo Sartre heute – wenigstens in Frankreich – steht, sondern an Sartre gerade das Moment kritisch betont, das uns besonders interessiert. Dazu muß man Derridas Kritik einmal überprüfen.

Die Psychoanalyse? Sartres frühe und später immer weiter differenzierte Kritik an bestimmten psychoanalytischen Modellen bezog sich auf den Naturalismus, der in diesen Modellen bis heute vorherrscht. Aus anderen, dann aber doch wieder ähnlichen Gründen verband ihn auch mit der seit den 60er Jahren in Frankreich vorherrschenden Theorie und Schule Jacques Lacans[2] so gut wie nichts. Wie Manfred Frank gezeigt hat, kann man einige Passagen aus *Der Idiot der Familie* als (implizite) Kritik an Lacanschen Konzepten lesen.[3] 1969 veröffentlichte Sartre in der von ihm herausgegebenen Zeitschrift *Les Temps Modernes* den transkribierten Tonbandmitschnitt eines ›Psychoanalytischen Dialogs‹, der gegen den Willen des Analytikers aufgenommen worden war. In seinem begleitenden Kommentar – ›L'homme au magnétophone‹ (Der Mensch auf Band)[4] – legte Sartre die Gründe für die Veröffentlichung dar und erläuterte noch einmal, warum er gewisse Praktiken und gewisse Theorien gewisser Psychoanalytiker kritisierte. Soweit Sartres Ablehnung *der* Psychoanalyse. Hingegen hatte er bereits 1943 in seinem ersten philosophischen Hauptwerk *L'Etre et le Néant (Das Sein und*

---

2 Über den Einfluß und die Stellung von Jacques Lacan in Frankreich informiert sehr ausführlich der zweite Band von Elisabeth Roudinesco, *La Bataille de cent ans. Histoire de la psychanalyse en France*. Paris 1986. 2 Bände.

3 Manfred Frank, ›Zur Archäologie des Individuums. Zur Hermeneutik von Sartres *Flaubert*‹, in: Ders., *Das Sagbare und das Unsagbare. Studien zur neuesten französischen Hermeneutik und Texttheorie*. Frankfurt a. M. 1980. S. 36–113.

4 Beide Texte sind unübersetzt und franz. wiederabgedruckt in: *Situations X*. 1975. S. 329–358. Die zehn Bände *Situations* werden im folgenden abgekürzt zitiert als *Sit. I, II, III* etc.

das Nichts) seine Vorstellungen von einer »existentiellen Psychoanalyse«[5] dargelegt, die er in der Folge an den Beispielen Charles Baudelaire (1944), Jean Genet (1952), Stéphane Mallarmé[6] und Gustave Flaubert (1971–72) auf vielen tausend Seiten konkretisierte und vertiefte. In dem umfangreichen Filmdrehbuch über Freud[7], das er ursprünglich für John Houston verfaßt hatte, wandte Sartre in gewissem Sinne *seine* psychoanalytischen Vorstellungen auf die Person Sigmund Freuds an. Von Ablehnung »der« Psychoanalyse also keine Spur. Im Gegenteil: das Projekt einer psychoanalytischen Theorie hat ihn bis in seine letzten Werke hinein intensivst beschäftigt.

Merkwürdige Reihung: der Psychoanalyse folgt eine bestimmte Theorie der Geschichte, der Marxismus, dieser wiederum folgt eine gegenstandsindifferente Methode: der Strukturalismus. Die Frage, ob Sartre den Marxismus entweder abgelehnt oder mißverstanden habe, ist so gar nicht zu beantworten, denn sein Verhältnis zum Marxismus hat sich laufend verändert. Vor dem Krieg hatte er weder theoretisches noch praktisches Interesse am Marxismus: Er unterstützte die Volksfront – mit Gefühlen. Er wählte noch nicht einmal. Eine verbindlichere politische Einstellung forderte ihm erst der Krieg ab. 1941 gründete er zusammen mit Freunden die Résistance-Gruppe *Socialisme et liberté* – Sozialismus und Freiheit. Der Name weist bereits in eine Richtung, die Sartres Einwände gegen die materialistische Theorie andeutet. Er formulierte seine Kritik öffentlich erstmals 1946 in seinem Essay ›Materialismus und Revolution‹. Politisch hielt er bis etwa 1950 (Ausbruch des Koreakrieges) an einer Position zwischen den Blöcken des anhebenden Kalten Krieges fest. Deshalb lehnten ihn die Marxisten ebenso ab wie die bürgerlichen Intellektuellen. Im Laufe der 50er Jahre näherte er sich der Kommunistischen Partei an. Dabei definierte er genau die prak-

5 Cf. besonders das Kapitel mit der Überschrift ›Die existentielle Psychoanalyse‹ (S. 701–723). Unmittelbar im Anschluß daran erklärt Sartre: »Wir werden daher unsere Aufgabe erfüllt haben, wenn wir die bisher gewonnenen Erkenntnisse benutzen, um die Grundlagen für eine existentielle Psychoanalyse zu entwerfen.« S. 723

6 Die Studie über Mallarmé ist Fragment geblieben. Sie ist erstmals in der Zeitschrift *Obliques* Nr. 18/19, April 1979, S. 169–194 erschienen. Dtsch: *Mallarmés Engagement.* 1983. Etliche Seiten des unabgeschlossenen Manuskripts sind wahrscheinlich 1962 bei einem Attentat auf Sartres Wohnung entweder verbrannt oder gestohlen worden. Die gedruckten Fragmente stammen vermutlich aus der Zeit um oder kurz vor 1950.

7 *Le scénario Freud* [1959/60]. 1984

tischen und theoretischen Grundlagen seiner Zusammenarbeit. Da der Marxismus in Frankreich lange Zeit nur als Hausphilosophie der KP in Erscheinung trat [8], versuchte Sartre, ihn aus der Vormundschaft ideologischer und taktischer Interessen zu lösen und als ein unabhängiges Denken zu behandeln. 1960 nannte er in der *Kritik der dialektischen Vernunft* zwar den Marxismus »die unüberschreitbare Philosophie unserer Zeit« [9], aber mit diesem zweiten philosophischen Hauptwerk legte er eine Theorie vor, die die historische Dialektik erst mit den eigenen Prinzipien in Einklang bringen sollte. Natürlich wurde sie von den Parteimarxisten ebenso heftig abgelehnt, wie sie dem bürgerlichen Publikum Sartres kommunistischen Sündenfall belegte (gewiß auch im Zusammenhang mit seinem politischen Engagement – zu jener Zeit besonders im Algerienkrieg). Nach dem Einmarsch sowjetischer Truppen in die ČSSR und im Gefolge der 68er Revolten kündigte er endgültig eine von Anfang an brüchige und zunehmend sich verschlechternde Zusammenarbeit mit der PCF auf. 1973 bezeichnete er sich in einem Interview noch als »Marxianer« [10]. 1977 sagte er: »Ich bin kein Marxist mehr. Seit zwei oder drei Jahren.« [11] 1871 hatte bereits Marx ausgerufen: »Moi, je ne suis pas marxiste!« 1983 kommt glücklicherweise Jacques Derrida daher und gibt dem Marxismus seine verlorene Einheit zurück, macht ihn zu einer stabilen Bezugsgröße. Das mag ihm leichtfallen, schließlich hat er sich mit dieser Geschichtstheorie noch nie auseinandergesetzt. [12]

Auch Sartres Verhältnis zum Strukturalismus wird man nur schwer-

8 Cf. Daniel Lindenberg, *Le marxisme introuvable*. Paris 1975. Und: Bruno Schoch, *Marxismus in Frankreich seit 1945*. Frankfurt a. M., New York 1980.

9 *Kritik der dialektischen Vernunft*. S. 868

10 ›Volksfront nicht besser als Gaullisten‹. Interview. *Der Spiegel* 7, 12. Febr. 1973. S. 84–98. Hier: S. 92.

11 Interview mit *Lotta continua*, 15. September 1977. Meines Wissens erklärt Sartre diesen Sachverhalt zum ersten Male 1975 öffentlich in einem ausführlichen Interview über seine philosophische Entwicklung. Dieses Gespräch wurde aber erst nach seinem Tod veröffentlicht. Eine gekürzte französische Fassung ›Une vie pour la philosophie‹ in: *Magazine Littéraire*, Nr. 182 (März 1982). S. 72–81. Die vollständige Fassung ist bisher nur auf englisch gedruckt und findet sich in: Paul A. Schilp (Hrsg.), *The philosophy of Jean-Paul Sartre*. La Salle, Illinois 1981.

12 Ich habe anderenorts schon versucht, das Verhältnis der poststrukturalistischen Intellektuellen zu Politik und Marxismus zu beschreiben. Cf. Walter van Rossum, ›Triumph der Leere. Zum Konvertitentum der französischen Intellektuellen‹, in: *Merkur*, Nr. 434, April 1985. S. 275–288.

lich in den Termini von »abgelehnt oder mißverstanden« klären können. Mit dem linguistisch oder literaturkritisch angewandten Strukturalismus hat er sich nie näher beschäftigt. Allerdings hat er in den 50er
Jahren verschiedentlich und ausdrücklich auf die Bedeutung der Schriften von Claude Lévi-Strauss hingewiesen, der übrigens in *Les Temps Modernes* mehrere Texte veröffentlichte. In der *Kritik der dialektischen Vernunft* setzte Sartre sich ganz am Rande mit dem Strukturbegriff von
Lévi-Strauss auseinander, den er als Beschreibung von Ordnungszu-
ständen des Praktisch-Inerten begrüßt. Aber – so Sartres Einschrän-
kung –: »Jede menschliche Schöpfung hat ihre passiven Bereiche: das
bedeutet nicht, daß sie völlig determiniert ist.«[13] Lévi-Strauss hat anscheinend die gesamte Argumentation der *Kritik der dialektischen Vernunft* als eine gegen den Strukturalismus gerichtete Theorie aufgefaßt
und Sartre deshalb in verschiedenen Texten[14] scharf angegriffen. Lévi-
Strauss hat insofern recht, als die *Kritik der dialektischen Vernunft* implizit
durchaus eine klare Kritik am Strukturalismus enthielt. Aber den
Strukturalismus ereilten die in diesem Buch gegen ihn formulierten
Zweifel gleichsam als Querschläger der Kritik an einer anderen naturalistischen Theorie: dem Marxismus. Sartre hat sich in verschiedenen
Interviews gelegentlich noch kritisch zum Strukturparadigma geäußert.[15] Aber er hat nie auf Lévi-Strauss' zum Teil heftige Polemik geant-
wortet, denn »Lévi-Strauss weiß nicht, was das ist, dialektisches Denken, [...] und er kann es auch gar nicht wissen«[16]. Diesen Befund,
soweit er Sartre betrifft, bestätigte kürzlich Alfred Schmidt in seiner
Untersuchung der hartnäckigen Angriffe von Lévi-Strauss an Sartres
Adresse: »Man wird nicht umhinkönnen, festzustellen, daß die im *Wil-
den Denken* gegen Sartre vorgetragenen Argumente ein Zerrbild seiner
Philosophie entwerfen.«[17] Wir wollen hier darauf verzichten zu klä-

13 ›Jean-Paul Sartre antwortet‹. Interview mit Bernhard Pingaud [1966], in: *alterna-
    tive* 54, Juni 1967. S. 129–133. Hier: S. 131.
14 Besonders im ›Geschichte und Dialektik‹ überschriebenen IX. Kapitel von *Das
    wilde Denken* [1962], Frankfurt a. M. 1968.
15 Außer dem zuvor erwähnten Interview wäre noch das Gespräch ›Die Anthropo-
    logie‹ in: *Mai '68 und die Folgen*. Bd.2 1975, S. 78–88 zu nennen.
16 ›Der Schriftsteller und die Sprache‹. Interview mit Pierre Verstraeten, in: *Der
    Intellektuelle und die Revolution*. Neuwied u. Berlin 1971. S. 83–123. Hier: S. 116.
17 Alfred Schmidt, ›Lévi-Strauss versus Sartre‹, in: Traugott König (Hrsg.), *Sartre.
    Ein Kongreß*. Reinbek 1988. S. 297–333. Hier: S. 315. Zu einem ähnlichen Ergeb-
    nis kommt Annegret Dumasy, *Restloses Erkennen. Die Diskussion über den Struktura-
    lismus des Claude Lévi-Strauss in Frankreich*. Berlin 1972.

ren, wer nun wen mißverstanden hat. Bemerkenswert ist indes, daß Derrida selbst sowohl den anthropologischen Strukturalismus eines Lévi-Strauss wie auch die strukturalistische Literaturkritik vehement kritisiert hat. Gerade mit diesen Texten [18] hat er die Überschreitung des Strukturalismus in Richtung auf den Poststrukturalismus entscheidend vorbereitet.

Kommen wir nunmehr zur Betrachtung von Sartres verfehlten Beziehungen zur literarischen Avantgarde seiner Zeit. James Joyce: Mir sind keine systematischen Überlegungen Sartres zu dem irischen Schriftsteller bekannt. Er erwähnt ihn gelegentlich, zum Beispiel zweimal in *Was ist Literatur?* (S. 111 u. 176): von Ablehnung keine Spur – im Gegenteil begrüßt Sartre hier gewisse Joycesche Techniken.

»Sartre gehört zu denen, die am besten die Absichten des Autors von *Das Theater und sein Doppel* verstanden haben«, schreibt Jean Verdreil [19] in seiner Untersuchung über Sartres Verhältnis zu Brecht und Artaud, die sich im wesentlichen auf Sartres Vortrag ›Mythos und Realität des Theaters‹ [20] aus dem Jahre 1966 bezieht. Meines Wissens handelt es sich dabei um die einzige Auseinandersetzung Sartres mit der Theaterkonzeption Artauds. Sartre entwickelt darin seine eigene Auffassung vom Theater in Abgrenzung von Brecht und Artaud. Indes: »Wenn Sartre sich Brecht und Artaud nähert, dann nicht als Theoretiker des Theaters, sondern weil er in ihnen Menschen geahnt und wiedererkannt hat, die dieselbe Suche wie er betreiben und die sich über den Schauspieler, die Kontingenz und die Unaufrichtigkeit befragten.« [21] Entweder verfügt Derrida über noch unveröffentlichte Quellen für seine Behauptung, oder aber er bezeugt einen geradezu gefährlich flachen Sinn für literarische Auseinandersetzung.

Das Verhältnis von Sartre und Georges Bataille hat kürzlich Traugott König untersucht, und zwar gerade im Hinblick auf den postmodernen Versuch, die beiden gegeneinander auszuspielen. Seine detaillierte Untersuchung zeigt die erstaunlich vielen Berührungspunkte, die es zwischen den beiden gegeben hat – trotz der pointierten Kritik, die Sartre

18 Ich nenne hier nur die beiden Aufsätze ›Kraft und Bedeutung‹ und ›Die Struktur, das Zeichen und das Spiel im Diskurs der Wissenschaften vom Menschen‹. Beide in: Ders., *Die Schrift und die Differenz*. Frankfurt a. M. 1972.
19 Jean Verdreil, ›Sartre, lecteur de Brecht et d'Artaud‹, in: Claude Burgelin (Hrsg.), *Lectures de Sartre*. Lyon 1986. S. 317–326. Hier: S. 323.
20 In: *Mythos und Realität des Theaters. Aufsätze und Interviews 1931–1971*. S. 126–144.
21 Jean Verdreil, op. cit. S. 325.

1943 in seinem Artikel über Bataille [22] geäußert hat. Diese nicht einmal sonderlich versteckte Konvergenz führt schließlich König zu der Frage, »ob sich die Paradigma- und Referenzsysteme des Existentialismus und des Strukturalismus zueinander nicht eher komplementär verhalten als einander widersprechend und ausschließend und ob die Attacken gegen das Sartresche Denken sich nicht eher gegen einen Popanz als gegen Sartre selbst richten« [23].

Bleibt Maurice Blanchot. Liest man Sartres Aufsatz ›*Aminadab* oder Das Phantastische als Sprache‹ aus dem Jahre 1943, der sich mit den beiden ersten Romanen Blanchots – *Thomas l'obscur* (1941) und *Aminadab* (1942) – beschäftigt, wird man nicht umhin können, in ihnen das Zeugnis einer sensiblen und aufmerksamen, wenngleich kritischen Auseinandersetzung mit Blanchot zu sehen. Sartre, der Blanchot einen »begabten Schriftsteller« nennt, vergleicht ihn sogar mit Kafka. Unabhängig von der differenzierten Kritik an Blanchot kann man bemerken, daß Sartres Text die erste ausführliche Würdigung dieses bis dahin weitgehend unbekannten Autors bedeutete, die überdies die Rehabilitation des politisch und journalistisch kollaborationsverdächtigen Blanchot wenigstens vorbereitete. Übrigens räumt Derrida selbst ein, daß er dank Sartre »Bataille, Blanchot und Ponge entdeckt« habe. Ja sogar: »Die Dinge haben sich geändert, als ich dank ihm [Sartre], aber vor allem gegen ihn Husserl, Heidegger, Blanchot gelesen habe.« (loc. cit.)

Blanchot wurde nach dem Krieg auch für einige Zeit Mitarbeiter der *Temps Modernes*. Ansonsten bezieht und stützt sich Sartre andernorts öfters auf die Essays Blanchots. Man findet wenig, was die angebliche Ablehnung Blanchots in Sartres Werk belegen könnte. Und wahrscheinlich würde auch Derrida staunen, läse er die alles in allem hochlobende und ausführliche Rezension der Romantrilogie Sartres aus der Feder von Maurice Blanchot. [24]

22 ›Ein neuer Mystiker‹, in: *Situationen*. 1965. S. 59–88.
23 Traugott König, ›Sartre und Bataille‹, in: Ders. (Hrsg.), *Sartre. Ein Kongreß*. op. cit., S. 365–381. Hier: S. 380. Eine andere neuere Untersuchung stammt von Françis Marmande, ›Sartre et Bataille: le pas de deux‹, in: Claude Burgelin (Hrsg.), op. cit. S. 255–261.
24 ›Les romans de Sartre‹ [1945]. Wiederabdruck in: Ders., *La part du feu*. Paris 1949. S. 195–211. Eine deutsche Übersetzung dieses Aufsatzes findet man in dem Beiheft zu der Kassette: *Gesammelte Werke. Romane und Erzählungen*. Sartres Auseinandersetzung mit Blanchot und Bataille werden wir in Kapitel III, 3 ausführlicher darstellen.

Derrida bringt in seinem Verdikt noch die Namen der beiden deutschen Philosophen Husserl und Heidegger unter. Man kann es sich hier recht einfach machen: Welche Bedeutung Husserl und Heidegger auch immer für Sartre gehabt haben mögen, *über* Husserl und Heidegger hat er gewiß nie »den unglaublichsten Unsinn wiederholt und verbreitet«, ganz einfach, weil Sartre sich nie *über* Husserl und Heidegger geäußert hat. Wie man weiß, hat Sartre sich früh mit dem Werk Edmund Husserls beschäftigt; davon zeugen besonders seine Schriften vor dem Krieg. Später haben dann einige Texte Heideggers die Ausarbeitung von *Das Sein und das Nichts* inspiriert. »Heidegger ist aus der Phänomenologie nicht hervor-, sondern durch sie hindurch gegangen.«[25] Diese treffende Formel Hans Blumenbergs kann man ohne Abstriche auf Sartres Verhältnis zu Heidegger und Husserl übertragen. Sartre ist nie als Schüler oder Erbe dieser Philosophen aufgetreten. Wie auch Heidegger jede Nähe zu Sartre energisch zurückwies. Und da Sartre keinerlei akademische Ambitionen hatte, sprach er über die philosophische Tradition fast niemals anders als nach den Erfordernissen seines eigenen Denkens.

In welche Richtung auch immer man Derridas Extempore untersuchen mag, es erweist sich in jedem Falle als eine Mischung aus skandalösen Behauptungen und peinlichem Ressentiment. Die ganze Anlage des Urteils läßt sich leicht als Pseudoargumentation durchschauen, und da, wo die Möglichkeiten der Überprüfbarkeit nicht restlos verschüttet wurden, ergeben nähere Erkundigungen eine geradezu groteske Ahnungslosigkeit. Oder ist am Ende nicht nur das Urteil, sondern auch die Ahnungslosigkeit gefälscht? Jedenfalls gibt es schon zu denken, daß Derrida im *Nouvel Observateur* – immerhin dem meistgelesenen Nachrichten- und Meinungsmagazin der linksliberalen französischen Intelligentsia – beachtliche Bildungslücken zu Protokoll gibt und damit wenigstens ein Stück seiner akademisch-universitären Reputation aufs Spiel setzt. Ich fürchte, in diesem Wagnis liegt sein Einsatz. 1983 erkundet Derrida: Wie tot ist Sartre? Er verbreitet einen Haufen Halb- und Unwahrheiten über ihn, verpackt in eine Argumentation, die jeder philosophischen Beschreibung spottet – aber: kein Protest rührt sich, nirgends erhebt sich eine auch nur dünne Gegenstimme, jeder doch leicht zu bewerkstelligende Versuch einer Richtigstellung unterbleibt. Nein,

25 Hans Blumenberg, *Das Lachen der Thrakerin. Eine Urgeschichte der Theorie.* Frankfurt a. M. 1987. S. 150.

1983 ist Jean-Paul Sartre so tot, daß man der französischen Öffentlichkeit jeden, aber auch jeden Schwachsinn über ihn verkaufen kann. Ja, »was für eine Gesellschaft! . . . kurz gesagt«.

Schön, Sartre ist anscheinend völlig erledigt. Nur, warum will Derrida das so genau wissen? Ich denke, er überprüft das Ausmaß der poststrukturalistischen Herrschaft. Die Antwort – das beschämte Schweigen – muß ihn fast erschrecken: welche Konformität zwischen der Gesellschaft und ihm!

Aber warum gerade Sartre? Tatsächlich hat Derrida den einzig richtigen Prüfstein gewählt. Keiner hat die französische Postmoderne länger hinausschieben und hinhalten können als gerade Sartre. Noch als halb erblindeter Greis scheint er einen Ton vorgegeben zu haben, den man – geheime Magie der Aura – nicht gänzlich preisgeben konnte. Und tatsächlich haben die Vertreter der Postmoderne ja jede systematische Auseinandersetzung zu seinen Lebzeiten sorgfältig vermieden. Dieses geradezu mit Händen greifbare Ressentiment gegen Sartre beruht gewiß nicht, wie wir gerade am Beispiel zeigen konnten, auf genau vermessenen Differenzen, von Werk zu Werk sozusagen. Es kann auch nicht daran liegen, daß alle Sartreschen Positionen im schieren und rohen Gegensatz zum Poststrukturalismus stünden. So hat Douglas Collins erst kürzlich am Beispiel des *Genet*-Buches einmal gezeigt, inwieweit Sartre schon 1952 Themen und Vorstellungen der sogenannten ästhetischen Avantgarde von heute vorweggenommen hat. [26] Dem ließe sich noch manch anderes Detail hinzufügen. Freilich, würde man die Konvergenzen noch so sehr zuspitzen, zuletzt bliebe immer noch ein klaffender Abgrund, dessen Tiefe die fundamentale Differenz des Sartreschen Unternehmens zum Projekt der Postmoderne ermessen läßt.

Im folgenden geht es um diese – übrigens ziemlich genau vermeßbare – Differenz. Es hätte keinen Sinn, Sartres Position vorab auf einen harten konzeptuellen Kern zu bringen. Wahrscheinlich gibt es diesen Kern auch gar nicht, und Sartres Denken eignet sich viel besser für eine Erzählung, auf die er ja selbst oft genug ›ausgewichen‹ ist, als für ein theoretisches Traktat. Aber die Begründung dafür fällt zusammen mit dem, was wir zu ›erzählen‹ haben werden.

Sartres Frage, seine immer wieder und bis zum Schluß gestellte Frage

---

26 Douglas Collins, ›Die Anthropologie des Neuen: *Saint Genet*‹, in: T. König (Hrsg.), *Sartre*, op. cit. S. 188–198.

lautet: *Wie kann ich mich in der Geschichte hervorbringen?* Die Frage ist zugegebenermaßen nicht ganz neu. Aber wir werden sehen, daß die mit Kant und besonders Hegel definierte Problematik der Moderne, nämlich der Ausgang von einem auf sich gestellten Subjekt, von Sartre radikalisiert und in einer Weise behandelt wird, die – soweit ich sehe – einzigartig ist.

Sartre stellt vor die Frage und ihre möglichen Antworten die Fragemöglichkeit selbst. Nicht nur, daß jemand (sich) diese Frage stellen muß, Sartre interpretiert die Fragemöglichkeit auch als Schicksal des Fragenden: Er kann sich aus der grundlegenden Struktur des Fragenkönnens nicht entlassen, und bei keiner Antwort kann er sich beruhigen. Es kann keine absoluten, konzeptuell oder praktisch universalisierbaren Antworten geben. Es gibt nur individuell absolute Antworten: die immer auch ein Stück weit ›wahnsinnige‹ Hervorbringung unseres Lebens. Und wenn wir uns hier auf Sartres Spuren begeben, dann auch, um die kostbare und zuletzt schöne Geste seiner Suche nachzuzeichnen. Es fasziniert nicht allein seine theoretische Vergewisserungsarbeit, sondern auch der (lebens)praktische Prozeß seines Gedankenganges.

Seine Phänomenologie der geschichtlichen und existentiellen Offenheit bringt Sartre in eine konsequent durchgehaltene Frontstellung zur philosophischen und wissenschaftlichen Tradition der Neuzeit. Indem diese Tradition (und ihre künftigen Erben) auf Antworten lauern, in denen das Fragenkönnen überwunden wird, in denen die Sünde der Kontingenz hinweggenommen werden soll, bringen sie den Fragenden um seine Offenheit, die Sartre im Gegensatz zu dieser Tradition als – wenngleich immer problematische – Chance begreift.

René Descartes hat das neuzeitliche Denken zwar gewiß nicht erfunden, aber er hat die radikalste und luzideste Definition des neuzeitlichen Willens zum Wissen aufgestellt. Diese bis an die Schwelle unserer Gegenwart gültige säkulare Metaphysik des Wissens besagt, daß das Sollen, die Offenheit, die der Mensch ist, auf ein erkennbares Sein zurückgeführt werden kann, soll und muß. In der *Abhandlung von der Methode* (1637) zeigt er auch gleich, was der Mensch ohne Rückhalt im Sein wäre: ein Zweifelnder und bald Verzweifelnder. Anschaulich schildert er, wie ihn 1619 das plötzliche und bald beherrschende Auftauchen der Frage nach sicherer und gewisser Erkenntnis übermannt habe, wie er gegen ihre Kontingenz, gegen ihre vorläufige Unbeantwortbarkeit ein Mäuerchen lebenspraktischer Notwendigkeit hochzieht, kurz, wie er sich in der Frage einrichtet und sich mit ihrer Offenheit arrangiert. [27] Spätestens aber in den *Prinzipien der Philosophie* (1644) erfahren wir, daß diese Offenheit nur als ein vorläufiges Stadium anzusehen sei, einem beschwerlichen Weg gleich, den man bei Ankunft am besten vergißt. So heißt es etwa im ›Schreiben an Picot‹: »Die gesamte Philosophie ist also einem Baume vergleichbar, dessen Wurzeln die Metaphysik, dessen Stamm die Physik, und dessen Zweige alle übrigen Wissenschaften sind, die sich auf drei hauptsächliche zurückführen lassen, nämlich auf die Medizin, die Mechanik und die Ethik. Unter Ethik verstehe ich dabei die höchste und vollkommenste Sittenlehre, die, indem sie die gesamte Kenntnis der anderen Wissenschaften voraussetzt, die letzte und höchste Stufe der Weisheit bildet.

So wie man nun weder von den Wurzeln noch vom Stamm der Bäume die Früchte pflückt, sondern nur von ihren Zweigen, so hängt auch der hauptsächliche Nutzen der Philosophie von denjenigen ihrer Teile ab, die man erst zu allerletzt lernen kann.« [28]

Mit anderen Worten: wenn wir gelernt haben, wie man das Sein liest, und wenn wir es schließlich gelesen haben, dann müssen wir uns nur noch als seinen Fall betrachten, dann brauchen wir nicht mehr den vergifteten Apfel des Fragens zu essen. Dann können wir endlich das Sollen, unser Zuviel, unser leeres Hinausstehen auf ein Sein zurückführen. Damit hat Descartes seiner – modernen – Nachwelt ein wahrhaft unerschütterliches Modell mit auf den Weg gegeben. Sein englischer Geistesverwandter Thomas Hobbes spricht fast gleichzeitig, wenn auch aus anderen Gründen, von der »Maschine Mensch«. Und bis heute folgen die Naturwissenschaften diesem überlieferten Schema, falls sie sich außerhalb der bloßen Herstellung von Technik überhaupt noch zu einem Erkenntnisinteresse bekennen. Und die sogenannten Humanwissenschaften haben dieses Modell, gerade weil sie sich ausdrücklich als Wissenschaften verstanden, später unbesehen übernommen.

Sartres Kritik am anthropologischen Szientismus, der sich mit einer gewissen Zwangsläufigkeit immer anthropofugal verdeutlicht, zielt genau auf dieses methodische Vergessen des Ereignisses ›Frage‹, d. h.

---

27 Cf. René Descartes, *Discours de la méthode – Von der Methode des richtigen Vernunftgebrauchs und der wissenschaftlichen Forschung.* Dtsch. u. Franz. Hamburg 1969. S. 2–19.

28 ›Schreiben des Verfassers an denjenigen, der die *Prinzipien der Philosophie* ins Französische übersetzt hat, das zugleich als Vorwort zu dem Buche selbst dienen mag‹, in: René Descartes, *Die Prinzipien der Philosophie.* Hamburg 1955. S. XLII.

einer Kontingenz, die es mit sich selbst zu tun bekommt. Descartes – gewiß nicht ohne (christliche) Vorbilder‹[29] – entwarf das neuzeitliche Grundmuster dieses Vergessens. Zumindest hat man ihn mit gutem Recht zum Vater dieser Tradition gewählt. Eine Erleuchtung hat in ihm stattgefunden. Gott sei Dank wußte er, daß er nur als Platzhalter erwählt war. Einen Moment lang als Einzelner privilegiert, aber auch gequält, erstattet er umgehend dem Allgemeinen seine Schulden.

Man wird sagen, ich übertreibe. Nein, ich raffe nur. Ich zitiere Claude Lévi-Strauss als prominenten Zeugen. Er bringt das gegenwärtige, wenn auch nicht ganz neue Theorieparadigma der Humanwissenschaften auf den ›metaphysischen‹ Punkt: er sieht seine eigene strukturale Anthropologie nur als Wegbereiter für Größeres – nämlich: »die Kultur in die Natur und schließlich das Leben in die Gesamtheit seiner physikochemischen Bedingungen zu reintegrieren«[30].

Aber wir müssen Lévi-Strauss auch dankbar sein: Er zieht der humanwissenschaftlichen Praxis den bigotten Schleier vom Gesicht: »Die Wissenschaften vom Menschen lösen den Menschen als separate Realität unweigerlich auf.«[31] Und jetzt gilt es, Ernst zu machen mit dem großen reduktionistischen Projekt, aufzuräumen also mit jenem »unerträglich verwöhnten Kind, das allzu lange die philosophische Szene beherrscht und jede ernsthafte Arbeit dadurch verhindert hat, daß es eine ausschließliche Aufmerksamkeit beanspruchte«[32]. Man wüßte natürlich gerne, wo eigentlich diese überdimensionierte und, wie allerorten zu lesen ist, aufgeblasene Subjektphilosophie zu finden ist? Wo treibt sie eigentlich ihr rastloses Unwesen? Und von welchem Subjekt ist da die Rede? Ich sehe in den letzten einhundertfünfzig Jahren Philosophiegeschichte vor allem ein nicht enden wollendes Beerdigen jeder Philosophie des Individuums.[33]

Ja, und was ist denn aus der so »ernsthaften Arbeit« der Reduktioni-

29 Ich zitiere Descartes hier nur als den Stifter oder vielleicht nur Sprecher eines *modernen* Modells vom Wissen. Natürlich hat schon Plato das Sein favorisiert, und spätestens Augustinus hat diese Präferenz an das Christentum weitergegeben. Von daher hat die Vorstellung von einem erlösenden Sein eine noch viel längere und undurchdringlichere Tradition.

30 Claude Lévi-Strauss, *Das wilde Denken*. op. cit., S. 289.

31 Ibid., S. 284.

32 Claude Lévi-Strauss, *Der nackte Mensch*. Band II. Frankfurt a. M. 1975. S. 808.

33 Herbert Schnädelbach ist kürzlich der These nachgegangen (›Das Gesicht im Sand. Foucault und der anthropologische Schlummer‹, in: A. Honneth, Th. McCarthy u. a. (Hrsg.), *Zwischenbetrachtung. Im Prozeß der Aufklärung.* Frankfurt

sten geworden, für die man zweifelsohne sehr viel mehr Zeugen und Täter anführen könnte? Hat man je einen wahrhaft ›reduzierten‹ Menschen gesehen? Haben wir von diesem harten Denken je die geringste Aufklärung über uns, über die läppischste unserer Taten erhalten? Ich sehe nur Leichen im Keller, an deren bleichen Zehen vollgeschriebene Blätter mit grotesken Diagnosen hängen. Nein, man braucht sich nicht zu sorgen – das ›harte‹ Denken ist so weit als möglich von den eigenen Ansprüchen entfernt: eine umzäunte Spielwiese, wo der Biologe den Psychologen, der Soziologe den Physiker und jener den Ästheten ›rekonstruiert‹. Wunderliche Kauze, indes – ihre Geste bleibt nicht ohne Wirkung. Aber wenn Lévi-Strauss und die Seinen schon nicht auf ein hartes Ergebnis des harten Denkens verweisen können, woher nehmen sie denn eigentlich das Zutrauen zu ihrem reduktionistischen Abenteuer? Kann man uns wenigstens eiserne Gründe für das eisige Programm nennen? Für Lévi-Strauss kann sein Programm ja wohl nur den physikochemischen Impulsen entspringen, auf die es zielt: die moderne Selbsterkenntnis – keiner fragt.

Aber der Antihumanismus beschränkt sich nicht allein auf die Humanwissenschaften, die französische Literatur hat dieses Leitmotiv bestens vorbereitet. Spätestens seit J. A. Rimbauds »Ich ist ein anderer« durchzieht eine Poetik des Schweigens als roter Faden die literarische Avantgarde Frankreichs. Mallarmé arbeitet intensiv am Tod des Autors, der Surrealismus situiert die »wahre Existenz« jenseits der konkreten Kommunikationen. Von Lautréamont über Jarry, Bataille, Ponge, Blanchot bis zu Marguerite Duras, vom *nouveau roman* bis zur Gruppe *Oulipo* wird diese Grundvorstellung variiert: Der Mensch wird von der Sprache gesprochen und die Welt von ihr ver-zeichnet. Ob das Unsagbare eine neue Heimat werden kann oder ob es sich in den Negationen und der Abkehr vom Gerede erschöpft, bleibt dabei zumeist unentschieden. Wir brauchen diese Frage hier auch nicht zu diskutieren. Entscheidend ist: die Literatur hat auf ihre Weise längst auch den Verdacht gegen den Menschen und die Sprache formuliert. Bis heute definiert das Bekenntnis zu diesem Verdacht die literarische Avantgarde Frankreichs. Und hier finden sich auch die Motive von Sartres kritischer Literaturbetrachtung und das Kardinalproblem seiner Schriftstellerbiographien.

a. M. 1989), wonach sich die jüngere Denkgeschichte im Übermaß mit dem Menschen befaßt haben soll. Fehlanzeige auf der ganzen Linie. Im Gegenteil: das Individuum nimmt sich eher wie ein exotisches Thema aus.

Jacques Derrida hätte nur die natur- und humanwissenschaftliche und die implizit negative literarische Anthropologie zu nennen brauchen, um das ganze Spektrum von Sartres Kritik – weit über die von ihm genannten Namen hinaus – zu umfassen; denn darin liegt das geheime Band aller Theorien und Namen, die Derrida aufzählt: Sartres Einwände gegen einen bestimmten Marxismus, gegen eine bestimmte Psychoanalyse und gegen den Strukturalismus als Theorien der Verdinglichung von Mensch und Sprache zielen auf den jeweiligen impliziten oder expliziten Reduktionismus dieser Theorien. Und für die Autoren, die Derrida anführt, gilt – wenigstens soweit Sartre sich mit ihnen überhaupt auseinandergesetzt hat – dasselbe, gewiß für Blanchot und Bataille. Nirgends spielt das konkrete Individuum eine nennenswerte Rolle. Es bleibt – trotz seines kurzen zitternden Auftauchens – Moment einer dinglichen Struktur, ökonomischer Gesetze, anthropologischer Konstanten oder mechanischer psychischer Abläufe. Es ertrinkt in den Gründen, die es nicht begründet hat: biologische, historische, soziale, linguistische usw. Die neuzeitlichen Humanwissenschaften haben ihren Verzicht auf Transzendenz durch Transzendentalien kompensiert, die seitdem zu theoretischen Schleuderpreisen auf den Markt geworfen werden.

Aber warum wirft Derrida sich zu unserem großen Erstaunen zum Beschützer einer ganzen Reihe von Theorien auf, die er selbst vehement kritisiert hat? Wenn er sie gegen Sartres Miß- und Unverständnis zu schützen vorgibt, dann weil der Kern der Sartreschen Kritik ihm bedrohlicher erscheint als das, was er selbst an Marxismus, Psychoanalyse und Strukturalismus ablehnt. Kurz, wenn er die genannten Theorien gegen Sartre verteidigt, dann weil er insgeheim an der – oben grob skizzierten – Metaphysik des Wissens, wenn auch unter veränderten Vorzeichen, festhält. Nur so kann man verstehen, daß er Sartres Kritik an »der Psychoanalyse, dem Marxismus, dem Strukturalismus« wie eine Kritik an sich selbst und den Seinen versteht. Und er hat recht.

Derrida und die Poststrukturalisten haben die Probleme und Aporien des szientistischen Reduktionismus erkannt; sie haben ihn deshalb ermordet, um wenigstens seine verheißungsvolle Geste zu erhalten.[34]

---

34 Es ist nicht uninteressant zu sehen, daß Lévi-Strauss diese Kehre fast widerspruchslos mitgemacht hat, heute den Szientismus kritisiert und in seinen letzten Veröffentlichungen die poststrukturalistische Kritik am Strukturalismus teilt. Das braucht uns nicht zu verwundern, denn der Poststrukturalismus ist ja nur der

Und die lange und ruhmreiche Tradition des theoretischen Antihumanismus hat so noch einmal eine kleine Zukunft bekommen.

Die hoffnungslos überfüllten Gefängnisse der Anthropologie haben die Poststrukturalisten auf den Plan gerufen. Lange genug hatte man das Individuum auf den allgemeinen Menschen reduziert, und lange genug konkurrierten die verschiedenen Diziplinen um das begründende Sein des Menschen. Wir haben hier nicht zu untersuchen, warum diese traditionsreiche Metaphysik des Wissens mit einem Male so brüchig geworden ist, daß die Poststrukturalisten – ihrerseits gewiß nicht ohne Vorlagen – die Bühne im Handstreich erobern konnten. Dies ist seit Ende der 6oer Jahre in Frankreich wie anderswo in den hochindustrialisierten Ländern der Fall. Das in hohem Maße paradoxe Antidenken der Postmoderne praktiziert eine schlichte Umkehrung der humanwissenschaftlichen Theorien: Das Individuum – wie wir vorläufig jene in Sartres Augen nicht verdinglichbare und irreduzible Instanz nennen wollen – wird nicht mehr einfach auf substanzielle oder verdinglichte Gründe zurückgeführt, sondern entführt in eine rauschende Grundlosigkeit. Nicht mehr um eine dingliche Mitte bildet sich das illusionäre Fleisch des Menschen, sondern der Einzelne ist von Anfang an von den Stürmen der Kontingenz verwirbelt. Er mag sich an seine substanzielle Erscheinung klammern, aber sie ist nur Echo seines Aufschreis und unwirkliche Spiegelung seiner Verwirbelung. Damit geht das postmoderne Denken nur einen – allerdings das »Theoriedesign« erheblich verändernden – Schritt über die religiöse und säkularisierte Metaphysik hinaus: Es beraubt ihn einer bis dahin vorstellbaren, wenn auch steinernen Mitte; die Konstitutionsmaschinen der Welt und des Bewußtseins entgehen der Reflexion und damit aller Beherrschbarkeit. Es überbietet damit noch den alten universalistischen Erklärungsanspruch, wenn auch mit negativen Vorzeichen versehen. Wo einst ein unverbrüchliches ›Ist‹ herrschte, regiert jetzt ein ›Nicht‹, das noch seine eigenen Gründe zersetzt. Im Verzicht, nein, in der Totsagung des Individuums hält es an der totalitären Linie aller Metaphysik fest. In diesem Sinne bedeutet auch die Konfrontation Sartres mit der Postmoderne keinen Sprung in der Zeit, keine Verwechselung des Späteren mit dem Früheren: denn die Postmoderne ist ja nur eine launische und gefällige Fortsetzung einer, nämlich der vorherrschenden, modernen Antwort auf

um ein Vorzeichen veränderte Strukturalismus. Cf. Manfred Frank, *Was ist Neostrukturalismus?* Frankfurt a. M. 1984. S. 66 ff.

das Problem des Individuums. Derrida hat diese Kontinuität unfreiwillig zwar, aber gewiß zutreffend neuerlich ausgedrückt. [35]

Der Psychoanalytiker Jacques Lacan sieht das Subjekt als von der Sprache durchgestrichene (und deshalb $ geschriebene) Instanz. Für den politisch ambitionierten Philosophen Jean-François Lyotard sind »Ich« und »Wir« von Diskursarten gesetzte Größen: »Die Diskursarten sind Strategien. Von niemandem.« [36] Der Sozialhistoriker Michel Foucault hält das Konzept »Mensch« für den Lapsus einer zufällig angeflogenen Formation des Wissens, die, so wie sie einst als unvordenklich entstandenes Arrangement einer Ordnung, als im Sturm der Zeiten verdickte und dann zum Distributionsherd des Denkens geronnene Fügung aufgetaucht ist, auch bald in der Nacht neuer Fügungen wieder verschwinden wird. Für Foucault eröffnet sich in der Hoffnung auf das Verschwinden des Menschen eine verheißungsvolle Morgenröte. Dafür gibt es bereits einige Anzeichen. Lösung kommt in Sicht: Auflösung. [37]

Jacques Derrida bietet eine sprach- und bewußtseinsphilosophische Variante des psychoanalytischen Poststrukturalismus: Die kontingente Materialität der Sprache schiebt sich zwischen jedes »authentische« Selbst- und Weltbewußtsein. Im logozentrischen und phonozentrischen Sprechen verbirgt die Sprache uns bloß, daß sie uns eigentlich spricht. [38]

35 Man darf sich vom metaphysikkritischen Jargon der Poststrukturalisten nicht irritieren lassen. Diese Kritik bezieht sich auf die Muster der überkommenen Metaphysik, auf ihr Denken in Kategorien wie Substanz, Einheit usw. Aber die Preisgabe dieser Konzepte und der Verzicht auf »positive« Erklärung bedeuten nicht auch schon den Verzicht auf totalitäre metaphysische Erklärung. Zur Kontinuität von Moderne und Postmoderne cf. A. Wellmer, *Zur Dialektik von Moderne und Postmoderne*. Frankfurt a.M. 1985 und Wolfgang Welsch, *Unsere postmoderne Moderne*. Weinheim 1987.

36 J.-F. Lyotard, *Der Widerstreit*. München 1987. S. 228. Die Ersetzung des Ich durch Diskursarten hindert Lyotard allerdings keineswegs daran, an »die Menschen« zu appellieren und ihnen eine Art antitotalitärer Ethik der Kontingenz zu empfehlen. Für niemanden? Von niemandem?

37 Ich paraphrasiere hier nur die entsprechenden Gedanken aus: *Die Ordnung der Dinge*. [1966] Frankfurt a. M. 1974. Foucault hat später seinen Ansatz stark verändert, ist sich aber in der Absicht treu geblieben. Das Individuum hat sich als ziemlich resistent erwiesen, und an Foucaults Beispiel kann man studieren, wie die rastlose Arbeit an seinem Tod ein Wissenschaftlerherz zu immer neuen Anläufen inspirierte. Cf. Axel Honneth, *Kritik der Macht*. Frankfurt a. M. 1985. S. 113–224.

38 Cf. Jacques Derrida, Grammatologie. [1967] Frankfurt a. M. 1974.

Es scheint unnötig, die stark variierenden und konkurrierenden Argumentationen hier im einzelnen darzustellen. In einem Punkt stimmen alle neostrukturalistischen Argumentationen überein: Es geht ihnen um eine negativ-metaphysische Überbietung des klassischen metaphysischen und humanistischen Denkens. Bisher hat das Individuum versucht, durch die Rekonstruktion übergeordneter Ordnungen sich in das Haus des Seins einzuschleichen, um das höhere Allgemeine zu werden, um sich zu vergessen. Vergeblich, wie wir wissen. Der Poststrukturalismus sucht jetzt die Erlösung des Individuums durch seine ursprüngliche Auflösung zu betreiben. Von Anfang an ist es von kontingenter Allgemeinheit überschwemmt und hat nicht die geringste Chance, sie zu objektivieren, da es bereits bis ins Mark von ihr gesprochen und bestimmt ist. Was die Postmodernen zu bloßen Variateuren der Moderne macht, ist nicht ihre Kritik an der Substanzialität oder Wesenhaftigkeit des Subjekts – Sartre sprach schon 1943 (in *Das Sein und das Nichts*) vom Menschen als »einer nutzlosen Leidenschaft«, als einer »gemeinen Marmelade« –, sondern vielmehr die Aufwertung dieser Kritik zur Lösung, zum neuen A-logos. Wie sollte man aber das hingezeugte Plankton kontingenter Formationen *sein*, sein können? Es ist wohl etwas komplizierter: wir können nicht einmal beliebig sein, wir können uns sowenig vergessen wie begründen. Bei Sartre dimensioniert die Kritik an der humanistischen Metaphysik und ihren gefälligen Tröstungen allenfalls das Problem, und wir versuchen nachzuzeichnen, was er mit diesem Problem macht.

Wir wollen im folgenden zeigen, wie Sartre gegen die Hypotheken der Tradition und gegen das diese Tradition spektakulär verlängernde Denken der Gegenwart Konzepte sucht, die dem konkreten Individuum in einer konkreten Welt und seinen konkreten Problemen angemessener sind. Das reicht zunächst hin, um seine Aktualität zu begründen. Aber man würde Sartres Verständnis vom Individuum [39] kaum

---

39 Der Darstellung von Sartres *Begriff* vom Individuum sind drei hervorragende Arbeiten gewidmet. Wegweisend und initial war wohl der bereits zitierte Aufsatz von Manfred Frank ›Zur Archäologie des Individuums. Zur Hermeneutik von Sartres *Flaubert*‹, loc. cit. Die Arbeit von Leo Fretz *Het Individualiteitsconcept in Sartres Filosofie*, Delft 1984 (mit einer englischen und französischen Zusammenfassung), untersucht das Individualitätsproblem vor allem in den beiden philosophischen Hauptwerken *Das Sein und das Nichts* und *Kritik der dialektischen Vernunft*. Eduard Malers ausgezeichnete Untersuchung *Sartres Individualhermeneutik*. München 1987, schließt wieder mehr an Franks Überlegungen zu Sartres *Flaubert*-Buch an.

gerecht werden, würde man die Geschichte der Entwicklung jenes Konzepts in Sartres Werk gleichsam in ›logischen‹ Etappen portionieren. Es gehört zu diesem Konzept, daß das Individuum immer in konkreten Umständen auftaucht und sich innerhalb dieser Umstände zu erfassen sucht. Die Theorie des Individuums bildet da keine Ausnahme. Eine solche (hier: ausschnitthafte) Werkbiographie soll zweierlei Ausblicke bieten: Erstens scheint uns Sartres Frage nach dem Individuum einen Leitfaden durch sein Werk darzustellen, eine Art Zentrum, das die verwirrende Vielfalt seiner verschiedenen schriftstellerischen und politischen Aktivitäten organisiert und lenkt. Zweitens scheint uns Sartres Lebenslauf eine faszinierende ›Illustration‹ seiner eigenen These zu sein, daß nämlich das Individuum dasjenige Wesen ist, das seine Bedingungen immer überschreitet – in Richtung auf seine Einzelheit.

Anhand der 1983 postum veröffentlichten Tagebuchaufzeichnungen aus der Zeit der *drôle de guerre* 1939/40[40] kann man heute jenen Prozeß ziemlich genau nachvollziehen, in dessen Verlauf Sartre Ende 1939 diejenigen Fragen zu stellen lernt, die zur Grundlage seines weiteren Lebens und Werkes werden und die ihn in Kollision mit dem skizzierten herrschenden Denken geraten lassen. Der Krieg, die konkrete Gewalt der Geschichte, die er zu *seiner* Geschichte, zu *seiner* Gewalt zu machen sucht, bieten den Anlaß zu einem außergewöhnlich intensiven Prozeß der Selbstverständigung. Er findet in der schwebend-transitorischen Situation der *drôle de guerre* ein treffliches Korrelat. Sartre stellt hier zum ersten Male (und ohne jeden akademischen Vorwand) die Frage nach seinem konkreten Gewicht in der Geschichte. Von dieser Ausgangsproblematik bleiben alle literarischen und philosophischen, alle seine theoretischen und praktischen Aktivitäten bis hinter das letzte Komma und bis an sein Lebensende 1980 bestimmt – auch da, wo eine gewisse Theorieentwicklung den persönlichen Ausgangspunkt unkenntlicher macht.

Natürlich bestimmt Sartre sich 1939 weder mit einem Male als Individuum oder Theoretiker des Individuums, noch löscht er dadurch seine frühere Existenz. Aber uns interessiert allein, was er in einer konkreten Situation aus dem mitgebrachten Gepäck seines Lebens, den psychischen ›Prägungen‹, den sozialen Bedingungen, den intellektuellen Einflüssen macht, in welche Richtung er sie führt, das heißt: über sie

---

40 *Tagebücher. Les carnets de la drôle de guerre. November 1939 – März 1940.* 1984. Im folgenden immer abgekürzt als *Tagebücher* zitiert.

hinausgeht. Wir werden versuchen, jenen Anfang zu beschreiben und sodann die theoretischen, literarischen und ›praktischen‹ Folgen bis zum Anfang der 50er Jahre verfolgen, das heißt, bis zur Veröffentlichung von *Saint Genet, Komödiant und Märtyrer* 1952, bis zur ersten Beschäftigung mit der autobiographischen Prosa *Die Wörter* 1953/54 und bis zur Annäherung an die Kommunistische Partei Frankreichs, wovon zunächst seine Mitarbeit an dem Dossier-Buch *Wider das Unrecht. Die Affäre Henri Martin* und dann später seine Artikelserie ›Die Kommunisten und der Frieden‹ (1952–1954) zeugen. Bis zu diesem Zeitpunkt hat Sartre den Radius um die Mitte seiner Fragen ausgemessen, durchschritten – durchschrieben, wenn man so will. In diesem Kreis hält er sich fortan auf. Die Texte und Aktivitäten nach 1953 lassen sich – zumindest bis 1968 – ohne weiteres als Konsequenzen und Konkretionen jenes aufregenden Prozesses von 1939 bis 1952 auffassen. Sartres Versuche, nach 1968 »das Feld des Möglichen« noch einmal neu abzustecken, habe ich in einer anderen Arbeit grob skizziert.[41]

---

41 Walter van Rossum, ›»L'intellectuel est voué à disparaître«. Jean-Paul Sartres Spätwerk 1968–1980‹, in: H. Harth/ V. Roloff (Hrsg.), *Literarische Diskurse des Existentialismus*. Tübingen 1986. S. 115–128.

I. KAPITEL

»Man muß aus Lehm sein, und ich bin aus Wind«

1. »Noch nie in meinem Leben habe ich so viel geschrieben«
Jean-Paul Sartre und der ›seltsame Krieg‹

Am 31. August 1939 beruhigt Sartre seine Freundin Louise Védrine: »Hab Vertrauen. Hitler kann unmöglich einen Krieg anzetteln bei der Einstellung der deutschen Bevölkerung. Das ist Bluff. Man geht vielleicht bis zur allgemeinen Mobilmachung, aber jetzt ist der richtige Moment, Dich an den Satz zu erinnern – der zu seiner Zeit übrigens unglücklich war: Mobilisierung heißt nicht Krieg.«[1] Zwei Tage später findet er sich im Zug nach Nancy wieder, unterwegs zu seiner Einheit, inmitten vollkommen unbekannter Kameraden, die das gleiche Schicksal mit ihm teilen: mobilisiert. Und am 3. September erklärt Frankreich dem Deutschen Reich den Krieg. Am 31. August an Louise: »Das ist keineswegs ein neues Leben, das für uns drei [Simone de Beauvoir, Louise und Sartre] beginnt, sondern zwei Monate Ärger. Du wirst sehen, wir werden dieses Jahr in Paris unser Leben haben, und wir werden Ski fahren gehen in das schöne Chalet am Mont d'Arbois.« (S. 283) Am 4. September an Simone de Beauvoir: »Tatsache ist aber, daß ich mich, seit ich weg bin, allem versperre, was mein früheres Leben ausmachte – ach, selbst dem Schreiben –, außer Ihnen.« (S. 291) So wird er es noch viele Male wiederholen, aber der Schreck vor dem nackten Riß weicht zunehmend der Zuversicht: »Hören Sie, ich bin ein bißchen losgelöst von meinem ganzen vergangenen Leben, ich ziehe jetzt auch in Betracht, daß der Krieg lange sein kann (was nicht heißen soll, daß es so sein wird) und daß ich eine veränderte Welt vorfinden werde, vielleicht mit anderen Werten und anderen Leuten [. . .]. Ich verschließe mich also jeden Tag ein bißchen mehr, leider sogar vor meinen armen kleinen

---

1 *Briefe an Simone de Beauvoir und andere.* Herausgegeben von S. de Beauvoir. Band I u. II. 1984. Hier: Bd. I, S. 282. Diese Ausgabe werden wir im folgenden abgekürzt zitieren als *Briefe I* oder *II.* Zu Louise Védrine annotiert die Herausgeberin der *Briefe*: »Eine Freundin von mir, mit der Sartre ein Verhältnis anfing, das der Krieg schnell beendete.« (ibid., S. 237).

Büchern. Diejenigen, die ich geschrieben habe, habe ich vergessen, und die anderen will ich immer noch mit der selben Hartnäckigkeit schreiben – in diesem Punkt bin ich beruhigt, das ist meine Natur –, aber wer weiß, wann sie veröffentlicht werden.« (An S. de Beauvoir. *Briefe I*, S. 342, 2. Oktober 39)

Sehr viel später wird er diesen Riß in seiner Existenz auf eine präzise Formel bringen: »Feststeht, daß ich mir ab 1939 nicht mehr gehörte.«[2] Und in einem anderen Interview, das ebenfalls Mitte der 70er Jahre entstanden ist, bestätigt er: »Der Krieg hat mein Leben regelrecht in zwei Teile geteilt. Er brach aus, als ich vierunddreißig Jahre alt war, und endete, als ich vierzig war – das war für mich die Zeit des Übergangs von der Jugend zur Reife. Zugleich zeigte mir der Krieg gewisse Aspekte meiner selbst und der Welt. [...] Dort bin ich also, wenn Sie so wollen, vom Individualismus und vom reinen Individuum der Vorkriegszeit zum Sozialen, zum Sozialismus gelangt. Das war der eigentliche Wendepunkt in meinem Leben: vor dem Krieg, nach dem Krieg.«[3] Die *Briefe* und die *Tagebücher* Sartres aus dieser Zeit, die erst nach seinem Tod veröffentlicht wurden, übersetzen diese Erinnerung in konkrete Erfahrung und geben ihr ihren prozessualen Reichtum zurück. Sartre neigte später dazu, den plötzlichen Einbruch der Geschichte und der undurchdringlichen Kollektivität des Sozialen für jene Wende in seinem Leben verantwortlich zu machen. Aber niemand – und wer hätte das besser beschrieben als gerade Sartre – wird von einer Erfahrung ergriffen, an die Wand geschleudert und sodann als Gewandelter in den Fluß des Lebens zurückgeworfen. Schließlich läßt Sartre zu, daß die Geschichte über ihn hereinbricht. Es hat soundso viele andere gegeben, für die die ganze Angelegenheit tatsächlich nur eine Art verfluchter Belästigung war, ein Abenteuer oder eine Demütigung. Gerade diesen Prozeß des Zulassens dokumentieren die *Tagebücher*, und darüber reflektiert ihr Autor in ihnen: Wo hört die kalte und stupide Allgemeinheit der Geschichte auf? Wo fängt meine Geschichte an?

In dem postum veröffentlichten Romanfragment ›Mathieus Tagebuch‹ benutzt Sartre einen merkwürdigen Ausdruck, um seine Situa-

---

2 Simone de Beauvoir, ›Gespräche mit Jean-Paul Sartre. August–September 1974‹, in: S. de Beauvoir, *Die Zeremonie des Abschieds*. Reinbek 1983. S. 167–568. Hier: S. 496. Im folgenden zitiert als: ›Gespräche mit Sartre‹.
3 Interview mit Michel Contat [1975] ›Selbstporträt mit siebzig Jahren‹, in: *Sartre über Sartre. Autobiographische Schriften*. S. 180–246. Hier: S. 213 f.

tion zu kennzeichnen: »Ich weiß, um ein Tagebuch führen zu können, darf man nichts tun, also nichts zu sagen haben; und ich bin in die Jahre gekommen, ohne je von mir zu schreiben. Aber dieser Fall ist ein bißchen anders: wir tun zwar nichts, aber wir sind die passiven Subjekte einer Metamorphose.«[4] Die passiven Subjekte einer Metamorphose, das heißt die Hingabe an ein offenes Feld unklarer und unbekannter Bedeutungen. Aber wenn Sartre sich dem Strudel seines von außen ergriffenen Lebens, seinem unüberschaubaren Sinn öffnet, dann hat er, ohne es ausdrücklich zu wissen, eine beunruhigende Zukunft gesucht. Nur so können wir verstehen, wieso er in relativer Gelassenheit innerhalb weniger Tage vom Skifahren in der alten Welt auf die gefährliche Schiffahrt in einer neuen Welt umschalten kann. »Mir scheint, ich bin auf dem Weg, wie die Biographen um die Seite 150 ihres Buches sagen, ›mich zu finden‹. Ich möchte damit nur sagen, daß ich nicht mehr unter Berücksichtigung gewisser Vorschriften denke (die Linke, Husserl) usw., sondern mit totaler Freiheit und Ungebundenheit, aus Neugier und reiner Uneigennützigkeit, indem ich von vorneherein bereit bin, mich als Faschist wiederzufinden, wenn das am Ende von richtigen Überlegungen steht (aber haben Sie keine Angst, ich glaube nicht, daß damit zu rechnen ist).« (An S. de Beauvoir. *Briefe II*, S. 22, 6. Jan. 40)

Der Krieg reißt Sartre aus einer kurzen, aber brillanten Karriere. Der Vierunddreißigjährige, der sein Brot als Gymnasiallehrer verdient, hat bereits ein beachtetes und vielfältiges Werk vorgelegt. Es dürfte schwerfallen, es einfach hinter sich zu lassen. Der Roman *Der Ekel* (*La Nausée*, 1938) machte seinen Namen mit einem Schlag bekannt. Die Erzählungen des Bandes *Die Wand* (*Le Mur*, 1939), die zum Teil vorher in der seinerzeit bedeutendsten literarischen Zeitschrift Frankreichs, in der *Nouvelle Revue Française*, zu lesen waren, vertieften beim literarischen Publikum den Eindruck, es hier mit einem der kommenden Schriftsteller zu tun zu haben. Auch als Philosoph hatte Sartre schon seine Gesellenstücke abgeliefert. Sein Aufsatz ›Die Transzendenz des Ego‹ (›La Transcendance de l'Ego‹) wurde in den von Jean Wahl herausgegebenen *Recherches philosophiques* (No. 6, 1936/37) gedruckt. 1936 erschien das Buch *Die Imagination* (*L'Imagination*), dessen zweiter und umfangreicherer Teil 1940 unter dem Titel *Das Imaginäre* (*L'Imaginaire*) folgt. Noch im

---

4 Dieses Fragment ist abgedruckt als Anhang der Neuübersetzung des Romans *Der Pfahl im Fleische*. 1987. S. 333–361. (Übersetzung von mir) Über das Fragment cf. Fußnote 10 dieses Kapitels.

Dezember 1939 erschien die ›Skizze einer Theorie der Emotionen‹ (*Esquisse d'une théorie des émotions*) als eigenständige Buchpublikation. In mehreren literaturkritischen Aufsätzen, die zumeist in der *Nouvelle Revue Française* erschienen, postulierte und analysierte Sartre den Zusammenhang von Literatur und Philosophie. In Auseinandersetzung etwa mit der neuesten amerikanischen Literatur, besonders: Faulkner, Dos Passos, Nabokow, untersuchte er die impliziten Beziehungen von Romantechnik und Metaphysik. In seiner aufsehenerregenden und scharfen Kritik an François Mauriac (1939), dem er die Haltung des allwissenden Erzählers vorwarf, formulierte Sartre seine eigenen Forderungen an den Roman.

Übrigens wird sich Sartre nie von diesen Texten lossagen; auch wenn sie ihm im Moment der *drôle de guerre* manchmal wie eine Last vorkommen mögen, die ihn an seine Vergangenheit fesselt. Im fahlen und schattenlosen Licht einer umbrechenden Geschichte verlieren sie in seinen Augen vorübergehend ihre Konturen. Ihnen fehlt, die konkrete Geschichte bewältigen zu können.

Die konkrete Geschichte? »Ich habe es [in den Krieg ziehen zu müssen] nicht gewählt, aber ich mußte in irgendeiner Weise reagieren. Jeder hat gewählt – von dem Moment an, in dem er den Fuß in den Zug gesetzt hat –, wie er diesen Krieg erleben würde.«[5] Sartre nutzt den auferlegten Bruch zu einem scharfen, schönen Schnitt. Der Krieg, der ihn überrascht, erlaubt ihm, das träge Arrangement, das er – und mit ihm die französische Gesellschaft – lebt, zu kündigen. Nicht verwunderlich deshalb die Einsicht, »daß es sich im Krieg viel leichter anständig und authentisch leben läßt als im Frieden«. (*Tagebücher* S. 287, 16. Febr. 40.) Die alten, ungeliebten Kommoditäten der Skepsis liegen hinter ihm, aber die neue Entschlossenheit stößt bald auf Watte. Der Krieg dümpelt in Wartehaltung vor sich hin. Erst am 14. Mai werden deutsche Truppen die französische Grenze überschreiten. Mehr als acht Monate lang schweigen die Waffen. Übrig bleibt die Gespanntheit: Jeden Moment kann es losgehen. Aber nichts geschieht. Der Sog der Tat verrauscht schon fast im gleichen Moment, da die Tat sich zum ersten Male im Leben dieses Schriftstellers schier unabweisbar aufdrängt. Umgeben vom Aufschub jener Katastrophe, die die Welt in Brand setzt, fragt sich Sartre nach der menschlichen Aktivität. »Nie in meinem Leben habe ich soviel geschrieben«, teilt er am 20. September S. de Beau-

5 ›Gespräche mit Sartre‹, S. 456f.

voir mit. (*Briefe I*, S. 320) Und tatsächlich bindet ihn die Krise noch stärker an das einzige Handwerk, das er beherrscht und liebt: »Ich bin an meinen Wunsch zu schreiben gefesselt«, notiert er in sein *Tagebuch* (22. Nov. 39, S. 46).

Sartre schreibt den ganzen Tag – acht, zehn, zwölf oder mehr Stunden. Wenn er nicht schreibt, liest er, und dann und wann muß er auch noch seinen soldatischen Pflichten nachkommen, das heißt, er läßt bei gutem Wetter rote Ballons in den Himmel steigen, verfolgt sie mit gewissen Instrumenten und zieht dann aus diesen Beobachtungen meteorologische Schlüsse. Das ist alles. Aber dieses rhythmisierte Einerlei bestimmt sein Leben, sein Lebensgefühl: eine Kruste. Die Kriegsmaschine hat ihn von außen ergriffen, ihn an seinen Platz gesetzt, und da vollführt er jetzt dieses langsame, aber auch bedrohte Kreisen, das die *drôle de guerre* insgesamt kennzeichnet: »Und tatsächlich, dieses Warten, das nicht einmal ein Warten auf etwas ist, da viele meinen, daß die Deutschen nicht angreifen werden, hat seine Wirkung nicht verfehlt: die Etappe interessiert sich nicht für uns, wir selbst denken kaum mit offensiven Absichten an die Deutschen.« (*Tagebücher* S. 325, 20. Febr. 40) Die Gegenwart des Wartens ist von einer uneinsehbaren Zukunft geprägt. Wie immer sie ausfällt, jedenfalls wird sie angeordnet sein: Entweder ertönt eines Tages eine Stimme, die sagt: Geht nach Hause, packt eure Sachen. Es war alles nur ein Mißverständnis. Oder aber sie wird sich in Blitz und Donner hüllen, und dann müssen die Wartenden losrennen, siegen oder untergehen. Vielleicht beides.

Vom 2. September 1939 bis in den Juni 1940 ist Sartres Leben von Frankreichs schwankender Zukunft gelähmt. Ein immobiler Mobilisierter, unweit der wahrscheinlichen Frontlinie im Elsaß: in Brumath, Morsbronn, Bouxwiller. Hinter diesem zugleich konkreten und abstrakten Diktat der Zukunft richtet Sartre seine eigene Gegenwart ein. Einfacher Soldat, ohne jede Ambition, in der militärischen Hierarchie hervorzutreten, eher vertieft in eine gewisse Unkenntlichkeit: Nummer 1991 in der 70. Artilleriedivision. Die ungewohnte Nähe zu einer zufällig zusammengewürfelten Ansammlung von Wehrpflichtigen stört ihn kaum. Er hält sich – ohne Feindseligkeit – auf Distanz. Den ganzen Tag über seine Papiere gebeugt, dürfte er seine Zimmergenossen in leisen Schrecken versetzt haben. Er selbst beschreibt seinen Standort so: »Die Dinge durch das Schlüsselloch sehen und mir meine Gedanken machen.« (An S. de Beauvoir. *Briefe I*, S. 384, 22. Okt. 39) Sartre beobachtet. Die Welt ist sein Objekt, er spielt den »teilnehmenden Beobachter«, wie die Soziologen eine bestimmte Untersuchungsmethode nennen. Das heißt, seine Interventionen auf dem zu beobachtenden Feld sind selbst wieder Gegenstand der Untersuchung. Aber in diesem Falle laufen Intervention und Untersuchung nach Kriterien, Maßstäben und Perspektiven ab, die Sartre selbst nicht kennt, oder besser: erst nach und nach aus diesem kontrollierten Experimentieren ableitet. Vielleicht äußert sich darin ein Stück Verlegenheit des Bürgersohns im Umgang mit dem ungewohnten soldatischen Milieu, der seltsamen sozialen Intimität, der Unterordnung. Aber das erklärt noch nicht alles, denn durch die Schlüssellochperspektive versucht er, auch sich selbst zu sehen; er steckt zu sich selbst Beobachtungsabstände ab – ebenfalls nach ihm vorläufig noch nicht bekannten Kriterien. Natürlich ist damit keine psychologisierende Innenschau gemeint. Wie er an etlichen Stellen in den *Tagebüchern* und *Briefen* bemerkt, interessieren ihn die lauwarmen Ströme des Gemüts überhaupt nicht, immer noch nicht, und man darf vorwegnehmen: auch in Zukunft nicht.

Nein, Sartre beobachtet sein Leben: Die *drôle de guerre* hat ihn aus seinem alten Leben gerissen. In Maßen erstaunt, merkt er, daß ihm kaum etwas fehlt, daß ihm nichts weh tut. Vor ihm öffnet sich eine unbezeichnete Zukunft. Er sieht sich auf sie zugehen: passives Subjekt einer Metamorphose. Eine leerlaufende kriegerische Struktur zwingt ihn in eine strenge Ordnung, aber sie verbirgt ihn auch. In dieser Verborgenheit experimentiert er herum – mit sich, denn er sieht sich jetzt als reine Möglichkeit. Seine Wirklichkeit hat gerade wieder einen Wetterballon steigen lassen, seine Wirklichkeit: ein Soldat, den man irgendwohin geschickt hat, um irgendeinen Krieg gegen irgendeinen Feind zu führen oder abzuwenden, wie auch immer. Sartre willigt auch deshalb so erstaunlich schnell in die neuen und abenteuerlichen Lebensumstände ein, weil sie ihm erlauben, sein eigener Fremder zu werden.

Man wird einwenden: Hätte er das in Paris nicht bequemer haben können? Wirft die soziale Erscheinung eines Gymnasiallehrers nicht genügend Schatten, um ›dahinter‹ einen anderen auszubrüten? Aber man vergäße dabei, daß Sartre dort unter seinem Namen auftritt, vor den Schülern, den Kollegen, den Freunden, vor Simone de Beauvoir, vor sich. Jede Minute muß er seine ›eigene‹ Wirklichkeit hervorbringen, jede Minute wird er von den anderen auf sich festgelegt. Man hat schon genug Mühe damit, die Differenz zwischen sozialer und privater Rolle zwar kenntlich zu halten, aber ohne hinter der Arbeit der Differenzierung wieder einen entzogenen Dritten auszuformen. Nein, Entzug, und noch dazu ein zielloser, wird geahndet, und Metamorphosen vollzieht man am besten fern der Heimat. Hier in den Soldatenunterkünften kennt ihn keiner: einfacher, numerierter Soldat, ungepflegt, sonst aber unauffällig, angepaßt, und wer ihn anspricht, dem spielt er eine Geschichte vor: Lehrer, Schriftsteller, leutseliger Intellektueller – in den *Tagebüchern* und *Briefen* finden wir etliche Belege dafür. Im übrigen darf man den einzigartigen, hohen Atmosphärendruck der politischen und sozialen Situation nicht vergessen, der dem Spiel mit der Möglichkeit den Stempel äußerster Intensität aufdrückt. Wenn Sartre auf Tauchstation geht, dann in einem U-Boot, auf dem ein erheblicher Außendruck lastet.

Die Geschichte hat zu einem mächtigen Sprung angesetzt, und während sie auf den entscheidenden Moment wartet, fragt sich Jean-Paul Sartre, ob er bloß die Laus in ihrem Pelz ist oder ob man die Geschichte reiten kann. Aber was heißt denn überhaupt Geschichte? Und dann stellt sich als das eigentlich verstörende und philosophisch schier Unlösbare gleich folgendes heraus: Wie auch immer er entscheiden mag – in jedem Falle wird *er* sich die Antwort geben, wird *er* der Geschichte und sich einen Sinn gestiftet haben. Aber wer soll *er* sein, daß er über sich und die Geschichte zu entscheiden vermöchte? Und die Geschichte mit Sinn versehen – haben nicht gerade ein paar papierne Verordnungen ausgereicht, um ihn aller ursprünglichen und autonom gefaßten Absichten zu entreißen? Hat nicht gerade die Geschichte über ihn entschieden? Alles dreht sich im Kreise. Wie der Krieg.

Gleich wie er diesen Knoten lösen wird, zunächst haben ihn die Umstände gleichsam von seiner Existenz suspendiert. Die abwartende Geschichte hat ihn an eine Rolle gefesselt, bereitwillig dreht er seine Runden. Wenn er im minimalen Manövrierraum der Rolle gehorsam rangiert, dann braucht er eine Weile lang sein Leben nicht hervorzubringen. Zumindest nicht unter seinem Namen. Er kann ins Unreine leben.

Aber was schreibt er denn eigentlich den ganzen Tag im Mief der provisorischen Soldatenunterkünfte, zum Gaudi und wahrscheinlich auch zur Befremdung seiner Kameraden? Er führt eine ausgedehnte Korrespondenz. Er notiert alles um ihn und in ihm Anfallende in seine umfangreichen *Tagebücher*. Schließlich arbeitet er versessen am ersten Band des Romanzyklus *Die Wege der Freiheit* (*Les chemins de la liberté*) weiter. Das verbindende und allgemeinste Moment all dieser verschiedenen Arbeiten besteht darin, daß sie ihn täglich in der Haltung des Schreibens zeigen. Über das Papier gebeugt, eiligst Zeile an Zeile reihend,

Seite um Seite füllend zeugt er im Raum, der sich zwischen Tisch, Lampe, Hand und Kopf erstreckt: ein Abseits. Von da aus verkehrt er mit den Leidensgenossen, von dort aus überblickt er die Welt und sich, dort lebt er in einer kostbaren und behütenden Enklave.

Alle diese Texte regeln, formen und entwickeln Sartres Wandlungs- unternehmen während der *drôle de guerre*. Sie nehmen eine je unter- schiedliche Funktion und Stellung ein, wie wir gleich zeigen wollen. Aber man muß zuvor noch einmal daran erinnern, daß dieses Unterneh- men – zumindest zunächst – nirgends als ein expliziter und durchsichti- ger Plan existiert, den es jetzt nur noch in die Tat umzusetzen gälte. Es ist an seinem Ursprung nicht mehr als ein vages, aber zugleich scharf erfahrenes Ungenügen an sich, das sich in seinem eigenen Lauf erwi- schen will, dessen Sinn also erst einmal zu klären ist.

2. Die *Briefe*

Von ganz wenigen Ausnahmen abgesehen, schreibt Sartre täglich einen meist mehrseitigen Brief an Simone de Beauvoir, seine Lebensgefährtin seit 1929. Das Konvolut dieser »täglichen Übersetzungen« seines Le- bens ergibt für die gut acht Monate dauernde *drôle de guerre* etwa 550 Druckseiten. Nicht erhalten sind die weniger regelmäßigen, aber – wie sich aus etlichen Hinweisen klar erschließen läßt – trotzdem zahlreichen und langen Briefe an eine andere Freundin: Wanda[6]. Ebenso hat er mehr oder weniger ausführlich mit anderen Freunden, Bekannten und Kollegen korrespondiert. Wir können also leicht die von Sartre während der *drôle de guerre* verfaßten Briefe auf mehr als tausend Druckseiten veranschlagen. Ohne Urlaub und andere ›schreibfreie‹ Tage abzurech- nen, darf man die durchschnittliche Briefproduktion auf gut über vier Druckseiten täglich mitteln. Er stöhnt selbst über sein Pensum: »Wis- sen Sie«, schreibt er an Simone de Beauvoir, »es ist Arbeit, drei Briefe täglich zu schreiben. Drei Briefe, fünf Seiten Roman, vier Seiten Tage- buch.« (*Briefe I*, 20. Sept. 39. S. 320) Wenn man bedenkt, daß Sartre nicht nur Briefliches, sondern auch jede Menge Literarisches und Philo-

6 Meist » T.« abgekürzt. Es handelt sich dabei um Wanda Kosakiewicz, eine langjäh- rige Freundin Sartres und Simone de Beauvoirs, mit der Sartre eine teilweise dra- matische Liebesbeziehung verband.

sophisches verfaßt, außerdem noch ein paar Aufgaben zur Verteidigung seines Landes – wenngleich minder beherzt – auszuführen hat, dann erscheint die Briefproduktion außergewöhnlich hoch. Jedenfalls kann man sich fragen, welche Rolle diesen Nachrichten von einem – auf den ersten Blick zumindest – einigermaßen langweiligen Leben zukommt.

Am 15. September 1937 schreibt Sartre an Simone de Beauvoir: »Ich liebe Sie sehr als eine Person, die nicht ich ist, und ich habe große Lust, Ihren kleinen Kopf wiederzusehen, mein reizendes Laster.« (*Briefe I*, S. 154) Kaum zwei Jahre später stellt sich das Verhältnis etwas anders dar, etwa in einem Brief vom 2. Oktober an »Castor« (i.e. Simone): »Aber etwas gibt es, was sich nicht ändert und sich nicht ändern kann: was auch immer geschieht, was auch immer aus mir wird, ich werde es mit Ihnen. Wenn es notwendig wäre zu spüren, wie sehr wir vereint sind, wäre an diesem Phantomkrieg zumindest das Gute gewesen, daß er es hätte spüren lassen. Aber es war nicht nötig. Trotzdem bietet er eine Antwort auf die Frage, die Sie quält: mon amour, Sie sind nicht ›eine Sache in meinem Leben‹ – auch nicht die wichtigste –, denn mein Leben hängt nicht mehr von mir ab, ich vermisse es nicht einmal, und Sie sind immer *ich*. Sie sind noch viel mehr, Sie erlauben mir, jede Zukunft und jedes Leben ins Auge zu fassen. Man kann nicht vereinter sein, als wir es sind.«[7]

Eine amouröse Gefälligkeit? Gewiß nicht, dazu wiederholt sich die Formel »Sie sind Ich« viel zu oft. Und ist sie nicht mit einer – für Sartres Verhältnisse – merkwürdigen Inständigkeit gefärbt?

Jenen beiden verschiedenen Haltungen entsprechen grundverschiedene Lebenslagen. Der Sartre vor dem Krieg hatte es genossen, Vertragspartner einer generösen Liebe zu sein, die auf der Stärke ihrer Pole beruhte und weder die Anpassung noch das Zusammenlegen zweier

7 Ibid. S. 342. Erst im Moment der Drucklegung dieser Arbeit erscheinen auch Simone de Beauvoirs Briefe (Simone de Beauvoir, *Lettres à Sartre* 2 Bde. Paris 1990), ebenso übrigens wie ihr Tagebuch (*Journal de guerre. Septembre 1939 – Janvier 1941*. Paris 1990). Die Briefe galten lange Zeit als verschollen und sind erst jetzt nach ihrem Tod von ihrer Freundin Sylvie Le Bon wiedergefunden und herausgegeben worden. Beide Quellen, auf die wir hier nicht mehr näher eingehen können, bestätigen im großen und ganzen unsere Einschätzungen. Sie sind für das private Leben und für die Stimmung manchmal aufschlußreich, ansonsten aber wesentlich weniger ergiebig als Sartres Briefe und Tagebücher.

Übrigens muß man sich bei der Lektüre der Briefe immer vor Augen halten, daß die beiden mit Mitlesern zu rechnen hatten: der militärischen Zensur. Das führt gelegentlich zu verschlüsselten oder indirekten Ausdrucksweisen.

Leben erforderte. [8] Ganz anders jetzt: »Mon amour, Sie sind stets mein Gewissen und mein Zeuge. [...] Ich kann nicht getrennt von Ihnen sein, denn Sie sind so etwas wie die Konsistenz meiner Person.« (ibid., S. 321, 20. Sept. 39) »Und erzählen Sie mir von sich, mon amour. Nichts kann mir wertvoller sein. Sie, lieber Kleiner, sind Ich.« (ibid., S. 353, 8. Okt. 39)

Sartre kündigt einer Vergangenheit, die in seinen Augen keine Zukunft mehr hat, aber er ›hat‹ nur eine doppeldeutige und gebrochene Gegenwart: die militärische Rolle, in deren festes Gefüge er seine soziale Existenz aufgehen läßt, dahinter – ein Leben in Klammern, eine aufgeschriebene und von Streichungen gezeichnete Hypothese. Ein

8 Über dieses Verhältnis berichtet Simone de Beauvoir ausführlich in den zahlreichen Bänden ihrer Memoiren. Für die Zeit ihrer ersten Bekanntschaft im Jahre 1929: *Memoiren einer Tochter aus gutem Hause*. [1958] Reinbek 1960. Für die Zeit von 1929 bis zur »Libération« 1944: *In den besten Jahren*. [1960] Reinbek 1961. Die folgenden Bände: Von 1945–1962: *Der Lauf der Dinge*. [1963] Reinbek 1970. Von 1962–1970: *Alles in allem*. [1970] Reinbek 1972. Von 1970–1980: *Die Zeremonie des Abschieds*. [1981] Reinbek 1983. Zur Stellung dieser Memoiren als häufig zitiertes Quellenwerk für Sartres Leben und Werk will ich nur folgendes anmerken: Außer einigen – soweit mir bekannt – belanglosen Irrtümern und Ungenauigkeiten, bieten diese Erinnerungen einen scheinbar lückenlosen und materialreichen Lebenslauf Sartres. Das Problem liegt woanders: Es handelt sich um *Memoiren* und nicht um eine *Autobiographie* Simone de Beauvoirs (zum Unterschied von Memoiren und Autobiographie cf. Philippe Le Jeune, *L'autobiographie en France*. Paris 1971 und ders., *Le pacte autobiographique*. Paris 1975). Schon gar nicht handelt es sich um eine Biographie Sartres. Indes entsteht durch die Fülle der – allerdings reichlich anekdotisch dargebotenen – Informationen und Details immer wieder der Eindruck, Sartre sei nicht nur der bestdokumentierte, sondern auch der bestverstandene Schriftsteller des Jahrhunderts. Dagegen ist vordergründig einzuwenden, daß Rücksichtnahmen auf lebende Personen und natürlich auch auf ihrer beider Privatleben zu zahlreichen Auslassungen führten. »Ich habe nicht vor, *alles* zu sagen«, schreibt Simone de Beauvoir in *In den besten Jahren* (S. 8) diesbezüglich. Ebenso trivial ist der Hinweis auf die zeitliche und persönliche Nähe der Autorin zu Sartre und den berichteten Ereignissen. Viel wichtiger ist, daß man zuletzt in diesen Memoiren nur sehr wenig Genaues über die Verzahnung von Leben und Schreiben bei Sartre erfährt. Das war ja auch nie die Absicht Simone de Beauvoirs: »Andererseits ist mein Leben eng mit dem von Jean-Paul Sartre verbunden; er will seine Geschichte jedoch selbst erzählen, und ich lasse das auch seine Sache sein. Ich werde mich nicht über seine Ideen, seine Arbeiten verbreiten, ich werde von ihm nur das erzählen, was in meine eigene Existenz hineinspielt.« (ibid.) Was die Außenansichten von Sartres Leben angeht, sind die Memoiren seiner Lebensgefährtin eine unverzichtbare Quelle, auf die wir jedoch nur an besonders markanten und pointierten Stellen ausdrücklich verweisen.

drittes Leben hinterlegt er in Paris. Nein, er hat keine Angst, vergessen zu werden, er hat Angst, sich zu vergessen, sich aufzulösen, sich in der Gewalt des Krieges und im Gewölk des sich versuchenden Denkens zu verlieren. In einer ganz und gar unbefriedigenden, aber vielleicht noch die verbale Not wiedergebenden Terminologie ausgedrückt: Sartre fürchtet um seine ›Identität‹. Mit Recht, denn er ist von Unbekannten umgeben, er steckt bis zum Hals in einer Situation, die ihn in Frage stellt, und er setzt sich den Ergebnissen einer zwar hochtourigen Reflexionsarbeit aus, die indes vorläufig noch weit davon entfernt ist, einigermaßen tragfähige Stabilitäten hervorzubringen.

Ich denke, die Briefe an Simone de Beauvoir leisten zweierlei: Zunächst geben sie Kunde von ihm, sie berichten von seinen Gedanken, seinen Erfahrungen, vom Ausmaß und der Richtung seines Wandels. Nicht immer en détail – gerade genug, um sie von außen sozusagen kontrollierbar zu machen (und sie selbst so zu kontrollieren). Er wird nicht eines Tages als Fremder wieder in Paris erscheinen, sondern als jemand, der sich kontinuierlich verändert hat und der die anderen während dessen über die Metamorphose ausreichend ins Bild gesetzt hat: »Sie sind mein Gewissen und mein Zeuge [...] die Konsistenz meiner Person.« Außerdem verschafft er sich durch seine Briefe und die, die er ebenso regelmäßig aus Paris erhält, eine Art Teilhabe an ›seinem‹ Pariser Leben. »Sie sind sehr genau ein Teil von mir außerhalb des militärischen Bereichs. Wir sind nur einer, meine liebe kleine Castor.«[9] Nicht genug, um seine Projekte zu stören, da sei der Krieg vor, die Entfernung, das Papier und auch seine eigenen Zweifel, aber genug doch, um irgendwie zwischen der veräußerten und der schwebenden Existenz ein warmes und vertrautes Leben zu haben. Wenigstens eine Option darauf. »Sie sind für mich beständiger als Paris, das zerstört werden kann, beständiger als alles: Sie sind mein ganzes Leben, das ich bei meiner Rückkehr wiederfinden werde.« (ibid., S. 299, 8. Sept. 39) Durch die Briefe, die er erhält, wird er auch zum Zuschauer seines stellvertretenen Lebens in Paris. »Sie leben für mich *mein* Leben«... (ibid., S. 347, 5. Okt. 39)

Es kommt hier nicht darauf an, dieses Konstrukt auf seine begriffliche Genauigkeit hin zu untersuchen. Entscheidend ist allein, ob das komplexe Spiel dreier Gegenwarten funktioniert – die militärische, die hypothetische und die Pariser Existenz. Und tatsächlich: zumindest für die Dauer der Bedingungen dieser Konstellation erfüllt es seine Aufgabe:

9 Ibid., S. 334, 28. Sept. 1939. (Übersetzung von mir)

den Raum seiner Metamorphose zu öffnen und zu decken. Natürlich ergeben sich laufend ein paar Reibungen. Aber gerade diese Schwierigkeiten belegen, wie sehr Sartre sich dieser feinen Ökonomie einer Dreifach-Existenz bewußt ist. Verdeutlichen wir das an zwei Beispielen. Am 16. Februar schreibt er in sein *Tagebuch*: »Aus dem Urlaub zurückgekehrt. Ich habe dieses Heft während meines Aufenthalts in Paris nicht angerührt, und ich habe gut daran getan. Alles, was mir dort zugestoßen ist, betraf es im Grunde nicht. Es ist ein Kriegstagebuch und hat nur als solches einen Sinn. Und außerdem wollte ich mich dem Leben hingeben, ohne nachzudenken. Oder besser gesagt, ohne meine Gedanken sofort einzugrenzen und festzuhalten, ohne zu wissen, daß ich dachte.« (S. 284) Das ist deutlich: Das Kriegstagebuch betrifft nicht »das Leben«, dessen angestammter Ort Paris ist, und in dieser eigentümlichen Topographie ist das andere des Lebens sein Garnisonsort, sein Soldatendasein, diese an der Oberfläche von anderen okkupierte Existenz und der Ort aufgewühlter Gedanken – diese Luftblase, in der er sein eigener Gast ist.

Hier noch eine andere Passage aus den *Tagebüchern*. Sie belegt eine gewisse Klapprigkeit der Konstruktion, aber im Feststellen der Mängel auch die Luzidität ihres Konstrukteurs. Sartre schreibt dort von der »Enthüllung der schrecklichen *Simultaneität*, die uns zum Glück fast immer verborgen bleibt. Ich denke, daß man, wenn man die Simultaneität *hier* in allen ihren Dimensionen leben würde, seine Tage damit zubrächte, zu bluten wie ein Heiliges Herz Jesu, aber viele Dinge verdecken sie uns. Zum Beispiel brauchen die Briefe, die ich bekomme, drei Tage, bis sie ankommen. So daß mein Leben zwischen der Vergangenheit und der Zukunft schwebt. Die Ereignisse, von denen ich erfahre, sind schon lange vergangen, und sogar die kurzfristigen Pläne, die man mir mitteilt, sind bereits verwirklicht (oder gescheitert), wenn ich Kenntnis davon erhalte. Die Briefe, die ich bekomme, sind von Zukunft umgebene Gegenwartszipfel, aber es ist eine von einer toten Zukunft umgebene Vergangenheits-Gegenwart. Und ich selbst, wenn ich schreibe, schwanke immer zwischen zwei Zeiten: derjenigen, in der ich mich befinde, wenn ich die Zeilen für den Empfänger schreibe, und derjenigen, in der sich der Empfänger bedienen wird, wenn er sie liest. Das macht diese ›Umgebung‹ nicht irreal, sondern vielmehr zeitlos. Infolgedessen stumpft sie ab, verliert an Schädlichkeit. Dadurch kann meine hiesige Gegenwart, meine neutrale Gegenwart wieder etwas Farbe bekommen, ich kann an bestimmten Dingen hängen, an meinen kurzen Vormittagen in der ›Rose‹ usw. Ebenso erscheinen mir die Briefe, die ich bekomme, nicht mehr als beunruhigende Zeichen für die Existenz anderer Bewußtseine, sondern als eine umgängliche Form, die diese Bewußtseine angenommen haben, um bis zu mir zu reisen. Wenn ich die Briefe lese, halte ich diese Bewußtseine gefangen, im Kreis um mich herum, sie können nicht entweichen, andere Himmel und andere Gesichter widerspiegeln, sie sind ein wenig versteinert, ein wenig vergangen. Aber sobald sich plötzlich die Simultaneität entschleiert, ist der Brief ein Dolchstoß: zuerst enthüllt er unwiderrufliche, da vergangene Ereignisse, und dann läßt er das Wesentliche entweichen, das gegenwärtige Leben der Bewußtseine, die ihre Briefe überlebt haben, die ihnen entwichen sind und ihre Leben jenseits der toten Botschaften fortsetzen wie die Lebenden jenseits der Gräber. Und in diesem Augenblick, ich weiß nicht, wie ich es sagen soll, kommt es mir vor, als sei ich selber vergangen, ohnmächtig, wirkungslos. Ich kann mich nicht an meine hiesige Zukunft klammern, sie versinkt. Daher ein Zustand der Nervosität, der dann die Form der Eifersucht annehmen kann.« (ibid., S. 99f, 30.Nov.39)

Wir erfahren zwar durch die Briefe an Simone und durch die Tagebücher einiges über Sartres Verhältnis mit »T.«, aber nicht genug, um mehr als ein paar Spekulationen anstellen zu können. Auch Simone de Beauvoirs Memoiren und Tagebücher bringen in dieser Hinsicht wenig Licht in das Dunkel. Die Sorge um die Simultaneität oder besser um die verpaßte Simultaneität, von der wir gerade gelesen haben, entspringt übrigens der Unruhe über dieses Verhältnis. Es ist wohl bezeichnend, daß Sartre auch eine beunruhigende Liebe in den Krieg mitnimmt – neben der Konsistenz gewährenden Beziehung zu Simone de Beauvoir. Das hat er im Zivilleben vor dem Krieg so gehalten, das wird er nach dem Krieg auch wieder so aufnehmen. Freihändige, undefinierte und alle Bestimmung meidende Liebesbeziehungen stellen immer eine Möglichkeit dar, sich scharf und stechend zu spüren. Zwei Frauen auf verschiedene Weise zu lieben, bedeutet auch zwei Existenzen zu führen. Wenn Sartre gewisse amouröse Doppeldeutigkeiten auch im Krieg fortführt, dann hält er an der Feldaufteilung seines Pariser Lebens fest. Das Spiel der entfernten und aufgeschobenen Gegenwarten erlaubt, diese Kontinuität hinter einer Glasscheibe zu versenken, aber das gelingt nicht immer. Die Trennscheibe fälscht auch das Spiel, denn es gehört ja zur ›nervösen‹ Liebe, daß sie immer mit Ausstieg, Abwendung, Entzug droht und reizt. Dann wird die Distanz zur Falle.

Die Sartre einigermaßen verwirrende Geschichte mit Wanda bleibt für die ganze Zeit des ›komischen Kriegs‹ ein Thema, eine Quelle der Unruhe und Anlaß zur Selbstkritik. Sartre sucht auch für dieses Problem, das heißt für das Modell, das sich in dieser Konstellation ausdrückt, eine grundsätzliche Klärung herbeizuführen. Aber die lükkenhaften *Tagebücher*, die nicht überlieferten Briefe an Wanda und die verlorenen Briefe von ihr verhindern eine genaue Rekonstruktion, die übrigens nur deshalb interessant wäre, weil diese Affaire eine gewisse Rolle in Sartres Metamorphose spielt.

Auch über die zahlreichen und wahrscheinlich verlorenen Briefe an andere Empfänger wissen wir zu wenig, um ihre Rolle in Sartres Unternehmen beschreiben zu können.

3. *Zeit der Reife* – Zeit der Reife

Die Zeitenwende, die sein »Leben in zwei Teile« zerlegt hat, fällt genau in die Zeit der Niederschrift seines Romans *Zeit der Reife* (*L'âge de raison*), dem ersten Band des Romanzyklus *Die Wege der Freiheit*. [10] Im Anschluß an das »Faktum über die Kontingenz« (i.e. *Der Ekel*) und an die schließ-

---

10 Dieser Zyklus ist ein Projekt, das Sartre seit Anfang der 30er Jahre hegte. Ursprünglich waren nur zwei Bände – unter ganz anderem Titel – geplant, aus denen bald drei, vier und mehr werden sollten. Zuletzt sind aber nur drei Romane der *Wege der Freiheit* vollständig erschienen: *Zeit der Reife – L'âge de raison*, *Der Aufschub – Le sursis* [beide 1945] und *Der Pfahl im Fleische – La mort dans L'âme* [1949]. Die Fortsetzung ist Fragment geblieben. Zu Lebzeiten wurde davon veröffentlicht: *Eine komische Freundschaft – Drôle d'amitié* (in *Les Temps Modernes*, Nr. 49, November 1949, S. 769–806 und Nr. 50, Dezember 1949, S. 1009–1036). Erst nach Sartres Tod wurden unter dem Titel *Die letzte Chance – La dernière chance* umfangreichere Fragmente eines vierten Bandes in die *Œuvres romanesques* (s. u.) aufgenommen. *Eine komische Freundschaft* stellt zwei Kapitel daraus dar. Noch später erschien in *Les Temps modernes* (Nr. 434, Sept. 1982, S. 449–475) unter dem Titel »Journal de Mathieu – Mathieus Tagebuch« ein weiteres Fragment (deutsch: als Anhang zur Neuübersetzung von *Der Pfahl im Fleische*). Auf die Gründe, die Sartre bewogen haben könnten, das Unternehmen unvollendet zu lassen, werden wir später noch einmal zurückkommen. Wichtige Materialien und Anmerkungen zu Sartres erzählerischem Werk bietet die vorzügliche Ausgabe der *Œuvres romanesques*. Edition établie par Michel Contat et Michel Rybalka avec la collaboration de Geneviève Idt et de George H. Bauer. Paris 1981 (Bibliothèque de la Pléiade). Im folgenden abgekürzt zitiert *Œuv. Rom.*

lich unter dem Titel *Die Wand* – *Le mur* erschienenen Erzählungen, »die die Art zeigen, in der die Existenz von einzelnen Individuen gelebt wird«[11], nennt Sartre *Zeit der Reife* sein »Debut im Roman« (*Tagebücher*, S. 514, 27. März 40). Im Juli 1938 überrascht er Simone de Beauvoir mit der Nachricht: »Ich habe plötzlich das Sujet meines Romans, seine Proportionen und seinen Titel gefunden: Genau wie Sie es wünschten: das Sujet ist die Freiheit.« (*Briefe I*, S. 217. Ohne Tagesdatum)

Sartre beginnt Ende 1938/Anfang 1939 mit der Niederschrift.[12] Einem Brief vom 7. September entnehmen wir, daß er zur Zeit der Mobilisierung die Handlung etwa bis zum zehnten Kapitel der später gedruckten Fassung entwickelt hatte.[13] Am 22. Oktober hat er bereits neunzig Seiten seit der Einberufung geschrieben. Am 31. Dezember annonciert er zufrieden die Fertigstellung. »Wissen Sie, daß ich den Roman *beendet* habe? Ich habe unten auf eine Seite das Wort Ende geschrieben. Ganz ernst und feierlich.« (An S. de Beauvoir. ibid., S. 539) Etwas verfrüht indes, denn in den folgenden Tagen beendet er seinen Roman immer noch, und am 9. Januar 1940 bekennt er seine Unzufriedenheit: »Ich habe heute *Zeit der Reife* beendet, zehn Zeilen sind noch zu korrigieren. Das wird morgen eine Stunde dauern, und ich bin ein bißchen baff. Ich sage mir: das war es also, und ich finde es mager, sehr mager. Vielleicht hat das Buch doch gelitten, nicht direkt unter dem Krieg, aber unter der Veränderung meines Standpunktes zu allen Dingen. Es ließ mich die ganze Zeit etwas kalt [...]. Jedenfalls bin ich unzufrieden damit, ich wollte, daß es gut und *ehrlich* sei. Verstehen Sie mich, ich weiß wohl, daß man in einem Roman dauernd lügt. Aber man lügt zumindest, um wahr zu sein. Und mir scheint, der ganze Roman ist ein bißchen eine überflüssige Lüge.« (An S. de Beauvoir, *Briefe II*, S. 29)

Überspringen wir einstweilen die weiteren Bekundungen seines unterschwelligen und schwer greifbaren Zweifels. Feststeht, daß Sartre sich ab Januar 1940 den ganzen Text noch einmal vornimmt und – wie man den verstreuten Hinweisen in den *Tagebüchern* und der Korrespon-

---

11 Zit. n. *Œuv. Rom.*, S. 1860.

12 M. Contat spricht in seinen Anmerkungen zu den *Œuvres romanesques* (S. 1860) von Anfang 1939. Am 9. Januar 1940 erwähnt Sartre in einem Brief an Simone, seit anderthalb Jahren an dem Roman zu sitzen. (*Briefe II*, S. 29)

13 *Briefe I*, S. 295: »Ich bin da, wo Mathieu zu Lola geht, um ihr die Briefe von Boris zu stehlen. Das macht mir großen Spaß.« Ein Brief vom 8. September bestätigt die Konjektur: »Der Entwurf des 11. Kapitels ist fertig, und ich habe die Reinschrift begonnen.« (An S. de Beauvoir. *Briefe I*, S. 299)

denz entnehmen kann – ziemlich grundsätzlich überarbeitet. Womit hängt der Verdruß an *Zeit der Reife* zusammen? Worin bestehen die mutmaßlichen Änderungen der zweiten Fassung? Und was besagt der ganze Vorgang über den Prozeß, in dem Sartre steckt?

Zeit der Reife spiegelt die Prosa des Alltagslebens am Vorabend des Zweiten Weltkriegs aus der Sicht einer Anzahl von Personen eines bestimmten Milieus während achtundvierzig Stunden um den 17. Juni 1938 (was in etwa dem Datum des konkreten Entschlusses zu diesem Roman entspricht). Etliche Figuren und Begebenheiten sind biographisch inspiriert. So trägt etwa der Protagonist Mathieu Delarue deutlich gewisse Züge Sartres, allerdings unterscheidet er sich von ihm wenigstens in einem wesentlichen Punkt: »Ich habe meinen Personen meine manische Leidenschaft für das Schreiben weggenommen, meinen Hochmut, meinen Glauben an mein Schicksal, meinen metaphysischen Optimismus und habe daher in ihnen ein düsteres Gewimmel hervorgerufen. Sie, das bin ich als Enthaupteter.« (*Tagebücher*, S. 492, 14. März 40) Kurz, Sartre hat es unterlassen, seinen Figuren die Richtung, *seine* Gerichtetheit mit auf den Weg zu geben. Das mag auch daran liegen, daß er sein Lebensgefühl, seine Erfahrungen aus der Zeit um 1935/36 in das Jahr 1938 verlegt. Und 1935/36 schien sein Leben in vielerlei Hinsicht in einer Sackgasse zu münden: eine Krise des Erwachsenwerdens, wie er später selbst formulierte, die sich – im Anschluß an Drogenexperimente, die er für seine Untersuchungen über das Imaginäre durchführte – in anhaltenden halluzinatorischen Störungen manifestierte, die Stagnation beruflicher Pläne, nicht zuletzt eine verwirrende und aufreibende Liebesgeschichte. Anders gesagt, Sartre drohte, den Boden unter den Füßen zu verlieren. Nach allem, was wir wissen, hat ihn auch in dieser Zeit seine Zuversicht nicht verlassen, aber sie schwebte gleichsam abstrakt und »manisch« über der realistischen Einschätzung seiner Situation. Es bedurfte wahrscheinlich keiner allzu großen Einbildungskraft, von diesem glücklichen Wahn abzusehen und sich die Wirklichkeit von Personen vorzustellen, die sich im Kreise drehen und die immer wieder an eine unsichtbare Schwelle stoßen. Drei, vier Jahre später versetzt er seine Romanfiguren in den trüben Teich seiner damaligen Erfahrungen, minus der Perspektive (was nicht heißt: konkreten Aussicht) auf Überschreitung. Zu diesem Zeitpunkt befindet sich Sartre aber längst wieder in Übereinstimmung mit seiner »metaphysischen« Zuversicht. *Der Ekel* wurde mit großem Erfolg publiziert, andere Texte machen von ihm reden, 1937 erhielt er eine Stelle an einem

Pariser Gymnasium, was ihn endlich vom Leben in der verhaßten Provinz erlöste. Kurz, Sartre schiebt zwischen sich und die erzählte Wirklichkeit seines Romans verschiedene Distanzen – die zeitliche, die er durch die Transposition auf ein späteres Datum verheimlicht, und die Distanz einer reichlich veränderten Lebenssituation.

Schon hier stellt sich die Frage, ob Sartre so ganz auf der Höhe seiner eigenen »Metaphysik« der Romantechnik verbleibt. Für eine Beschreibung dieser Technik kann man eine Passage aus *Was ist Literatur?* zitieren, die prägnant resümiert, was Sartre bereits in seinen literaturkritischen Essays vor dem Krieg postuliert hatte: »Da wir ja *situiert* waren, waren die einzigen Romane, die wir zu schreiben versuchen konnten, *Situations*romane ohne innere Erzähler noch allwissende Zeugen; kurz, wenn wir über unsere Epoche Aufschluß geben wollten, mußten wir die Romantechnik von der Newtonschen Mechanik zur allgemeinen Relativität übergehen lassen, unsere Bücher mit halb-klaren und halb-dunklen Bewußtsein bevölkern, von denen wir vielleicht die einen oder die andren mit mehr Sympathie betrachteten, von denen aber keines gegenüber dem Ereignis noch gegenüber sich selbst einen privilegierten Standpunkt hätte, mußten wir Geschöpfe darbieten, deren Realität das verworrene und widersprüchliche Gewebe der Einschätzungen wäre, die jedes über alle andren anstellte – einschließlich über es selbst – und alle über jedes, und die niemals von innen entscheiden könnten, ob die Veränderung ihrer Schicksale von ihren Bemühungen, ihren Fehlern oder dem Lauf der Welt herrührten; wir mußten schließlich überall Zweifel, Erwartungen, Unvollendetes lassen und den Leser dazu zwingen, selbst Mutmaßungen anzustellen, indem wir ihm das Gefühl gaben, daß seine Ansichten über die Handlungen und die Figuren nur eine Meinung unter vielen andren waren, ohne ihn jemals zu steuern, noch ihn unsere Gefühle erraten zu lassen.«[14] Der Autor befindet sich also auf einer Höhe mit seinen Figuren. Er ist selbst situiertes Bewußtsein, er ist keinesfalls der berüchtigte allmächtige Erzähler, dem Sartre ja in seiner Kritik an François Mauriac schon den Prozeß gemacht hatte. Aber, wie wir gesehen haben, beschreibt Sartre seine Figuren von einem Standpunkt aus, der bereits 1938 nicht mehr der seine ist, um so weniger 1939/40. Sartre zeigt und lenkt seine Romanfiguren von außen. Der Verdacht liegt nahe, daß dieses »Außen« den Stand der eigenen konzeptuellen, philosophischen Selbstverständigung zum Maßstab hat.

14 *Was ist Literatur?* [1947], S. 173.

Das gesteht er übrigens in einem Brief auch ziemlich deutlich ein: »Nur möchte ich von meinem gegenwärtigen Standpunkt aus auch, daß mein Roman spürbar macht, daß wir im Zeitalter des Fundamentalen sind. Das ist es, was ich denke, Sie wissen es; ich denke in diesen Tagen, daß man erst jetzt die Konsequenzen aus dem Verlust des Glaubens ziehen wird. Aber im ersten Band des Romans erscheint nichts von alldem, und das ist sehr traurig. Das liegt nicht an einem technischen Mangel, sondern einfach an der Verdreckung, in der ich mich befand, als der Krieg ausbrach. Das ist ein husserlianisches Werk, und das ist ein biß-chen unangenehm, wenn man Zelot Heideggers geworden ist. Daher ist mir mein Roman etwas zuwider. [...] ich fürchte, daß das Ganze keines-wegs existentiell wird.« (An S. de Beauvoir. *Briefe II*, S. 192 f, 23. April 40)

Wir werden im II. Kapitel noch genauer sehen, was für Sartre der Übergang von einem von Husserl geprägten zu einem von Heidegger wenigstens angestoßenen Denken bedeutet. Vorwegnehmend kann man sagen, daß Husserl hier für ein primär erkenntnistheoretisches Denken steht, das im Gegensatz zu dem von der »Sorge um das Dasein« intensivierten Denken Heideggers sich eher kontemplativ und akade-misch ausnimmt. Klaus Hartmann schreibt dazu: »Sartre teilt nicht die theoretischen Ziele Husserls, eine Beschreibung der ›Leistungen‹ der Subjektivität und damit eine Begründung der Wissenschaft zu ge-ben.«[15] Auf die romanesken Verhältnisse bezogen, könnte das bedeu-ten, daß Sartres Figuren zwischen Subjektivität und Objektivität ohn-mächtig hin und her pendeln und sich an der Unentscheidbarkeit, in der Orientierungslosigkeit aufreiben. Das ist aber genau der philosophische Zirkel, den Sartre eigentlich durch Husserl oder über ihn hinaus immer schon zu durchbrechen gehofft hatte. Jetzt ahnt er, daß der Weg aus dem Kreisen an Husserl vorbei führt, und er sieht das Problem seines Ro-mans genau in diesem Übergang. Nicht nur stellt er fest, daß er jetzt aus einer neuen Perspektive *Zeit der Reife* kritisiert und grundsätzlich um-schreiben muß, außerdem wird er mit Schrecken festgestellt haben, daß er diesen Übergang noch nicht weit genug vollzogen hat, um ihn so-gleich in einem Roman zu gestalten. Und so wird es tatsächlich noch

15 Klaus Hartmann, *Grundzüge der Ontologie Sartres in ihrem Verhältnis zu Hegels Logik.* Berlin, New York 1963. S. 31. An anderer Stelle schreibt er: »Sartres Kritik an der Phänomenologie ist eine Kritik an der bloßen Objektivität der Phänomene.« (ibid., S. 30).

eine ganze Weile dauern, bis er abermals und dann endgültig das Wort
»Ende« unter das Manuskript setzen kann; noch länger, bis es dann
endlich gedruckt wird. (*Zeit der Reife* wird erst Mitte des Jahres 1941
abgeschlossen sein. Die Fertigstellung verzögert sich nicht zuletzt
durch die Zeit der Gefangenschaft von Juni 1940 bis März 1941 und
durch andere Arbeiten. Krieg und Zensur verhindern den Druck bis
1945. Im gleichen Jahr erscheint auch die Fortsetzung *Der Aufschub*.)
Wir haben ja bereits gesehen, wie Sartre schon bei der ersten Fassung
von *Zeit der Reife* Distanzierungen zwischen sich und dem Romange-
schehen schafft. Auch bei den folgenden Romanen wird er zwischen der
konkreten historischen Zeit, in der die Handlung situiert ist, und der
Zeit der Niederschrift den Abstand – und wie Michel Contat[16] mit
Recht bemerkt: den wachsenden Abstand – einiger Jahre legen. Damit
verstößt er zwar gegen das eigene Gebot einer gewissen Gleichzeitig-
keit, aber dadurch gewinnt er, sagen wir: einen Überzeugungsvor-
sprung.

Wir kennen zwar nicht die erste Fassung von *Zeit der Reife*, aber ich
glaube, man kann auch noch die schließlich veröffentlichte Fassung
einen »husserlianischen« Roman nennen, allerdings in einem anderen
Sinne, als Sartre es in dem zitierten Brief meinte: Er übersetzt jetzt sein
eigenes existentielles Ungenügen an den Husserlschen Konzeptionen
und an der Haltung dieses Denkens in die Lebenswelt seiner Romanfiguren. Er hatte das theoretische Ungenügen schon erfahren, als er
1937/38 vierhundert Seiten einer Studie mit dem Titel ›Die Psyche‹
(›La psyché‹) niederschrieb, die er aber bald unvollendet liegen ließ (und
auch später nie vollendete), denn »ein immer tieferer Graben trennte
mich von Husserl«. (*Tagebücher*, S. 268, 1. Febr. 40) Aber wenn er nun
das Ende *seines* Husserlianismus als allgemeines und korrelierendes Lebensgefühl einer Epoche darstellen kann, dann, weil er von einem anderen – grob gesagt: Heidegger zugewandten – Standpunkt aus darauf
zurückschaut. Zwar kann er diesen neuen Standpunkt noch nicht ro-
manhaft realisieren, er gibt ihm indes die Möglichkeit zur Verdeutlichung seiner eigenen Vergangenheit, im Gegenzug klärt sich seine aktuelle Perspektive.

Um das genauer zu verstehen, müssen wir nachvollziehen, warum
Sartre seinen Roman für eine »ein bißchen überflüssige Lüge« hält: Er
lasse vermissen, daß man »im Zeitalter des Fundamentalen« lebe, er sei

16 *Œuv. roman.*, S. 1859ff.

»zerfahren und abgehackt« (loc. cit.). An anderer Stelle heißt es: »ganz allgemein fehlen Wurzeln.« (*Briefe II*, S. 145, 14. März 40) Deshalb ist er einen Moment lang versucht, seinen Personen eine Art Vorgeschichte zu geben. (ibid., S. 145, 15. März 40 und S. 156f, 23. März 40) Dann beklagt er sich wieder, daß Mathieu »sich nicht vergeschichtlicht« (ibid., S. 204, 26. April 40), und überhaupt: »diese Helden [sind] nicht lebensfähig. Ich hoffe, daß sie als romanhafte, imaginäre Geschöpfe nicht ganz lebensunfähig sind, aber sie können nur in dem künstlichen Milieu existieren, das ich um sie herum geschaffen habe, um sie zu nähren: außer der Traurigkeit des Zerfalls, die ich vorhin erwähnte, haben sie noch eine andere, tiefere, die vorwurfsvolle und verbitterte Traurigkeit des Homunculus in seiner Flasche; sie wissen, daß sie nicht lebensfähig sind und durch künstliche Ernährung am Leben erhalten werden, und der Leser fühlt sich in dem Maße, wie er sie mit seiner Zeit konstituiert, von der metaphysischen Traurigkeit der prähistorischen Tiere durchdrungen, die wegen ihrer unzulänglichen Beschaffenheit zum baldigen Aussterben verurteilt sind. [...] Meine Romane sind Experimente, und sie sind nur durch Zerfall möglich.« (*Tagebücher*, S. 492 f, 14. März 40)

Man kann aus all diesen selbstkritischen Äußerungen schließen, daß Sartre das Fehlen jeder Dimension von »In-der-Welt-sein«, von Vergeschichtlichung beklagt, einer konkreten und prekären Vereinigung von Bewußtsein und Welt, von Subjekt und Geschichte. Das sind die Themen, an denen er in den *Tagebüchern* fieberhaft arbeitet, auf die ihn der Krieg und Heidegger gestoßen haben. Aber in seinem Roman laufen immer noch abstrakte und reichlich schlaffe Bewußtseine herum (»Existieren heißt: sich ohne Durst trinken.«[17]), von grauer Beliebigkeit überschwemmt und darauf lauernd, der leeren Freiheit entweder unabweisbare Gründe für eine Bestimmung zu geben oder aber sich ihrer durch einen explodierenden, aber kontingenten Schlag zu entledigen. Sie stolpern von Husserls »Objektivität« zu Gides *acte gratuit* und zurück. Und Sartre läßt sie nicht ohne Ironie durch die zeitgenössischen Angebote irren. Man wird einwenden, daran habe sich auch in der endgültigen Fassung nicht viel geändert. Ich denke aber, Sartre korrigiert seine durch verschiedene Personen typisierte Beschreibung der Freiheit der ersten Fassung, indem er seine Figuren, ihren Umgang mit, ihre Auffassung von Freiheit bis an den Rand eines fundamentalen Ungenü-

17 *Zeit der Reife*. S. 54.

gens gehen läßt, von wo aus sie sich selbst als Homunculi anzeigen und – im Einzelfall – erfahren. »Sie wissen, daß sie nicht lebensfähig sind.« Anders gesagt, aus der »ein bißchen überflüssigen Lüge« des Romans wird die Lüge ihrer Protagonisten, die Lüge einer Zeit, seine eigene frühere Lebenslüge. So tritt seine neue Sicht der Dinge vorläufig nur als Distanzierung in Erscheinung – sie sorgt dafür, daß seine Figuren ihre Unlebbarkeit verkörpern und erfahren. Nur so kann man erklären, daß Sartres Kritik an der ersten Fassung in gewissem Sinne auch noch auf den schließlich veröffentlichten Text zutrifft. Aber jetzt ist diese Kritik zum Thema und zur Färbung des Romans geworden.

Die zuvor zitierte Tagebucheintragung vom 14. März fährt deshalb auch folgendermaßen fort: »Mir scheint, daß die Gesamtheit meiner Bücher optimistisch sein wird, weil sich durch diese Gesamtheit das *Ganze* rekonstituieren wird. Aber jede meiner Personen ist ein Krüppel. Eigentlich soll Mathieu in meinem letzten Band eine Totalität werden, aber gleich darauf wird er sterben. Aus diesem Grunde, glaube ich, kann ich düstere Bücher schreiben, ohne daß ich selbst traurig oder ein Scharlatan bin, und an das glauben, was ich schreibe.« (ibid.) Wenn also die »Lebensunfähigkeit« seiner Figuren einerseits zum Spiegel der Epoche, andererseits aber auch zum treibenden Moment ihrer inneren Entwicklung wird, dann zeugt das nicht nur vom Prozeß des Werdens, in dem Sartre sich selbst sieht, dann müssen auch die folgenden Romane jene Unlebbarkeit überschreiten, das heißt einen Ausweg aufzeigen, wenigstens die Suche nach einem Ausweg prägnant werden lassen. Das wird sich als eine gewisse Hypothek erweisen.

Und es gibt noch eine andere, die Ahnung nämlich, »nicht für den Roman geschaffen« zu sein: »Ich habe *achtzig* Seiten im Heft gefüllt, ich weiß nicht, ob Sie sich das vorstellen können, denn heute morgen beim Aufwachen habe ich erkannt, wie ich einen Roman verfasse und wie ich imaginiere; das hat mich frappiert [...]. Es ist ganz komisch zu sehen, wie so ein Roman zusammengebastelt wird. Aber ich glaube wirklich, daß ich nicht die Imagination eines Romanschriftstellers habe. Das heißt nicht, daß ich schlechtere Romane schreibe als die anderen, sondern nur, daß ich nicht für den Roman geschaffen bin.« (An S. de Beauvoir. *Briefe II*, S. 61, 25. Jan. 40) Leider fehlen gerade diese achtzig Seiten in den überlieferten täglichen Aufzeichnungen.

Wenn Sartre von sich bemerkt, nicht über die Imagination eines Romanschriftstellers zu verfügen, dann bedeutet das zunächst nur, daß er sich nicht ursprünglich im Medium des Romans versteht und verständigt. Wir haben zu zeigen versucht, wie Sartre einen gewissen Vorsprung vor seinen Figuren zu gewinnen versucht. Das heißt nicht, daß er Thesenromane verfaßte. Im Gegenteil überprüft er an seinen Figuren gewisse Thesen. Und zumindest für *Zeit der Reife* haben wir sehen können, wie Sartre seine Vergangenheit durch die Korrekturen der zweiten Fassung gleichsam abarbeitet, er sich also mittelbar über seinen Roman versteht – als Überschreitung fordernde Herstellung seiner Vergangenheit. Seine Figuren klagen gegen ihren Autor *ihre* Zeit ein – sie drängen ihn, *seine* Zeit zu präzisieren. Mit Erfolg. Die Arbeit an *Zeit der Reife* bezeugt und befördert die Häutung Jean-Paul Sartres. Über diesen Prozeß gibt am besten jenes eindrucksvolle Konvolut Auskunft, das Sartre allein diesem Zwecke gewidmet hat: die *Tagebücher*.

4. Die *Tagebücher*

»Ich habe jede Menge Ideen im Moment, und ich bin sehr froh, dieses kleine Heft zu führen, denn es läßt sie entstehen.« (An S. de Beauvoir. *Briefe I*, S. 329, 26. Okt. 39) Tatsächlich kenne ich kaum einen anderen Text, der den Spiralnebel, in dem die Gedanken entstehen, in gleicher Weise mitliefert. »Ich habe darüber nachgedacht, was das ist, die Welt des Krieges, und den Plan gefaßt, ein Tagebuch zu schreiben. Schicken Sie mir bitte in dem Paket ein festes schwarzes Heft – dick, aber nicht zu hoch und nicht zu breit, selbstverständlich kariert«, schreibt Sartre am 12. September 1939 an seine Lebensgefährtin. (ibid., S. 304) Aber schon zwei Tage später hat er sich selbst ein solches Heft zugelegt, und er beginnt sogleich mit den täglichen Eintragungen.

Leider sind von diesen Aufzeichnungen nur fünf Hefte erhalten. [18] Immerhin ergeben diese fünf vollständig erhaltenen Hefte im Druck

---

18 Nämlich:
  Heft III. Nov. – Dez. 39 (geschrieben in): Brumath, Morsbronn.
  Heft V. Dez. 39: Morsbronn.
  Heft XI. Februar 1940: Morsbronn, Paris, Bouxwiller.
  Heft XII. Februar 1940: Bouxwiller.
  Heft XIV. März 1940: Bouxwiller. Brumath.
  Die anderen verschollenen Hefte sind zum Teil schon während der *drôle de guerre* selbst verlorengegangen. Cf. *Briefe II*, S. 277 f und die dazugehörenden Anmerkungen der Herausgeberin.

etwa 450 Seiten. Wir können davon ausgehen, daß Sartre mindestens 15 solcher »fester schwarzer« Hefte gefüllt hat. Mit einiger Gewißheit waren es aber einige mehr. Denn die überlieferten Tagebücher enden zwar am 28. März 1940, aber aus den Briefen wissen wir, daß Sartre mehr oder weniger intensiv an seinen täglichen Aufzeichnungen weitergearbeitet hat – wenigstens bis zum Ende der *drôle de guerre*. Wenn wir die Seiten der überlieferten Tagebücher um die Anzahl der sicher geschriebenen, aber nicht erhaltenen ergänzen, bedeutet dies eine Summe von etwa 1300 Druckseiten Tagebuch. Und dabei lassen wir die Tagebücher aus den Monaten April, Mai und Anfang Juni ganz außer acht, denn über deren Umfang wissen wir nichts. Zusammen mit den Briefen, 1100 Seiten, und den – grob geschätzt: – 250 Seiten, die er an *Zeit der Reife* geschrieben und umgeschrieben hat, kommen wir auf weit über 2500 Seiten, die Sartre in der Zeit seiner erzwungenen Immobilität niederschreibt.

Auch wenn sich in den Tagebüchern hauptsächlich Sartres Selbstverständigung vollzieht, dann haben sie auch noch eine andere Funktion, nämlich die Absicht der Briefe, so wie wir sie oben beschrieben haben, zu vertiefen: »Alles, was mir widerfährt, gedenke ich Ihnen zu schreiben. Dieses kleine Heft, das ich führe, ist nur dazu da, daß ich es Ihnen zeigen kann. Ich kann nicht getrennt von Ihnen sein, denn Sie sind so etwas wie die Konsistenz meiner Person«, schreibt er bereits am 20. September 1939 an Mademoiselle Simone de Beauvoir (ibid., S. 321), die also von Anfang an mitliest. Sartre sorgt dafür, nachvollziehbar zu bleiben, und zugleich flieht er von vorneherein die versonnene Vertrautheit einer Intimität mit sich. »Bis zu diesem Krieg habe ich *öffentlich* gelebt«, schreibt er in den *Tagebüchern* (S. 396), und man braucht nur die frühen Aufsätze ›Transzendenz des Ego‹ (1936) oder ›Eine grundlegende Idee der Phänomenologie Husserls: Die Intentionalität‹ (1939) zu lesen, um zu verstehen, daß diese öffentliche Lebensform bereits einer philosophischen Forderung entsprach. Die *Tagebücher* und das Denken, das aus ihnen entstehen wird, werden diese Intention zuspitzend umformulieren: Der Mensch ist kein Wesen, das in der Wärme des Sich wohnen könnte.

Wenn er jetzt doch zum Tagebuchschreiber wird, dann definiert er zugleich den Ausnahmezustand: »Ich verabscheute Tagebücher, und ich dachte, daß der Mensch nicht geschaffen ist, sich selbst zu betrachten. Nach dem Kriege werde ich dieses Heft nicht weiterführen, oder wenn ich es weiterführe, werde ich darin nicht mehr von mir sprechen.

Ich will nicht bis ans Ende meiner Tage von mir selbst heimgesucht werden. Mir scheint nur, daß man unter besonderen Umständen und wenn man im Begriff ist, sein Leben zu ändern wie die Schlange, die sich häutet, diese tote Haut betrachten kann, dieses spröde Bild der Schlange, das man hinter sich läßt, um Bilanz zu ziehen.« (S. 207, 19. Dez.)

Das sind also die *Tagebücher*: Kladden der Bilanz, Logbücher der Häutung. Ein konkretes Drama des Selbst, das von Anfang an mit der Perspektive einer grundsätzlichen und befreienden Reinigung ausgestattet ist. Ein merkwürdiges Drama auch: Es entwickelt und zeugt sich aus der Suche nach seinem Thema, es findet seine Szenenfolge in der Frage nach seinem eigenen Handlungsfaden. Es ähnelt am Schluß ganz jenen modernen Schauspielen, die nur sich selbst inszenieren – auf Sartre bezogen heißt das: Seine Situation spielt sich selbst durch. Er befragt die Befragung.

Am Anfang stand eine Kränkung: Der erklärte Individualist, der glänzende Schriftsteller und Philosoph wurde, ohne daß man ihn um seine Meinung gebeten hätte, in irgendeinen Zug gepfercht, zu irgendeinem Krieg verdammt, in irgendwelche Kasematten verbracht. Aber dann braucht er nur wenige Tage, um seine Niederlage zu akzeptieren. Etwas, das in seinen Konzepten nicht vorkam, etwas Größeres, etwas Mächtigeres hat ihn an die Wand gedrückt, hat ihn zum verschwindend kleinen Element einer blinden Maschinerie gemacht. Statt zu schmollen, schlägt er ein – er versucht, sich zum Herrn seiner Niederlage zu machen.

Wie? Seine Niederlage akzeptieren, hieße in diesem Falle, sich als passives Objekt der strikt äußerlichen Macht des Krieges darzubieten. Die Formulierung deutet es jedoch bereits an: Ich muß mich zu diesem Objekt *machen*. Und wenn ich mich zu diesem Objekt machte – wie könnte sich der Krieg dann meinem Leben einprägen? Als ununterbrochene Kette von Zwängen? Als Gehorsam vor den Befehlsstrukturen? Als funktionierendes Glied genau definierter Abläufe? Kann der Krieg mich zum vollständig eingegliederten Mittel seiner unhintergehbaren Zwecke bestimmen? Nein, der Krieg *ist* zwar, aber seine ganze Gewalt erschöpft sich *zunächst* darin, daß er mich mit seiner Realität konfrontiert, mich zwingt, mich zu ihm zu verhalten. Immer vorausgesetzt, daß es überhaupt *eine* Realität des Krieges gibt. Jedenfalls absorbiert mich diese Realität nicht – sie überläßt mir wenigstens eine unaufhörliche Folge von Ja/Nein-Entscheidungen. Gehorche ich? Bin ich bereit zu sterben – aus Gehorsam, fürs Vaterland, »für Danzig«? Könnte die Verpflegung nicht besser sein? Der ›seltsame Krieg‹ schafft natürlich noch weitaus undurchsichtigere Frageverhältnisse: Was für einen Krieg führen wir hier überhaupt? Um sich von den Strukturen des Krieges fesseln zu lassen, müßte er wenigstens seine Verfügungen naht- und atemlos ausspucken. Aber *dieser* Krieg erweckt nicht einmal die Illusion einer dichten und unverrückbaren, einer befehlenden Zweck-Mittel-Ordnung. Man muß ihn sich ganz und gar ausdenken.

Sartre hält von Anfang an diese Option offen: Der Krieg *ist*, aber er ist nicht der Krieg. So schreibt er bereits am 20. September an Simone de Beauvoir: »Ich denke in der Tat, daß die Frage der Bewußtseine Vorrang behält vor den Überlegungen über den Krieg.« (Briefe I, S. 319) Das drückt nur seine Bereitschaft aus, sich von den Gegebenheiten des Krieges nicht überschwemmen zu lassen. Aber wenn der Krieg ihn schon nicht hervorbringt, kann er dann wenigstens den Krieg hervorbringen? Offenkundig vermag er an seiner massiven Gegenwart nicht zu rütteln. Aber er kann sie mit Deutungen überziehen: Krieg ist schön, widerlich, notwendig, läppisch, Klassenkampf mit anderen Mitteln. Wie immer er sich entscheidet, jede Entscheidung weist auf ihn zurück. Und: mit jeder dieser Deutungen bringt er sich in diesem Krieg hervor. »Der Krieg ist wirklich eine komische Sache. Jeder hat *seinen* Krieg, wie er *seinen* Tod hat, es geht absolut nicht darum, ihn zu erleiden wie eine Katastrophe, sondern man hat ein Sein zum Krieg (von Fall zu Fall verschieden und oft sehr fragwürdig), wie man ein Sein-zum-Tode hat. Und zwar *von Anfang an.*« (ibid., S. 370, 16. Okt.) Das drückt die grundsätzlich neue Erfahrung seiner Situation aus. Vor dem Krieg liebte er seine Freiheit als eine Art allgemeinen Vorbehalt, der die konkrete Welt als weiten Möglichkeitshorizont auf Distanz hält. Jetzt ist ihm die Welt gefährlich nahe gerückt, ja, sie droht, ihn zu ignorieren und »seine« Freiheit als Zirkustrick zu entlarven. Das genügt, um das Scheitern seiner alten Vorstellungen zu besiegeln. Diese haben dann auch schon am 2. September ihren Geist aufgegeben, und am 4. September bereits formuliert Sartre klipp und klar die Notwendigkeit, ein anderer werden zu müssen. Daraus resultiert die Grundaufgabe der *Tagebücher*: »Ich versuche schreibend eine solide, kristallisierte Basis zu errichten, von der ich ausgehen kann. Kurz, es gibt bei den Primitiven Zeremonien, die dem Lebenden helfen zu sterben, und der Seele helfen, sich vom Körper zu lösen. Meine ›bekennerischen‹ Notizen haben das gleiche Ziel: meinem gegenwärtigen Sein zu helfen, in die Vergangenheit zu fließen, es notfalls ein bißchen hineinzustoßen. Es ist ein Teil Illusion dabei [...]. Zumindest aber deutet es die Linie einer möglichen Veränderung an.« (*Tagebücher*, S. 105. 1. Dez.)

Gut, aber auch wenn er einsieht, daß er mit seinen alten Konzepten der neuen Situation nicht mehr gerecht werden kann, was ist dann »die Linie einer möglichen Veränderung«? Hier die übermächtige und rohe, aber zuletzt doch ungenügende Realität des Krieges, da seine bodenlose Subjektivität. Der eine Pol verweist ihn auf den anderen, ohne daß dabei vorerst mehr als ein Hinundherschwingen herauskäme. Indes, die Wege dieser Schwingungen bilden allmählich ein Muster aus.

Davon zeugen die ersten Tagebucheintragungen (die allerdings erst ab dem 12. November erhalten sind) und die Briefe während der ersten drei Monate nach der Einberufung. Sie ähneln einem kontrollierten Ausschwärmen – ein Sammeln und ein Experimentieren mit dem Aufgelesenen. Der verborgene Sinn, das geheime Thema seiner Suche, die »Linie« könnten in allem stecken. In den Betrachtungen über die Evakuierung der Elsässer, in der Beschreibung der Kameraden, in der philosophischen Reflexion, in der Lektüre der Tagebücher anderer Schriftsteller, in der Auslotung des Krieges. Fast jeder Satz, den er in sein Tagebuch notiert, fast jeder Satz in seinen Briefen ist auch eine Suche nach der Suche. Nach und nach, bis etwa Anfang Dezember kristallisiert sich dann ein denkbarer Kern heraus: die Möglichkeit der Suche, die Befragung, der Wille. Die ganze Gerichtetheit auf Überschreitung findet endlich ihr Thema: sich selbst. Am 7. Dezember trägt Sartre dann einen ersten Entwurf in seine Hefte ein – er verbindet die beiden bisher dissoziierten Pole – *seinen* Krieg und *seinen* Willen zur Selbstüberschreitung – in einer Theorie der »menschlichen Realität«. Alles, was er danach in seine Tagebücher einträgt, besteht, grob gesagt, aus Fortsetzungen, Modifikationen, Korrekturen, Entwicklung der Implikationen und bereits konkreten Anwendungen seiner Grundüberlegungen. So verläuft in etwa grob skizziert die dramaturgische Linie der Tagebücher: die Entfaltung des Leitmotivs aus der Grundsituation.

Diese Linie prägt sich natürlich auch den zahlreichen Einzelthemen ein, die in den Aufzeichnungen kontinuierlich eine Rolle spielen. Am Beispiel seiner beständigen autobiographischen Reflexion kann man Sartres Metamorphose gut nachvollziehen.

Den Briefen und den Rückverweisungen in den Tagebüchern kann man entnehmen, daß Sartre von Beginn seiner Einberufung an eine Art Bestandsaufnahme seines Lebens unternommen hat. Einen anderen Hinweis gibt seine Lektüreliste vom 29. November, worin er alle Bücher aufführt, die er seit Anfang September bis Ende November gelesen hat. Zu unserem Erstaunen finden wir keinen einzigen philosophischen Text darunter, hingegen aber u. a. die Tagebücher dreier Schriftsteller: Eugène Dabit, André Gide und Julien Green. In den (wie man immer hinzufügen muß:) erhaltenen Heften werden Dabit und Green kaum weiter erwähnt. Die Auseinandersetzung mit Gides Tagebuch [19] spielt hingegen eine kristallisierende Rolle. Jedenfalls zeigt diese intensive Tagebuchlektüre, daß Sartre für die biographische Rechenschaft Anhaltspunkte auch bei anderen Schriftstellern sucht. Wie steht es bei Gide um den Zusammenhang von Schreiben und Leben? Sartre findet bei sich nur eine Art manischen Impuls: »Ich habe mich vor den Zusammenbrüchen geschützt. Ich bin an meinen Wunsch zu schreiben gefesselt. Sogar im Krieg falle ich wieder auf die Füße, weil ich sofort aufschreiben will, was ich fühle und sehe. Wenn ich mich in Frage stelle, so deshalb, um die Ergebnisse dieser Prüfung aufzuschreiben, und ich merke, daß ich nur davon *träume*, meinen Wunsch zu schreiben in Frage zu stellen, denn wenn ich wirklich, und sei es nur für eine Stunde, versuchen würde, ihn aufzuschieben, ihn auszuklammern, dann würde jeder Grund, irgend etwas in Frage zu stellen, in sich zusammenbrechen.« (ibid., S. 46. 22. Nov.) Das Schreiben stellt sich als unverrückbarer und unvordenklicher Ausgangspunkt dar. Noch seine Infragestellung gehorcht diesem ewigen Durst. Es ist die Quelle eines unbeschreiblichen Optimismus – ein letztes Netz, eine allestragende Grundierung.

Allein, hier im Tagebuch stellt er sich die Frage, wie diese unverfügbare Träumerei vom Schreiben ein, sein Leben hervorbringen könnte und bisher hervorgebracht hat. So wie die rohe Objektivität des Krieges ihn nicht durchdringt, so definiert das Schreiben sein Leben nicht voll-

---

19 Über den tagebuchschreibenden Tagebuchleser Sartre cf. Rainer Wannicke, ›Von der individuellen Aufrichtigkeit zur geschichtlichen Authentizität. Krieg und Autoanalyse in J.-P. Sartres *Carnets de la drôle de guerre*‹. (Vortrag auf dem 20. Romanistentag 1987 in Freiburg. Im Druck) Andere Tagebücher, die Sartre in jenen Monaten liest, stammen von: Larbaud, Stendhal, Tolstoi, den Goncourts und Renard.

ständig. »Ich glaube nicht, daß ich zu sehr schematisiere, wenn ich sage, daß das moralische Problem, das mich bisher beschäftigt hat, im Grunde das Problem der Beziehungen zwischen Kunst und Leben ist. Ich wollte schreiben, das stand außer Frage, das stand nie in Frage, nur gab es neben diesen eigentlichen literarischen Arbeiten ›den Rest‹, das heißt alles: die Liebe, die Freundschaft, die Politik, die Beziehungen zu sich selbst, was weiß ich. Was man auch tat, immer war man in alle diese Fragen hineingeworfen. Was tun?« (ibid., S. 109f, 1. Dez.)

Sartre untersucht im folgenden die verschiedenen Stadien, die das Problem des »Restes« in seinem bisherigen Leben angenommen hat. Die erste Periode nennt er die Zeit der »tausend Sokratesse« von 1921 bis 1929. Die Zeit des jungen Sartre, »so wie man vom jungen Berlioz oder vom jungen Goethe spricht«. (S. 111) »Ein großer Schriftsteller hat das Leben eines großen Schriftstellers, also mußte ich alle meine Anstrengungen darauf richten, ein großer Schriftsteller zu werden.« (S. 110) Groß heißt nicht gut, nicht glücklich, noch vollendet oder sonst etwas; das große Schriftstellerleben gehorcht einem entrückten, durch die unerhörte Dichte seiner Abfolge die Entrückung rechtfertigenden Gesang, der in seiner Tiefe und seiner inneren Notwendigkeit noch Elend und Verachtung versenkt. Darauf folgt eine Periode der Ernüchterung – die Uhr tickt, ihm gelingt literarisch fast nichts, aber das Gefühl wächst, in jedem Moment sein Leben zu schaffen, ein Leben allerdings, das sich nicht zur Größe fügen will, im Gegenteil: Der Beruf, die festen Beziehungen, alles weist in schwindelerregender Geradlinigkeit in die Zukunft einer ganz und gar unqualifizierten Normalität. Ein Hunger nach Hunger stellt sich ein, Lust auf Bedrohung, Unkontrolliertes, jäh hereinbrechende, tiefe Eindrücke. Aber da ein Leben, in Sartres Augen damals, ohnehin immer mißraten mußte, blieb nur die Kunst. Ein Leben dient nur dazu, ewige Werke herzustellen, dahinter verschwindet es dann als flüchtiger Geburtshelfer des Größeren. In dieser Zeit widmet sich Sartre eisern der Schöpfung bedeutender Werke.

Es folgt ab 1935 eine Periode heftiger und verwundeter Gefühle, »das Schwindelgefühl jenes nackten und augenblicklichen Bewußtseins, das nur zu fühlen schien, heftig und rein«. (S. 118) Diese Erfahrungen verlieren ihren bedrohlichen Charakter in dem Moment, da er nach Paris versetzt und fast gleichzeitig *Der Ekel* von Gallimard angenommen wird, sowie die Erzählung *Die Wand* im Juli 1937 in der *Nouvelle Revue Française* erscheint. »Und diesmal gewann das Leben die Oberhand über die Kunst, aber langsam, zaghaft. Heute denke ich, daß man niemals sein

Leben verliert, ich denke, daß nichts einem Leben gleichkommt. Dennoch habe ich alle meine Ideen behalten; ich weiß, daß ein Leben weich und breiig ist, nicht zu rechtfertigen und zufällig. Aber das ist unwichtig, ich weiß auch, daß mir alles zustoßen kann, aber es wird *mir* zustoßen; jedes Ereignis ist *mein* Ereignis. Ich will mich darüber nicht ausbreiten. [...] Ich will ein andermal darüber sprechen.« (S. 118) Der letzte Satz weist darauf hin, daß ihm die Umdeutung seines Lebensbegriffs bereits vorschwebt. Aber zuvor gilt es noch, die alten Ideen des Lebens schärfer zu beleuchten. »Wenn ich mich jetzt frage, an welchen Merkmalen ich ein schönes Leben erkannte, sehe ich, daß ein schönes Leben einfach das war, was den Lesern Tränen in die Augen treibt, wenn es von einem sensiblen Biographen erzählt wird. Ich war bis aufs Mark von etwas durchdrungen, was ich die biographische Illusion nenne, die in dem Glauben besteht, daß ein gelebtes Leben einem erzählten Leben gleichen kann.« (S. 122, 2. Dez.) In dieses Bild vom Leben als einer durch Erzählung verketteten und geheiligten Folge mischt sich unklar, aber unabweisbar, die Vorstellung von Moral, die sich ihrerseits der Idee einer Metaphysik verpflichtet weiß. Keine Moral der Pflicht also, sondern eine, die »dem Menschen eine höhere metaphysische Würde« (S. 123) verleiht. Moralisch sein hieß, »in der Ordnung des Seins eine höhere Würde erwerben, stärker existieren«. (S. 124) Diese Heilssuche erstrebte den Zugang zum Absoluten. Da Sartre jedoch jede Vorstellung vom Göttlichen, von einer transzendenten Macht von jeher fremd war, und da er in diese Moralität immer auch seine Freiheit investiert sehen wollte, fand er zwei den philosophischen Tendenzen der Zeit nicht ganz fremde Absoluta, die Kommunion zweier scharf geschnittener Deutlichkeiten: die Realität der Dinge und seine harte, aber durchsichtige, seine gläserne Seele. Die Moral bestand in der Inbesitznahme, in der Aneignung der Welt, in der Wiederherstellung der fremden Widerständigkeit der Dinge; ihr Genuß im Rausch der Wahrnehmung jener schroffen Alterität; ihr Mittel war die Kunst, dahinter aber verschwand wieder das Leben, Hervorbringer des abweisenden Bildes vom Absoluten, allerdings ohne rechte Teilhabe daran. Am Ende jedoch führt ihn die Lektüre von Scheler dahin, den Begriff der Moral zu differenzieren, nämlich das konkrete Wert-Problem ins Auge zu fassen. Andere persönliche Erfahrungen lassen die Theorie des Heils durch die Kunst noch hinfälliger werden.

Ich paraphrasiere aus verschiedenen Gründen diese autobiographischen Reflexionen so ausführlich. Zunächst zeigen sie, in welchem

Maße Sartre seine eigene Vergangenheit vergegenständlicht, halb ironisch, halb wütend eine Abrechnung sucht. Dabei spitzt er unterschwellig die Kriterien seiner Kritik zu. Sodann manifestiert und erhöht dieser ›Abwasch‹ seinen Selbstverständigungsdruck. Schreibend entbindet er sich allen bisherigen Sinnvorstellungen seines Schreibens. Und jetzt? »Was tun?«

Sartre erlebt das Vakuum durchaus auch krisenhaft. So schreibt er am 22. November in sein *Tagebuch*: »Gegenüber Gauguin, van Gogh und Rimbaud habe ich einen ausgeprägten Minderwertigkeitskomplex, weil sie es verstanden haben, sich zu verlieren. Gauguin durch sein Exil, van Gogh durch seinen Wahnsinn und Rimbaud mehr als sie alle, weil er es verstanden hat, sogar auf das Schreiben zu verzichten.« (S. 46) Gewiß, das Schreiben gibt ihm eine Richtung, es zentriert ihn irgendwie, aber eben: Er erleidet diese Ortszuweisung auch, eine Manie, die ihn besitzt, über die er keine Macht hat, deren blinder Sinn ihn verausgabt, die ihn zu ihrem Anhängsel macht. Ein paar Tage später – am 28. November – formt sich aus diesem Gefühl eine eisige Selbstbeschreibung: »Es stimmt, ich bin nicht authentisch. Bei allem, was ich fühle, weiß ich, noch bevor ich es fühle, daß ich es fühle. Und dann fühle ich es nur noch halb, vollauf damit beschäftigt, es zu definieren und zu denken. Meine größten Leidenschaften sind nichts als Nervenregungen. In der übrigen Zeit fühle ich hastig, und dann lege ich es in Wörtern dar, ich drücke ein bißchen hier, übertreibe ein bißchen dort, und schon ist ein vorbildliches Gefühl konstruiert, das sich in einem gebundenen Buch unterbringen läßt. Alles, was die Menschen fühlen, kann ich erraten, erklären, schwarz auf weiß setzen. Aber nicht fühlen. Ich täusche, ich wirke wie ein Gefühlsmensch und bin eine Wüste. Wenn ich jedoch mein Schicksal betrachte, kommt es mir gar nicht so verachtenswert vor: mir scheint, daß eine Menge gelobter Länder vor mir liegen, die ich nicht betreten werde. Ich habe den ›Ekel‹ nicht empfunden, ich bin nicht authentisch, ich bin auf der Schwelle der gelobten Länder stehengeblieben. Aber zumindest zeige ich sie, und die anderen können hingehen. Ich bin ein Anzeiger, das ist meine Rolle. Mir scheint, das ich mich in diesem Augenblick in meiner wesentlichsten Struktur erfasse, in jener Art schmerzlicher Gier, mich fühlen, mich leiden zu sehen, nicht um mich selbst zu erkennen, sondern um alle ›Naturen‹ zu erkennen, das Leid, den Genuß, das In-der-Welt-Sein. Das bin wirklich *ich*, diese ständige, reflexive Aufspaltung, diese lüsterne Hast, aus mir selbst Nutzen zu ziehen, dieser Blick. Ich weiß es – und oft bin ich es leid. [...]

Ich bin nur Hochmut und Hellsicht.« (S. 93 f) Kurz, Sartre hat sich nichts zu sagen, und er spricht auch nicht wirklich mit anderen. Er horcht verzückt dem Sirenengesang seiner kratzenden Feder. Er ist Gast, Zeuge und Erfüllungsgehilfe einer Manie. Wird er diese fremde Lust, die er beherbergt und die ihn tyrannisch bewohnt, an *seinem* Sinn brechen können? Wird er die Rolle des gläsernen Anzeigers mit sich färben können? Wird er – anders gesagt – das Kommunizieren lernen?

Jene zuvor zitierten autobiographischen Reflexionen stammen vom 1. und 2. Dezember. Am 3. Dezember analysiert Sartre noch einmal Gides Tagebuch. Diese Bemerkungen zielen auf den Sinn des Gideschen Schreibens, »die magische Rolle des Schreibens« (S. 133). Im Lichte dessen, was er wenige Tage später selbst schreiben wird, lesen sich diese Analysen wie letzte Klärungen, denn auch Gide experimentiert mit dem Sinn seines Schreibens, er schwankt, sagt Sartre, zwischen der Schrift als Gravur und einem kontrollierten Vagabundieren. Sartre bleibt skeptisch gegenüber den Lösungen Gides. Auch traut er der Ehrlichkeit seiner Tagebücher als Medium intimer Selbstverständigung nicht so ganz über den Weg. Aber er findet bei Gide auch seine eigenen Fragen wieder, namentlich das Problem von Schreiben und Leben. Am Ende seiner Betrachtungen über das Tagebuch des großen Kollegen schreibt er: »Ich glaube, daß ich jetzt verstehe und *spüre*, was die wahre Moral ist. [...] Ich werde es morgen oder ein andermal erläutern, ich will noch darüber nachdenken. Aber diesmal wird es wenigstens eine Moral sein, die ich gespürt und gewollt hätte, bevor ich sie dachte.« (S. 141 f)

Am 4. Dezember wird die Verlagerung der Kompanie nach Morsbronn vorbereitet. Sartre trägt nur aphoristische Bruchstücke »seiner Moral« ins Tagebuch ein. Am 5. Dezember zieht die Truppe ab; Sartre wird in den neuen Unterkünften vorerst als Telefonist abgestellt, was das Arbeiten erschwert. Trotzdem bringt er einige ausführliche Überlegungen über den Krieg zu Papier. Am 6. Dezember notiert er allerhand kritische Beobachtungen zu Flauberts Stil in der *Education sentimentale* (Lehrjahre des Herzens): einerseits boshafte und oberlehrerhafte Zurechtweisungen, andererseits eine Rückübersetzung dessen, was er Flauberts »Stilblüten« nennt, in den grundlegenden Sinn des Flaubertschen Schreibens. Nicht zufällig beginnt gerade zu diesem Zeitpunkt Sartres Wut auf Flaubert, eine jahrzehntelange und schließlich unvollendete Auseinandersetzung mit einer der Kreuzungsfiguren der modernen Literatur. Auch wenn sich im Laufe der Zeit seine Haltung von Antipathie zu Empathie beruhigen wird.

Am 7. Dezember schließlich widmet er sich ausschließlich der ersten Ausformulierung seiner Moral. Es handelt sich dabei um nichts Geringeres als den theoretischen Grundstein seiner gesamten späteren philosophischen, schriftstellerischen und intellektuellen Praxis. Wenig später wird er diese Ausgangsüberlegungen in der groß angelegten und philosophisch komplexen Argumentation von *Das Sein und das Nichts* weiterführen und differenzieren. Für den Moment geht es nur darum, der Zeitenwende ein theoretisches Fundament zu verschaffen, das heißt nichts anderes, als diese Zeitenwende auf ihren tiefsten Kern hin zu befragen: Wie ist es möglich, daß ich mir selbst zum Problem werde? Was heißt es, daß der Mensch sich selbst um sein Heil schert, scheren muß?

»Die Moral ist das System der Zwecke« (S. 159), und seine »Moral beginnt, wo die Hoffnung aufhört«. (S. 142) Nein, die Menschen haben kein Leben, das lebt, und kein Geschick, das sie trägt. »Im Gegenteil, die menschliche Realität kann und muß für sich selbst Zweck sein, weil sie immer *auf der Seite* der Zukunft steht, sie ist ihr eigener Aufschub. Doch im übrigen ist die menschliche Realität überall durch sie selbst begrenzt, und welches Ziel sie sich auch steckt, dieses Ziel ist immer sie selbst. Man erfaßt die Welt nur über eine Technik, eine Kultur, eine Kondition; und ihrerseits bietet sich die so wahrgenommene Welt als menschliche dar und verweist auf die menschliche Natur.« (S. 160)

Die menschliche Realität entdeckt sich ständig als Seinsmangel; sie ist durchdrungen von ihrem Mangel an sich selbst. Das liegt an der besonderen Seinsweise des Bewußtseins. Es ist Bewußtsein von Sein und sonst nur Bewußtsein, dieses Sein nicht zu sein. In *Das Sein und das Nichts* wird Sartre dafür die Formel prägen, daß die menschliche Realität (und das Bewußtsein) »ist, was sie nicht ist und nicht ist, was sie ist«. (*Sein*, S. 116) Das Problem des Bewußtseins und der menschlichen Realität besteht darin, daß sie sich selbst zu ihrem Sein motivieren müssen. Allerdings auf der Grundlage eines dunklen Ausgangspunktes: diese Freiheit ist uns auferlegt, wir finden sie von Anfang an vor, sie ist unsere Faktizität. Aber wie motiviert sich das Bewußtsein, wie schafft sich die menschliche Realität ihre eigenen Zwecke? In allem, was sie ins Auge faßt, entdeckt sie sich selbst wieder. Sie bestimmt sich zu etwas, ohne es je sein zu können.

Ich habe mich dazu bestimmt, dieses Buch zu schreiben. Warum eigentlich und: wie? Schließen wir sogleich zwei deterministische Hypothesen aus: Zunächst die immanente, derzufolge ich eine Art Zwangshandlung begehe. Da mein Beispiel ja nur ein Gleichnis für alle Entwürfe und Handlungen ist, müßte man alle Entwürfe und Handlungen als Zwangshandlungen beschreiben, vor allem auch die *Beschreibung* meines Vorhabens. Damit hätte man zweifelsohne nur äußerst wenig gewonnen, im Gegenteil: Wenn alle Handlungen und Erklärungen von Handlungen auf Zwängen beruhen, bedarf es keinerlei Erklärung mehr; wir sind immer nur die stummen oder redseligen – gleichviel –Vollstrecker ursprünglicher Konditionierungen. Noch kann ich auf eine unverbrüchliche Notwendigkeit in der Welt hinweisen, gleichsam auf einen Anruf durch den Stand der Dinge, der mich zwänge – dieses Mal von ›außen‹ –, dieses Buch zu schreiben. Nein, nichts und niemand erwartet es.

Zwei andere Motive erscheinen da ›realistischer‹: Ich glaube, etwas zu sagen zu haben. In den aktuellen Überlegungen über Gott und die Welt scheint mir Sartres Votum nicht genügend berücksichtigt zu sein. Man muß es wieder stärker machen. Ich muß sie wieder hörbarer machen. Dazu muß ich freilich immer wenigstens drei Evidenzen wiederfinden: Erstens, daß Sartres Stimme fehlt, zweitens, daß sie not tut, drittens, daß ich ihr wieder eine angemessene Aufmerksamkeit verschaffen kann. Kurz, im Lichte meines Vorhabens, dieses Buch zu schreiben, ordne ich meine gegenwärtige Welt, damit sie diese Idee wie ihr Resultat erscheinen läßt. Das Licht, das ich jenseits meiner gegenwärtigen Realität aufgestellt habe, erhellt diese gegenwärtige Welt genau in dem Maße, daß sie auf jene Zukunft wie auf eine zwangsläufige Folge hinweist. Aber niemand, außer ich selbst, kann mir verhehlen, daß dieses ganze Unternehmen keine andere Begründung hat als mich selbst. Jederzeit finde ich mich als der wieder, der ich von Anfang an war: »willkürlich bis ins Mark«. (S. 165)

Ermattet davon, überall meine eigene Unbegründetheit anzutreffen, setze ich jetzt auf die Objektivität des Sozialen. Sollte mein Buch halbwegs, nur halbwegs gelingen, dann wäre es meiner Karriere förderlich, mehrte meinen Ruhm, und es erhöhte wahrscheinlich die Eingangsbesoldung. Wer einmal über die Schwelle der (welcher auch immer) Betriebe getreten ist, der kennt die kostbare Strenge, wo alle Handlungen auf systemische Vorgaben zu stoßen scheinen. Ich muß die Vorgaben nur richtig entziffern, ihnen entschlossen folgen, und das einzige Kriterium meiner Wahl darf nur ›funktionale Optimierung‹ heißen. Dem eifrigen Diener und Bediener des Systemsinns, dankt das ›System‹ mit (in seinem Sinne) ›objektiven‹ Qualifikationen meines Daseins. Hier habe ich noch einen Aufsatz geschrieben, der mich als Kenner eines weiteren Gebietes ausweist. Zu diesem Kolloquium bin ich geladen, da habe ich einen Gastvortrag gehalten – kein Zweifel, ich gehöre zum inneren Kreis. Freilich darf ich mich von den systemischen Vorgaben nicht zu weit entfernen. Ferien, die einen aus der Dynamik funktionaler Raster herausreißen, können den Tod der Ordnung bedeuten. Aber man muß nicht erst im Zeitalter der Aussteiger leben, um zu verstehen, daß auch die Affirmation funktionaler Systeme nur ein Wertentwurf wie die anderen ist. Dieser Wertentwurf ist allerdings in besonderer Weise durch die Hoffnung motiviert, die innere Instabilität des Wertes durch die Referenz auf Systemobjektivität zu unterlaufen, wodurch er übrigens die empirische Konsistenz von Systemen überhaupt begründet. Vergeblich, wie wir wissen, denn jederzeit muß ich mich dazu bestimmen, mich von diesem oder von überhaupt einem System mustern zu lassen. Ich kann eben der Ordnung, in der dieses Buch eine ›objektive‹ Rolle spielen könnte, auch jederzeit den Rücken kehren. Es gibt andere Ordnungen. Ob es Unordnung geben kann, ist eine andere Frage.

Nichts geschieht mir von außen, nichts geschieht mir von innen; denn alles geschieht durch mein Bewußtsein, das gerade Nichts ist, Nichtung und Abstand von Sein. Ich verrate jedes Geheimnis, wenn ich nur den grinsenden Folterknecht sehe, oder ich spreche erst nach zehn Hieben oder wenn meine Gliedmaßen blutend neben mir liegen, oder ich spreche eben – nie. »Denn in dem Augenblick, wo ich aufgebe, wo der Körper ›mich beherrscht‹, wo ich unter physischen Qualen gestehe, was ich geheimhalten wollte, bestimme ich mich durch mich selbst, durch das freie Bewußtsein meiner Qual zum Geständnis. [...] und wo immer ich stehenbleibe, bin ich es, der beschlossen hat, daß ich nicht weiter gehen konnte, und also hätte ich noch ein bißchen weiter gehen können. Wenn ich aber anerkenne, daß ich keine Entschuldigung habe und nie eine haben will, dann wird meine Freiheit *meine*, ich nehme für immer diese schreckliche Verantwortung an.« (S. 170) Übrigens spielt es für Sartre in diesem Stadium seiner Überlegungen überhaupt keine Rolle, daß er den Folterer nicht wählen kann, wie er auch den Krieg nicht wählen oder abwählen kann. Vorläufig haben wir es noch mit einer sehr individualistischen oder vom einzelnen Bewußtsein aus gesehenen Freiheit zu tun. Wir werden später sehen, wie Sartre diesen entscheidenden Mangel seiner ersten theoretischen Grundüberlegung auszugleichen versucht.

Aber wenn weder der Folterer noch die Pose des Schriftstellers mir das Blei des Seins in die Stiefel zu gießen vermögen, warum motiviert sich dann das Bewußtsein dauernd dazu? Die Antwort lautet: Es kann nicht anders, es ist dazu verurteilt, denn es ist der Gefangene seiner Möglichkeiten. »Alles, was ihm zustößt, muß ihm durch es selbst zustoßen, das ist das Gesetz seiner Freiheit.« (S. 169) Ob es diese Freiheit bejaht oder verwirft, mißachtet oder flieht, darin manifestiert sich stets schon seine Freiheit.

Das Bewußtsein wirft sich in die Welt, um in der Zukunft seine eigene Begründung zu sein, es flieht seine Willkürlichkeit, denn sein Reichtum erwächst ihm aus dem grundlegenden Mangel, sich nicht begründet zu haben, sondern sich unbegründet vorzufinden. Das heißt, es versucht, den verpaßten Begründungsakt in die Zukunft zu verlegen, um dort das zu sein, was sich sein eigenes Sein gegeben hat. Sartre nennt das, worauf das Bewußtsein das Sein überschreitend sich entwirft, den »Wert«: »Somit ist die Quelle jedes Werts sowie der höchste Wert die Substanzialität oder Natur des Seins, das seine eigene Begründung ist.« (S. 166) In der ausgearbeiteten Argumentation von *Das Sein und das Nichts* heißt es dazu: »Da der Wert immer und überall das Jenseits aller Übersteige ist, kann er betrachtet werden als die unbedingte Einheit der Akte, in denen das Sein überschritten wird. [...] Er taucht für ein Sein auf, nicht insofern dieses Sein ist, was es ist, in voller Kontingenz, sondern insofern es Grund seiner eigenen Nichtung ist. In diesem Sinne schwebt der Wert dem Sein vor, insofern es sich gründet, nicht insofern es ist: er beunruhigt die *Freiheit*. Das bedeutet, daß die Beziehung des Wertes zum Für-sich [Das Für-sich ist die Seinsweise des Bewußtseins; im Gegensatz zur Seinsweise des An-sich, das mit sich selbst identisch und von sich selbst erfüllt ist] von besonderer Art ist: er ist das Sein, das es zu sein hat, sofern er Grund seines Nichts an Sein ist. Und wenn es dieses Sein zu sein hat, so nicht unter äußerem Zwang und auch nicht, weil der Wert wie der erste Beweger des Aristoteles eine wirkliche Anziehung auf es ausüben würde, und ebensowenig kraft einer angenommenen Eigenschaft seines Seins, vielmehr schafft es sich in seinem Sein ein solches Sein, daß es dieses Sein zu sein hat.« (*Sein*, S. 148 f) In dem Moment, da sich das Bewußtsein als Nichtung des Seins konstituiert, konstituiert es im selben Atemzug den Wert als Horizont und Grund zugleich seiner Überschreitung.

Kommen wir auf den Folterer zurück. Ich bin nicht der ausgesetzte Körper; ich muß mich vielmehr dauernd entscheiden, bis zu welcher

Schmerzschwelle ich standhalte, ob ich sofort oder nie rede. Wie auch immer die konkrete Wahl begründet sein mag, unter jedem Stoß droht mein Schweigen zu zerbrechen, und jeder abgerissene Fingernagel bedeutet eine neue Entscheidung im qualvollen Horizont der Werte, der unaufhörlich zurückweicht, je näher man ihm gekommen zu sein glaubt. Tatsächlich ist aber kein Wort über meine zerschlagenen Lippen gedrungen, niemand ist verraten, und die Peiniger haben sich an mir die Finger blutig gerissen. *Bin* ich jetzt derjenige, der sich sein Sein gegeben hat, also diese höchste und ideale Synthese des Wertes als An-sich-für-sich? Aber kann man ›nicht-geredet-zu-haben‹ *sein*? Daß ich der gewesen bin, der nicht gestanden hat, heißt nicht, daß es in meiner Vergangenheit ein Sein gegeben hat, sondern nur, daß die Kette zerrütteter Gegenwarten jetzt der Vergangenheit angehört. Wie von allem Sein sind wir auch von diesem Sein der Vergangenheit durch das Bewußtsein getrennt. Ich kann mich natürlich ständig zu dem machen, der damals nicht gesprochen hat, aber eben: ich muß mich dazu machen, das heißt, ich *bin* es nicht. Nein, ich bleibe dieser Gefangene der menschlichen Realität, »ihrer nicht zu rechtfertigenden Faktizität, mit sich selbst am Horizont ihrer Suche, überall«. (*Tagebücher*, S. 166) Am Ende: der Einsatz. Aber – wer ist *Ich*?

5. »Philosophie und Leben sind eins«

Soweit der Thesenanschlag vom 7. Dezember 1939. Er bildet – allen folgenden Korrekturen und Einschränkungen zum Trotz – die Grundlage für Sartres gesamtes späteres Werk, wenn man so will: Er setzt dessen Dynamik in Gang. Und zwar aus zweierlei Gründen: Er beschreibt nicht nur Dynamik, sondern fordert sie auch, und zweitens bleiben diese Kernthesen den Motiven ihrer Formulierung etliches schuldig, und zwar auf lange Sicht. Es wäre entschieden ein Fehler zu glauben, *Das Sein und das Nichts* überführte die ganze Fragestellung der *Tagebücher* in eine adäquate philosophische Systematik. Im Gegenteil läßt diese komplexe Untersuchung zahlreiche Momente ihrer eigenen Genese außer acht und führt sie gar in eine Sackgasse. Um das zu verstehen, muß man sich die Vielfalt der Probleme, die Sartre in den *Tagebüchern* anschneidet, wenigstens in Umrissen vor Augen führen. Sie verweisen bereits auf die meisten Problemformulierungen und Fragestellungen der kommenden Jahrzehnte. Das sagt einiges über Sartres Arbeitsweise, einiges über die innere Systematik seines Werks, in dem man doch so oft und gerne nur eine etwas aufgeregte Zeitgenossenschaft entdecken wollte, einiges auch über die Verschränkung von Gedankengang und Lebenslauf, um die es uns ja auch geht.

Wir hatten die biographischen Überlegungen Sartres zum Leitfaden unserer Darstellung der *Tagebücher* gewählt. Im Verlaufe seiner Erkundungen präzisiert Sartre sein Bedürfnis, ein anderer zu werden, zunächst in der kritischen Beschreibung seines alten Mythos vom Leben, die bald darauf in einer Neuformulierung der Idee vom »Leben« als »menschlicher Realität« mündet. Der Konzeption der menschlichen Realität folgt ein grundsätzlicher Wandel in der Blickrichtung der *Tagebücher*: Sie verlegen jetzt ihr Schwergewicht von der Bilanz auf die Programmatik. Außerdem differenziert sich der biographische Komplex in verschiedene Themen. Ohne die Systematik dieser Tag für Tag hingeworfenen Aufzeichnungen übertreiben zu wollen, kann man, glaube ich, vier biographische Bereiche unterscheiden, die allerdings untereinander in enger Beziehung stehen: a) Die philosophische Reflexion über die Möglichkeit des Subjekts. b) Das eigene moralische Programm. c) Die verstehende autobiographische Analyse. d) Der erste Versuch einer verstehenden biographischen Analyse. [20]

Die philosophische Reflexion über die Möglichkeiten des Subjekts stellt den ausführlichsten und kohärentesten Aspekt der *Tagebücher* dar. Sie leitet auch die anderen konkreten biographischen Überlegungen an.

---

20 Leider findet man in dem bisher einzigen Aufsatz, der zu diesem letzten Problem erschienen ist (nämlich: Geneviève Idt, ›Préhistoire de Sartre biographe d'après *Les carnets de la drôle de guerre*‹, in: Helene Harth / Volker Roloff (Hrsg.), *Literarische Diskurse des Existentialismus*. Tübingen 1986. S. 57–73.), nur etwas vom Einstellungswechsel – auch »alter« Sartreaner – zu Sartre in Frankreich. Denn immerhin muß man Geneviève Idt Verdienste in Sachen wissenschaftlicher Sartre-Philologie zuerkennen. Aber jetzt in ihrem Aufsatz beschwert sie sich nur über den penetranten Biographismus Sartres. Nun haben leider dieses Tagebuch und wahrscheinlich Tagebücher im allgemeinen die eigene Biographie zum vorherrschenden Thema. Und gerade Sartre erläutert seine Gründe ja nun ausführlich und überzeugend, auch gerade in Abgrenzung von der eitlen Lebensbuchhaltung anderer Schriftsteller. Da G. Idt leider jeder Blick für die ›Logik‹ und die Absichten dieser biographischen Reflexionen fehlt, findet sie nur einen Sartre, der an seiner eigenen Legende strickt (ibid., S. 66 et passim). Geneviève Idt schrieb schon entschieden inspirierter, bevor sie den obligatorischen französischen Paradigmenwechsel vollzog!

Und zwar so, daß diese einerseits zu Anwendungsfällen und Geltungs-
klippen für jene werden, wie andererseits die biographischen Überlegungen im engeren Sinne einen vom bisherigen philosophischen Entwurf nicht einlösbaren »Rest« entstehen lassen. Wir können darauf verzichten, an dieser Stelle im einzelnen auf diese theoretischen Fragmente
einzugehen, da wir bei Gelegenheit auf verschiedene Punkte noch zurückkommen müssen; manches wurde auch schon angedeutet, und es
wäre verfrüht, diese Splitter einer abstrakten philosophischen Kritik zu
unterziehen. Für uns ist es viel aufschlußreicher, Sartres Selbstkritik
aus der Entwicklung der Ursprungsfrage weiter zu verfolgen. Also
nachzuvollziehen, wie die Frage: Wie kann ich mich in der Geschichte
hervorbringen? sich zum entscheidenden Prüfstein aller Arten von Reflexion entwickelt.

Immerhin aber findet man in den *Tagebüchern* die ersten Skizzen seiner Theorie des An-sich, des Für-sich, des Für-andere, der Zeitlichkeit,
des Werts, des Nichts, der Liebe, der Unaufrichtigkeit, um nur die
wichtigsten Punkte zu nennen. Gewiß werden sich unter dem Druck
des Anspruchs, mit *Das Sein und das Nichts* auch eine philosophische Systematik zu liefern, zahlreiche Aspekte differenzieren und verändern.
Aber im wesentlichen folgt Sartre der philosophischen Vorarbeit. Die
Tagebücher berichten von dem Prozeß, wie er auf der Suche nach einer
Frage auf das Fragen selbst stößt (»zu wissen, daß die menschliche Natur sich bereits durch die Frage definiert, die sie über sich selbst formuliert«; *Tagebücher*, S. 35, 20. Nov. 39), und wie sich dann das Fragen als
Grundmoment der menschlichen Realität entfaltet. In *Das Sein und das
Nichts*, das bekanntlich mit einem Kapitel über die Frage beginnt, ent-
wickelt er aus seiner Ausgangsfrage: Wie kann ich mich in der Geschichte hervorbringen? eine abstrakte Theorie über die universellen
Implikationen dieser Frage. Das heißt, wir haben es zunächst nur mit
einer sehr allgemeinen und, wie sich bald zeigen wird, unvollständigen
Theorie des Konkreten zu tun.

Sartre geht es darum, statt Welt und Bewußtsein getrennt einander
gegenüberzustellen, sie miteinander zu verzahnen, was nicht ver-
schmelzen heißt: »Die Welt ist weder subjektiv noch objektiv; sie ist das
An-sich, das das Bewußtsein durchdringt und in Berührung mit ihm ist,
so wie es sie in seinem Nichts überschreitet.« (*Tagebücher*, S. 265) Mit
anderen Worten: »Die Realität ist menschlich« (S. 219 et passim). Aber
bis in *Das Sein und das Nichts* hinein scheint es, daß die Realität sich in
millionenfache individuelle Aspekte atomisiert. Und was wäre das Indi-

viduum bis jetzt anderes als die Nichtung eines besonderen An-sich durch ein leeres Bewußtsein? Und was ist der Horizont der Nichtung? Die ganz und gar freihändige und vergebliche Wert-Setzung?

Damit gleitet Sartre aber zweierlei aus der Hand: die Geschichte – von der in *Das Sein und das Nichts* überhaupt nicht mehr die Rede ist – und auch das konkrete Individuum. Das führt zu dem merkwürdigen Resultat, daß *Das Sein und das Nichts* zwar etliche Überlegungen aufgreift, die sich aus Sartres Ausgangsfrage während der *drôle de guerre* ergeben haben, ohne in diesem Werk jedoch jene Frage, wie sich das Individuum in der Geschichte hervorbringen kann, annähernd praktikabel zu beantworten. Erstens bleibt die Geschichte aus seinen Überlegungen ausgeschlossen, und die konkrete soziale Welt beschränkt sich auf ein unmittelbares Für-andere-sein. Zweitens schlägt er das Individuum, dessen nähere Klärung er erst noch in Aussicht stellt, von Anfang an mit Vergeblichkeit. Zitieren wir nur die berühmten abschließenden Sätze aus dem letzten Kapitel von *Das Sein und das Nichts*: »Wir richten uns umsonst zugrunde; der Mensch ist eine nutzlose Leidenschaft.« (S. 770) Hatte er nicht in den *Tagebüchern* eine »positive«, konkrete Moral gesucht? Was ist daraus geworden? Ganz am Schluß von *Das Sein und das Nichts* finden wir ein Unterkapitel mit »Ethische[n] Perspektiven«. Dort lesen wir: »Die Ontologie kann keine moralischen Vorschriften erlassen. Sie beschäftigt sich einzig und allein mit dem, was ist, und es ist nicht möglich, aus ihren Indikativen Imperative abzuleiten. Sie gestattet indessen Mutmaßungen, wie eine Ethik aussehen würde, die sich ihrer Verantwortung angesichts einer *menschlichen Realität in Situation* bewußt ist.« (S. 783) Aber was nehmen diese ethischen Perspektiven in den Blick? Prospektiv doch wohl allein die Moral als nutzlose, wenn auch unvermeidliche Leidenschaft; analytisch hingegen zielen sie auf eine existentielle Psychoanalyse als »ethische Darstellung«, die im Lichte des Wertes den Riß untersucht, der Sein und Bewußtsein trennt – sie »liefert uns den ethischen Sinn der verschiedenen menschlichen Entwürfe; sie weist auf die Notwendigkeit hin, die Psychologie des Interesses fallenzulassen, ebenso jede Nützlichkeitsdeutung der menschlichen Verhaltensweisen, und enthüllt uns die *ideale* Bedeutung aller Einstellungen des Menschen« (S. 783). War das alles? Bleibt das von der Moral übrig? Das konkrete »Ideal« in der rekonstruktiven Analyse, abstrakt und negativ im Entwurf?

Abgesehen von allen wildwuchernden Mißverständnissen um Sartre, ist es kein Wunder, wenn er nach dem Krieg mit einem Schlag als Skandalphilosoph dastand. Aber warum beeilte er sich dann so, einen derart überhastet ausgearbeiteten und schließlich zu bedauerlicher Berühmtheit gelangten Vortrag wie ›Der Existentialismus ist ein Humanismus‹[21] zu halten? Warum wird er erschrecken, wenn man ihm nach zynischen Sentenzen riechende Fetzen aus *Das Sein und das Nichts* entgegenhält, die zu besagen scheinen, daß die Moral bloß eine kleinbürgerliche Falle sei? Man darf dabei nicht vergessen, daß der Krieg die *Formulierung* einer konkreten Moral als reichlich überflüssig hat erscheinen lassen. »Im Krieg [läßt es sich] viel leichter anständig und authentisch leben [...] als im Frieden«, schreibt er in den *Tagebüchern* (S. 287, 16. Febr. 40), und einen Aufsatz aus dem Jahre 1944 beginnt er mit dem berühmt gewordenen Satz: »Nie waren wir so frei wie unter der Besatzung.«[22] Der Feind war sichtbar und allgegenwärtig, er gab jeder Handlung ihr Gewicht. Das wird sich nach dem Krieg schlagartig ändern, mit dem Neuanfang, mit der »neuen Unübersichtlichkeit«, mit dem Bedürfnis nach einer konkreten Moral, die nicht nur die Verantwortung des Individuums für sich selbst sucht, sondern auch die Macht der Kollektive berücksichtigt. Auch wenn *Das Sein und das Nichts* eine Sackgasse für die Frage nach der Moral zu sein scheint, ja, sich stellenweise wie eine kühle Liquidierung des Problems liest, so werden wir noch sehen, wie Sartre seine ursprünglichen moralischen Intentionen an seinem ersten philosophischen Hauptwerk gleichsam vorbeischmuggelt.

Aber zunächst wollen wir zeigen, worüber Sartre, außer dem, was in *Das Sein und das Nichts* eingehen wird, noch nachdenkt. Was denkt er über das Individuum, über die Geschichte, über sich? – das war doch sein Ausgangsproblem.

»Angesichts einer gesellschaftlichen Umwälzung sich zu einer Haltung aufzuschwingen« (*Tagebücher*, S. 28), gehört ja von Anfang an zu den erklärten Zielen Sartres während der *drôle de guerre*. Wir haben gesehen, wie ihn dieses Vorhaben in die philosophische Reflexion über die Möglichkeit solcher Haltung wirft. Allein, welche konkrete Haltung »angesichts einer gesellschaftlichen Umwälzung« ließe sich damit begrün-

21 In: *Drei Essays*. Frankfurt a. M., Berlin, Wien 1971. S. 7–51. Sartre hielt diesen Vortrag am 29. Oktober 1945 in Paris. Cf. unten Kap. IV.
22 ›Die Republik des Schweigens‹, in: *Paris unter der Besatzung*. 1980. S. 37–38. Hier: S. 38. Franz. zuerst in: *Les Lettres françaises*, Nr. 20, 9. Sept. 1944.

den? Gegen den Krieg, für den Krieg zu sein, Sozialist und/oder Schriftsteller zu werden? Nein, nichts dergleichen. Sartre begnügt sich einstweilen damit, »das System der Zwecke«, die Moral, als allgemeines Moment der menschlichen Realität und als ihr Schicksal zu beschreiben. Bleibt die individuelle Moral. Die menschliche Realität ist zwar tief in die Wertproblematik verstrickt, aber der besondere Wert erscheint nur im Entwurf und Horizont des einzelnen und situierten Bewußtseins. Es ist von vorneherein getrübt von seiner Situiertheit und seinen Begründungsmängeln. Das Problem seiner individuellen Moral wird in den *Tagebüchern* von drei (ineinander übergehenden) Konzepten umspielt, worin Sartre versucht, seine Philosophie gleichsam individuell zu realisieren: Authentizität, Verantwortung und Spiel.

»Ich bin mit nichts solidarisch, nicht einmal mit mir selbst; ich brauche niemanden und nichts. So sieht die Persönlichkeit aus, die ich mir in vierunddreißig Lebensjahren gemacht habe. [...] Ich habe keinerlei Sympathie für diese Persönlichkeit und will mich ändern. Verstanden habe ich, daß die Freiheit nichts mit dem stoischen Verzicht auf Liebe und Güter zu tun hat. Im Gegenteil, sie setzt eine tiefe Verwurzelung in der Welt voraus, und *jenseits* dieser Verwurzelung ist man frei, jenseits der Menge, der Nation, der Klasse und Freunde ist man allein. Statt dessen behaupte ich meine Einsamkeit und meine Freiheit *gegen* die Menge, die Nation usw. Aber das ist leichter gesagt als getan, wenn man vierunddreißig Jahre alt ist, wenn man von allem abgeschnitten und ein Luftgewächs ist. Alles, was ich im Augenblick tun kann, ist, diese Freiheit in der Luft zu kritisieren, die ich mir beharrlich verschafft habe, und an dem Grundsatz festzuhalten, daß man sich verwurzeln muß. Damit will ich nicht sagen, man müsse an bestimmten Dingen *hängen*, denn ich hänge mit aller Kraft an einem Haufen Dinge. Ich meine aber, daß die Persönlichkeit einen Inhalt haben muß. Man muß aus Lehm sein, und ich bin aus Wind.« (Tagebücher, S. 425, 6. März 40) Die Worte »verwurzeln« und »Inhalt« verlieren etwas von ihrem substantiellen Beigeschmack, wenn man bedenkt, daß Lehm die Substanz sein soll, die er sein will: relativ stabil, tragfähig, lange verarbeitbar, immer wieder umformbar, gleichwohl: schwer. Die Eigenschaften des Lehms bieten die angemessene metaphorische Umschreibung für die erstrebte Authentizität. Die Authentizität beschäftigt Sartre in den *Tagebüchern* von Anfang an und immer wieder, und wir werden sie auch in *Das Sein und das Nichts* wiederfinden. Wahrscheinlich hat er den Begriff aus der französischen Übersetzung von Heideggers *Sein und Zeit* durch Henry Corbin. Damit soll das deutsche Wort »Eigentlichkeit« wiedergegeben werden. [23] Er mag Authentizität in den verschollenen Heften näher bestimmt haben, in den überlieferten täglichen Aufzeichnungen finden wir nur Andeutungen wie zum Beispiel diese: »Sie [die Authentizität] läßt sich nur von der menschlichen Kondition her begreifen, der Kondition eines Seins, das in eine Situation geworfen ist. Die Authentizität ist eine Pflicht, die uns sowohl von außen wie von innen kommt, weil unser ›Innen‹ ein Außen ist. Authentisch sein heißt, sein ›In-Situation-sein‹ voll verwirklichen, wie immer diese Situation im übrigen aussehen mag, mit jenem tiefen Bewußtsein, daß man durch die authentische Verwirklichung des In-Situation-seins einerseits die Situation und andererseits die menschliche Realität zu voller Existenz bringt. Das setzt ein geduldiges Erlernen dessen voraus, was die Situation verlangt, und außerdem eine Art und Weise, sich hineinzuwerfen und sich selbst als ›Sein-zu‹ dieser Situation zu bestimmen.« (*Tagebücher*, S. 81 f, 27. Nov. 39)

Zur Authentizität gehört also, sich der Situation zu stellen. Aber ohne, daß man »Situation« als eine zwingende Konditionierung durch die Umstände auffaßt, denn das hieße sofort, in Unauthentizität zu verfallen. Vielmehr schaffe ich die Situation so, wie ich mich durch sie erschaffe. Die Welt, mit der ich zu tun habe, ist nie ein bloß passives Arsenal von Dingen, sondern es sind bereits durch mich gegliederte, eingeordnete, geliebte oder gefürchtete Ensembles: »Substanz gewordenes Bewußtsein«. Nehmen wir den Krieg: Er bedeutet für Sartre auf Anhieb Bedrohung, Entwurzelung und, auf eine zunächst noch unklare Weise, auch eine Chance. An diesem Punkt kommt die Verantwortung ins Spiel, denn dieser bedrohende, entwurzelnde und zugleich mit der leisen Verheißung eines Aufbruchs belegte Krieg ist *sein* Krieg. *Der*

23 »Dieser Einfluß [von Heidegger] ist mir in letzter Zeit manchmal schicksalshaft vorgekommen, da er mich die Authentizität und die Geschichtlichkeit genau in dem Augenblick gelehrt hat, als der Krieg mir diese Begriffe unerläßlich zu machen drohte.« (*Tagebücher*, S. 266, 1. Febr. 40) Allerdings scheint mir Heideggers »Eigentlichkeit« nur aus der Ferne verwandt mit Sartres »Authentizität«. In *Das Sein und das Nichts* diskutiert Sartre die Problematik später anhand der Begriffe »Unwahrhaftigkeit« (»mauvaise foi«) und »Aufrichtigkeit« (»sincérité«). Beide Termini bezeichnen Fluchtweisen des Bewußtseins vor sich selbst. Bezeichnend für dieses Buch ist, daß die positive Größe, nämlich die »Authentizität«, bloß als Hinweis in einer Fußnote (S. 121) vorkommt.

Krieg? Gelenkter Haß, Paraden, Pulverdampf, Blitze, Schreie, Ströme von Blut, Tod – aber jeder Krieg ist mehr und etwas anderes, als solche unendlich fortführbare objektivierende Beschreibung sagen kann. Seine Objektivität ist umsummt von einem Schwarm von Bedeutungen. Sie scheinen an den Dingen zu kleben, von ihnen auszugehen – in Wahrheit sind ihre Väter wir. Allerdings erklärt Sartre vorläufig nicht, wie wir es sind, woher wir Bedeutungen nehmen und warum wir diese und nicht andere wählen. Es bleibt ein freier, weil durch nichts erzwungener Akt. Die menschliche Realität vermenschlicht die Dinge, prägt sie durch Überschreitung, durch unsere Entwürfe. Verantwortlich für die Bedeutungen, mit denen wir die Dinge überziehen, bedeutet Authentizität, diese Verantwortung zu *übernehmen*. Unauthentisch-sein hieße demgegenüber, so zu tun, als ob der Krieg Bedrohung *ist*, Entwurzelung *ist*, auch der Hauch einer Chance *ist*. Unauthentisch-sein bedeutete, den Krieg über sich ausbrechen zu lassen wie eine materielle Explosion, in der unser freies und überschreitendes Bewußtsein ausgelöscht wird. Unauthentisch-sein hieße aber auch, so zu tun, als gäbe es *eine* authentische Antwort, als gäbe es entweder notwendige Wissensgründe, unabweisbare innere Zwänge, eine Mechanik des Gehorsams, unauthentisch-sein hieße schließlich, so zu tun, als ginge mich der Krieg nichts an.

So *spielen* das Bewußtsein und die Dinge miteinander – auch im Krieg. Die Dinge, die mich zum Sprechen bringen, werden von mir zur Sprache gebracht. Ich kann mich nicht auf sie stützen, denn sie tragen nicht. Der Spielverderber ist der »esprit de sérieux – der Geist des Ernsthaften«. Er verfügt »die Abdankung des Menschen zugunsten der Welt«. (*Tagebücher*, S. 472, 11. März 40) »Es versteht sich von selbst, daß der ernste Mensch, da er Welt ist, nicht das geringste Bewußtsein von seiner Freiheit hat, oder wenn er es hat, dann verscharrt er es voller Entsetzen im Inneren seiner selbst, wie Unrat. [. . .] Der ernste Mensch ist selbst nur eine Konsequenz, eine unerträgliche Konsequenz, niemals ein Prinzip. Endlos steckt er in einer Reihe von Konsequenzen und sieht weit und breit nur Konsequenzen. [. . .] Der Mensch ist ernst, wenn er sich vergißt, wenn er das Subjekt zu einem Objekt macht, wenn er sich für eine Strahlung hält, die aus der Welt kommt [. . .]. Doch sobald der Mensch sich als frei erfaßt und seine Freiheit nutzen will, ist seine ganze Tätigkeit Spiel: er ist deren erstes Prinzip, er entgeht der Welt von Natur aus, er setzt selbst den Wert und die Regeln seiner Handlungen und ist zu zahlen nur bereit nach den Regeln, die er selbst gesetzt und definiert hat.« (S. 473 f) In gewissem Sinne hat Sartre das Subjekt in den *Tagebüchern* radikal entmächtigt: Das Bewußtsein ist ein Nichts, das nichtige Begründungen schafft, und die menschliche Realität strampelt sich vergebens in der Sorge ab, sich begründen zu können, stets entdeckt sie ihre Willkürlichkeit, die sie in Wahrheit nie abschütteln konnte. Aber, wie um Rache zu nehmen, scheint das spaltende und überflüssige Bewußtsein im Gegenzug seinen Spielraum zu nutzen und für sich Regeln des Umgangs mit der Welt zu erzeugen. Man findet bereits in den Kriegstagebüchern ein Doppelgesicht der Freiheit, wie es auch *Das Sein und das Nichts* zeichnen wird: Aus dem pathetisch geworfenen Gewand der bleiernen Vergeblichkeit linst ein übermütiger und unartiger Kobold.

Wie denn nun Spiel, Authentizität und Verantwortung zusammengehen, fragt sich auch Sartre: »Wird die Authentizität, indem sie die Tür des Turms für immer versperrt, den Geist der Ernsthaftigkeit in mich zurückbringen? Ich glaube, darauf gibt es nur eine Antwort: nein, überhaupt nicht. Denn sich als eine *Person* begreifen ist etwas ganz anderes als sich von der Welt her begreifen. Und so authentisch man auch ist, man ist deshalb nicht weniger frei [...], weil man zu einer Freiheit ohne Schatten und ohne Ausreden verurteilt ist. Und schließlich heißt In-der-Welt-sein nicht Welt sein. Es heißt sogar das Gegenteil. Wenn ich auf den Elfenbeinturm verzichte, möchte ich zwar gern, daß mir die Welt in ihrer vollen und drohenden Realität erscheine, aber mein Leben soll deshalb nicht aufhören, ein Spiel zu sein.« (S. 475)

Wenn sich im Begriff »Spiel« Sartres Grauen ausdrückt, sich der Macht der Dinge anzuvertrauen, dann versäumt er im Schwung der Ablehnung, den Dingen ihr reales Gewicht zurückzugeben. Denn wenn das Subjekt glaubt, dem Krieg *seine* Bedeutung aufdrücken zu können, so steht dem doch wenigstens die rohe und brutale Tatsache des Krieges selbst entgegen, und *seine* Bedeutung ist gewiß sehr viel weniger freischwebend, als es diese anfängliche Konstruktion des freien Bewußtseins wahrhaben will. Wenn Sartre später sagen wird, der Einbruch der Geschichte und des Sozialen habe sein Leben in zwei Hälften geteilt, dann heißt das nicht, daß er im Moment dieser Erfahrung auch schon ein angemessenes Verständnis des Sozialen und der Geschichte erlangt hätte. Vielmehr bleibt die Geschichte, die sein Denken ins Rollen gebracht hat, zunächst weitgehend aus ihm verbannt. Und statt eine »volle und drohende Realität« zu sein, scheint

sie der Sinngebungsgewalt eines freien Bewußtseins als dessen Spielwiese unterstellt. [24]

Bereits in den *Tagebüchern* kommt schon ein sozial sehr viel komplexe-
res Individuum zur Sprache, als es die Konzeption einer menschlichen
Realität, die von einem in Freiheit übermütig nichtenden Bewußtsein
dominiert wird, glauben macht: nämlich er selbst und die »historische
Persönlichkeit«. Das führt uns zum dritten und vierten Teil des auto-
biographisch-biographistischen Komplexes in den *Tagebüchern*.

Während sich Sartre in einer Art psychologisch-philosophischer
Selbstkritik Mängel an Authentizität auf den verschiedensten Gebieten
vorrechnet und so seinen Wunsch nach Selbstveränderung vorantreibt,
stößt er auch auf sich als konstituierte Persönlichkeit. Besonders die
Eintragungen vom 24., 27., 28. und 29. Februar sind in dieser Hinsicht
aufschlußreich. [25] Anlaß ist eine Auseinandersetzung mit »T.«, über die
er sich aber nur in dunklen Andeutungen ergeht: »Heute ist die Sache
schwierig, aber ich bin nicht schuldig.« (S. 350, 23. Febr. 40). Indes:
»T. hält mich im Augenblick für einen geilen Bock. [...] Mir graut ein
bißchen vor mir, obwohl ich weiß, daß der Vorwurf nicht sehr gerecht
ist, und ich will mich ändern.« (S. 351) Am nächsten Tag dann der Ka-
ter: »Ich war ein bißchen betrunken gestern abend, als ich die beiden
letzten Bemerkungen schrieb. [...] Ich war so gereizt, daß der Alkohol
mir in den Kopf gestiegen ist. Gerade genug, um mir eine Vorstellung
von mir selbst zu geben. Letztlich ist *das* bei mir Trunkenheit: wenn ich

---

24 Volker Roloff hat sehr gut gezeigt, in welchem Maße später ein sozial immer
weiter aufgeladener (Rollen-)Spielbegriff Sartres Theater und seine verschiede-
nen biographischen Studien prägt und auch noch seine autobiographische Prosa
Die Wörter. Volker Roloff, ›Existentielle Psychoanalyse als »theatrum mundi«.
Zur Theatertheorie Sartres.‹ In: Traugott König (Hrsg.), *Sartre. Ein Kongreß*.
S. 93–106. Und: Ders., ›Rôle, jeu, projet littéraire. Der Rollenbegriff Sartres im
Schnittpunkt von Literaturpsychologie und Literatursoziologie.‹ In: Henning
Krauss, Reinhold Wolff (Hrsg.), *Psychoanalytische Literaturwissenschaft und Litera-
tursoziologie*. Frankfurt a. M. 1982. Cf. auch: Martin Gisi, *Der Begriff Spiel im
Denken J.-P. Sartres*. Königstein 1979.
25 Das XII. Heft endet mit den Aufzeichnungen vom 29. Februar. Das XIII. Heft
ist verschollen, und die publizierten Cahiers fahren mit Heft XIV fort, das mit
dem 6. März beginnt. Am 6. März schließen seine autobiographischen Reflexionen mit dem bereits zitierten Résumé: »Man muß aus Lehm sein, und ich bin aus
Wind.« Es ist also anzunehmen, daß das bis jetzt verschollene Heft XIII die autobiographischen Überlegungen fortsetzt. Das Fehlen dieser etwa einhundert Seiten, die er in fünf Tagen wahrscheinlich hauptsächlich über sich geschrieben hat,
verkürzt das Material, auf das wir uns stützen können, leider erheblich.

blau bin, habe ich eine Vorstellung von mir. Heute früh bin ich trocken und trübsinnig, und tief in mir ist etwas, von dem ich spüre, daß es bald herauskommen wird, das bestimmt gegen ein Uhr mittags herauskommen wird.« (S. 351, 24. Febr. 40) Gegen ein Uhr und später, tagelang reflektiert er über den bitteren Beigeschmack, den er an sich vernimmt. »In jedem Gefühlsimperialismus steckt irgendeine Unauthentizität. Es ist ein Versuch, der Einsamkeit zu entrinnen.« (S. 370, 27. Febr. 40) Mit diesem Gedanken setzt er ein und entwickelt sogleich aus einer kritischen Selbstbeschreibung die Ideen, die wir in *Das Sein und das Nichts* über die Liebe weiterentwickelt wiederfinden werden. Er führt seine besonderen Beziehungen zu anderen am 28. und 29. Februar weiter aus: »Aber heute möchte ich, aus reiner deskriptiver und historischer Sicht, die Frage meines Imperialismus und meiner Beziehungen zu anderen aufgreifen.« (S. 382, 28. Febr.) Unter dem Stichwort Imperialismus untersucht Sartre dann die Maskeraden der Verführung, in deren Bann er seit seiner Kindheit gestanden hat. (»Übrigens war ich schon zu jener Zeit Komödiant. Ich wollte durch rein ästhetisch orientierte Erfindungen gefallen, Erfindungen von Spielen, poetischen Fiktionen, Reden usw.« ibid.) Wir stoßen dabei auf zahlreiche Passagen, die später in *Die Wörter* wiedererscheinen werden – freilich dort im Tone einer kühlheiteren, einer abgeschlossenen Abrechnung, hier im Stile eines nüchternen, gelegentlich auch schon ironischen Voraugenführens. Sartre beschreibt in den *Tagebüchern* bereits, wie er die Rituale der Verführung gegen seine wachsende Häßlichkeit ins Feld führt, und wie sie sein Verhältnis zu Frauen bis in die Gegenwart bestimmen. Die Erfahrung der Freundschaft[26] bedeutet gegenüber der Verführung einen ganz anderen Zusammenhang mit anderen: »Die Freundschaft bescherte mir, weit mehr als die Zuneigung (wie groß sie auch gewesen sein mag), eine Bündniswelt, in der mein Freund und ich alle unsere Werte, alle unsere Neigungen zusammenlegten.« (S. 392)

In den Volten der Verführung birgt ihn der Erfolg. In der Stärke der Gemeinsamkeit vergißt er sich. Trotzdem gibt es einen dunklen Punkt: ihn, der die Verführung inszeniert und sich bei der Freundschaft beobachtet, ihn, der sich »abhärtete, diese Anwesenheit zu ertragen« (S. 393). Um sich zu häuten, reinigt er sich von seiner Vergangenheit,

---

26 »Ich habe drei ›intime Freunde‹ gehabt, und jeder entsprach einer bestimmten Periode meines Lebens: Nizan – Guille – Castor (denn Castor ist *auch* mein Freund gewesen und ist es noch).« S. 392

die er sogleich mit dem Fluch der Unauthentizität schlägt. Am 6. März schließlich macht er sich abrupt (denn der Übergang, der wahrscheinlich im XIII. Heft zu finden gewesen wäre, ist nicht überliefert) zur ganz und gar konstituierten und von allen möglichen Umständen hervorgebrachten Person: »Sicher bin ich das monströse Produkt des Kapitalismus, des Parlamentarismus, der Zentralisierung und des Beamtentums. Oder das sind, wenn man so will, die primären Situationen, über die hinaus ich mich projiziert habe. Dem Kapitalismus verdanke ich, daß ich von den arbeitenden Klassen abgeschnitten bin, ohne deshalb zu den Kreisen Zugang zu haben, die Politik und Wirtschaft lenken. Dem Parlamentarismus verdanke ich die Idee der bürgerlichen Freiheiten, die am Ursprung meiner manischen Leidenschaft für die Freiheit steht. Der Zentralisierung verdanke ich, daß ich die Landarbeit nie kennengelernt habe, daß ich die Provinz hasse, daß mir jede regionale Bindung fehlt und daß ich mehr als jeder andere für den Mythos ›Paris-Großstadt‹, wie Caillois sagt, empfänglich bin. [...] Allen diesen Abstraktionen zusammen verdanke ich, daß ich ein Abstrakter und ein Entwurzelter bin. Ich wäre vielleicht gerettet worden, wenn ich von Natur aus sinnlich wäre, aber ich bin kalt. Ich hänge also ›in der Luft‹, ohne jegliche Zugehörigkeit, weder habe ich durch Feldarbeit Verbundenheit mit der Erde kennengelernt noch durch Solidarität der Interessen Verbundenheit mit den Körpern. Der Tod meines Vaters, die Wiederheirat meiner Mutter und die Meinungsverschiedenheiten mit meinem Stiefvater haben mich frühzeitig dem Familieneinfluß entzogen, die Feindseligkeiten meiner Klassenkameraden in La Rochelle haben mir beigebracht, mich auf mich selbst zurückzuziehen. [...] Ich bin mit nichts solidarisch, nicht einmal mit mir selbst; ich brauche niemanden und nichts. [...] Ich habe keinerlei Sympathie für diese Persönlichkeit und will mich ändern.« (S. 425 f)

Was uns an diesem wohl leicht frisierten Porträt des Heimatlosen interessiert, ist, daß Sartre auf sich als gemachte und sich durch seine Umstände selbst schaffende Person stößt. Aber da er seine Vergangenheit nur zu dem Zwecke betrachtet, sie hinter sich zu lassen, entgeht ihm einstweilen das Wichtigste daran: eine ausgezeichnete, wenn auch gewiß unvollständige Beschreibung seines Werdens, anders gesagt: eines konkreten und geschichtlichen In-der-Welt-seins. Er findet in dieser Rückblende die Wurzeln seiner Entwurzelung, und dann entwurzelt er sich gleich ein zweites Mal – sozusagen noch im selben Atemzug, mit dem er seine Luftgewächshaftigkeit kritisiert. Indem er für sich eine Persönlichkeit jenseits seiner biographischen Umstände fordert, verläßt er seinen gelebten und erfahrenen Weltzusammenhang zugunsten eines freien, aber ungebundenen, bloß nichtenden und alles übersteigenden Bewußtseins. Aber was übersteigt es woraufhin? Kurzum, die an ihm selbst durchgeführte existentielle Mini-Psychoanalyse konterkariert seinen ursprünglichen Wunsch nach »Inhalt«, nach realitätsschwerem »Lehm«. Man könnte auch sagen, der philosophische Entwurf durchkreuzt den existentiellen, und es wird noch einige Zeit dauern, bis Sartre diesen autobiographischen Faden wiederaufnehmen kann – aber dann in einer ganz anderen Perspektive.

Der geregelte Aufmarsch der Dinge, die Geschichte, die Kollektive, das strukturierte Soziale bleiben rätselhafte Größen am Rande seines theoretischen Gesichtsfeldes, aber sie hören nicht auf, ihn zu beunruhigen. Thomas R. Flynn[27] macht mit gewissem Recht darauf aufmerksam, daß sich Sartres spätere Geschichtstheorie bereits in den Tagebüchern vorbereitet. Auf allerdings nur wenigen Seiten tritt Sartre in eine Art inneren Dialog mit den Thesen seines alten Studienfreundes Raymond Aron, der 1938 eine *Einführung in die Philosophie der Geschichte* veröffentlicht hatte. Aron redet dort einem historischen Relativismus das Wort: Die Erkenntnis eines historischen An-sich erstreben zu wollen, hieße Zuflucht zu Gott zu nehmen, hieße zu vergessen, daß die Geschichte immer von Menschen durch eine Reihe von verschiedenen und selbst wieder historischen Bedeutungsschichten hindurch erklärt wird: ökonomischen, geographischen, religiösen usw.. Eine These, von der man zunächst glauben könnte, sie stamme von Sartre selbst, aber dieser protestiert im Gegenteil vehement (*Tagebücher*, S. 298 ff, 18. Febr. 40). Zunächst aus einem ganz einfachen philosophischen Grund, wie wir sofort erfahren. Die Relativisten machen ihm das An-sich streitig, also jenes dichte und unverbrüchliche Sein, an dem sich das Bewußtsein immerzu stößt und das in gewisser Weise eine widerständige Realität gegen das nichtige Bewußtsein garantiert. Am Beispiel: Sartre will mit seiner Auffassung vom Bewußtsein nirgends die Tatsache des Krieges leugnen, ihn zu einer bloßen Vorstellung herabidealisieren, und er glaubt, »in diesen Heften im Gegenteil gezeigt zu haben, daß das Sein-für nur auf dem Hintergrund des An-sich erscheinen kann«. (S. 298)

27 Thomas R. Flynn, ›Skizze einer Theorie der Geschichte‹, in: Traugott König (Hrsg.), *Sartre. Ein Kongreß*. S. 201–225.

Sonst würde man tatsächlich »in den Idealismus und letztlich in die Zuflucht zu Gott zurückfallen« (S. 299). Sartre führt kurz aus, was er unter einem Faktum versteht, das an-sich ist, und geht dann zu anderen Überlegungen über.

Erst am 7. März setzt er sich wieder mit Arons Relativismus auseinander, aber diesmal, um ihm seine eigene Konzeption von Geschichte entgegenzusetzen. Marx hat behauptet, das Elend sei eine »revolutionäre Kraft«. Sartre hält dagegen, daß das Elend für sich alleine gar nichts bedeute. Vielmehr müsse das Elend als Elend eigens *übernommen* werden, um zu einer revolutionären Kraft zu werden. Es ließen sich viele historische Situationen zitieren, wo Elend nicht als Elend, jedenfalls nicht als veränderbare Größe aufgefaßt wurde und deshalb auch keinerlei »revolutionäre Kraft« entfalten konnte. Aber soll das heißen, das Elend sei nur eine Vorstellung im Bewußtsein Einzelner? Dann »wird man von Bewußtsein zu Bewußtsein verwiesen, ohne jemals das hinreichende Bewußtsein, das wirksame Bewußtein zu finden und ohne daß eine Addition der Bewußtseine ein organisches Ganzes zu bilden vermag«. (S. 432, 7. März 40) Nein, gewisse Verhältnisse existieren zwar für und durch Bewußtseine als Elend, aber dieses Bewußtsein von Elend wird zum Faktum: Es hat Bewußtsein von Elend gegeben oder es gibt Bewußtsein von Elend, und darauf reagiert(e) die Bourgeoisie, der Arbeiterführer oder wer auch immer und konstituiert es so als Faktizität eines nichtmenschlichen An-sich. Der Historiker bewegt sich also auf drei Ebenen: »der des Für-sich, auf der er zu zeigen versucht, wie die Entscheidung ihr selbst erscheint bei der historischen Person – auf der des An-sich, auf der diese Entscheidung absolutes, zeitliches, aber nicht datiertes Faktum ist – schließlich auf der des Für-andere, auf der das reine Ereignis von anderen Bewußtseinen als ›Welt‹ seiend wiedererfaßt, datiert und überschritten wird.« (S. 435, 6. März 40)

Offenkundig ist diese Argumentation noch höchst unvollständig. Nicht nur bleibt unklar, wie es in einem bestimmten historischen Augenblick zu einem Bewußtsein von Elend kommen, noch wie es kollektives Bewußtsein von Elend geben kann. Ebensowenig leuchtet ein, wie diese Beschreibung den skeptischen Relativismus Arons schlagen will. Dazu fehlt es Sartre noch an jeder Theorie des Sozialen, an einer Theorie der Kommunikation (denn offenkundig entsteht Geschichte – und nicht nur sie – ja durch Kommunikation über das An-sich), es fehlt ihm auch noch jede Theorie der Intersubjektivität, die über die Begegnung von Ego und Alter im ›rein‹ existentiellen Raum hinausweisen würde. Man muß nur diesen Versuch, vom Individuum zur Geschichte zu gelangen, mit der *Kritik der dialektischen Vernunft* vergleichen, um zu verstehen, wie weit Sartre einstweilen noch von einer brauchbaren Geschichtstheorie entfernt ist. Andererseits findet man in den Überlegungen vom März 1940 eine Problematisierung der Geschichte wieder, die in der Tat allen späteren Überlegungen als Vorgabe dienen wird (und die ihn im jetzigen Zeitpunkt seiner Überlegungen gerade von einer Geschichtstheorie trennt): »Es gibt nur dann Geschichte, wenn es Übernahme der Vergangenheit gibt und nicht reine kausale Wirkung dieser Vergangenheit.« (S. 437) Dieses Theorem versucht Sartre im Anschluß an seine grundsätzlichen Überlegungen am Beispiele eines Porträts von Wilhelm II. zu belegen. Eine Beschreibung, die »vom Menschen zur Situation geht und nicht von der Situation zum Menschen« (S. 437). Und dieses Porträt schließt sich nicht zufällig unmittelbar (nämlich am 7. März und den folgenden Tagen) an seine autobiographischen Überlegungen an und eröffnet die Serie von Biographien, die ihm noch folgen werden.

Äußerer Anlaß und inspiratorische Quelle seiner Überlegungen zu Wilhelm II. ist die Lektüre der Bismarck-Biographie von Emil Ludwig. Sartre setzt sein Vorgehen von den üblichen Prozeduren des Historikers ab; dieser sammelt verschiedene Fakten: politische, militärische, ökonomische Umstände, die Familie und der Charakter Wilhelms, soziale und kulturelle Eigenheiten der Epoche und seiner Klasse. Alle diese Tatsachen gehören verschiedenen Ordnungen an, und für den Historiker, sagt Sartre, existieren sie unabhängig vom Handeln Wilhelms und motivieren dessen Handeln. Für Sartre synthetisiert erst die Person Wilhelm II. diesen ungeordneten Berg von Fakten und gibt ihm seine Richtung. »Ich will zeigen, daß es keine äußeren Fakten gibt, die auf seine Persönlichkeit *eingewirkt* haben, sondern daß er selbst die Totalität in einer Situation *ist*, daß die Situationen nur durch seine Art und Weise existieren, sich über sie als Totalität zu entwerfen.« (S. 451) Für entscheidend hält Sartre dabei in diesem konkreten Fall, wie der deutsche Kaiser sein Gebrechen – die Verkrüppelung seines linken Armes – lebt. Indem er zeigt, wie Wilhelm seine Schwäche mit England identifiziert, mit seiner anglomanen und ihn wegen seiner Verkrüppelung verachtenden Mutter, die ihn auch noch »englisch« zu erziehen und ihm englischen Liberalismus beizubringen versucht, stellt er Wilhelms Haß auf England als Form dar, sein Gebrechen zu besiegen; das heißt, er zählt die konstitutionelle Schwäche des Kaisers letztlich zu den Kriegsursachen von 1914.

Verzichten wir hier darauf, die heuristisch-hermeneutischen, jedenfalls nicht-szientistischen Prinzipien seiner Geschichtsinterpretation im Detail wiederzugeben. Wichtig ist, daß wir es hier mit Sartres erstem Versuch zu tun haben, Individuum und Geschichte in ein konkretes Verhältnis zu setzen und dabei eine bei Lichte besehen obskure und magische Macht der Fakten zu brechen. Indes liegen die Schwächen seiner Überlegung auf der Hand. Sie betreffen weniger die Überlegungen zur Person Wilhelms[28], die sich allein auf die von Ludwig beigebrachten Materialien und Interpretationen stützen, als vielmehr die Geschichte. Und Sartre weiß es im Grunde selbst: »Ich gebe zu, daß das, was ich gezeigt zu haben glaube, nur in dem Falle gültig ist, in dem die historische Untersuchung eine *Monographie* ist und das Individuum als Schmied seines eigenen Schicksals zeigt. Bleibt die Tatsache, daß es auch *auf die anderen* einwirkt.« (S. 463, 10. März 40) Bleibt auch die Tatsache, daß Wilhelm II. den Ersten Weltkrieg weder allein gesucht noch allein geführt hat. Und die, die ihn mit ihm gewollt und geführt haben, mögen andere Gebrechen, aber sie werden kaum alle verkrüppelte linke Arme noch eine anglomane und kalte Mutter gehabt haben. Um die Geschichte aus ihrer Atomisierung in die Zahl ihrer Individuen zu retten, scheint Sartre zunächst Zuflucht zu einer Geschichte der Kaiser und Heerführer, der privilegierten Individuen gesucht zu haben. Er wollte jedoch nur das Individuum vor der Macht der Geschichte retten; aber die Geschichte, die sich nicht als Summe von Individuen noch als Wirkung der Fakten denken läßt, diese eigensinnige und bedrohliche Synthese aus Überschreitungen und Ablagerungen, aus Aktivitäten und Passivitäten entgeht ihm dabei.

Alle diese biographischen und biographistischen Überlegungen stellen Versuche dar, seinen philosophischen Grundentwurf zu konkretisieren. Sie tragen auch Spuren dieser Anwendungsarbeit. Zuletzt deuten sie vor allem die Grenzen dieser Philosophie an: Sie bereiten die

---

28 Obwohl man sich natürlich fragen kann, ob die Verachtung der Mutter und die Identifikation dieser Verachtung mit England nicht selbst wieder als determinierende äußere Fakten auftreten, ob Sartre nicht also bloß den Determinismus verschoben hat. Warum zählt die Verachtung für Wilhelm so stark, und warum identifiziert er sie mit England und nicht ausschließlich (wie er es auch getan hat) mit Frauen und Müttern?

Fragen vor, denen sich Sartre teilweise erst erheblich später widmen wird. Während *Das Sein und das Nichts* sozusagen die abstrakte philosophische Ausdeutung und Ausarbeitung der Fragwürdigkeit darstellt, in der Sartre sich zu Anfang des Krieges vorfand, bleiben die biographistischen Themen in den *Tagebüchern* auf der Spur der existentiellen Ausgangsfrage: Wie kann ich mich in der Geschichte hervorbringen? Diese Frage bleibt das treibende Motiv seines Denkens. Sie allein schafft die verbindende Linie seiner Antworten.

II. KAPITEL

Sartre vor Sartre. Ein Rückblick

»Alles, was ich im Augenblick tun kann, ist, diese Freiheit in der Luft zu kritisieren, die ich mir beharrlich verschafft habe, und an dem Grundsatz festzuhalten, daß man sich verwurzeln muß. [...] Ich meine [...], daß die Persönlichkeit einen Inhalt haben muß. Man muß aus Lehm sein, und ich bin aus Wind.« (*Tagebücher*, loc.cit.) Was denn? – die Persönlichkeit soll einen »Inhalt« haben? Ist es nicht erst ein Jahr her, daß der Philosoph uns in einem fast pamphletistischen Ton versprochen hat, wir könnten, ja müßten uns von den lauen Bebrütungen des Innenlebens befreien? Hat er nicht in seinem Aufsatz ›Eine fundamentale Idee der Phänomenologie Husserls: die Intentionalität‹ [1], der immerhin im Januar 1939 in der *Nouvelle Revue Française* erschien, hat er uns dort nicht mitten in die Dinge geworfen und der gleißenden Helligkeit des »Draußen« ausgesetzt? »Es sind die Dinge, die sich uns plötzlich als hassenswerte, sympathische, entsetzliche, liebenswerte enthüllen. Es ist eine Eigentümlichkeit jener japanischen Maske, furchterregend zu sein, eine unerschöpfliche, unreduzierbare *Eigentümlichkeit*, die ihre Natur selbst konstituiert – und nicht die Summe unserer subjektiven Reaktionen auf ein Stück geschnitztes Holz. Husserl hat das Entsetzen und den Reiz wieder in die Dinge versetzt.« (ibid., S. 36) Allerdings übertreibt Sartre dabei etwas, denn Husserl kannte durchaus einige Eigenschaften des Bewußtseins, die verhinderten, daß es zum bloßen und reinen Widerschein der Dinge wurde. Sartre spricht eher von *seiner* Idee der »Intentionalität«. Dieser Aufsatz aus der *N.R.F.*, der bereits 1933/34 [2] verfaßt wurde, besingt die Schönheit der befreienden Geste, die Sartre in einer bereits 1936 erschienenen Untersuchung ausführlich philosophisch begründet hat: ›Die Transzendenz des Ego‹ [3]. Es lohnt

---

1 In: *Die Transzendenz des Ego*. Philosophische Essays 1931–1939. 1982. S. 33–38.
2 Cf. Michel Contat/ Michel Rybalka, *Les Ecrits de Sartre*. Chronologie, Bibliographie commentée. Paris 1970. S. 71. Im folgenden abgekürzt zitiert als: Contat/ Rybalka, *Ecrits*.
3 In: *Die Transzendenz des Ego*. S. 39–96. Franz. erstmals in: *Recherches philosophiques*, No. 6, 1936/37.

sich, diese Abhandlung – sie wurde ebenfalls während seines Berlin-Aufenthalts 1933/34 geschrieben – einmal etwas genauer zu untersuchen. Wir erfahren dabei etwas über seine philosophischen Anfänge und über die Techniken und Theorien, mit denen er sich auseinandersetzt. Vor allem werden wir gleich erkennen, wie weit Sartre hier von seinen Überlegungen aus den Jahren 1939/40 entfernt ist. Wir wollen allerdings so weit als möglich darauf verzichten, in eine detaillierte philosophische Analyse einzutreten. Die Verdeutlichung seiner philosophischen Intentionen und Positionen soll genügen.

Es geht um die Existenz eines transzendentalen Ich, das Husserl – laut Sartre – in den *Logischen Untersuchungen* (1900) ausgeschlossen hat, um es aber später in den *Ideen zu einer reinen Phänomenologie und phänomenologischen Philosophie* (1913) wieder einzuführen. Sartre versucht nun, das Bewußtsein von der Trübung und Opazität eines Ich zu reinigen. Er meint damit sowohl das psychische und psychophysische Ich (Moi), wie auch das – nach Kant – die synthetische Einheit unserer Vorstellungen ermöglichende Ich (Je). Sartre faßt beide Typen als lediglich funktionale, ja bloß »grammatische« (S. 59) Differenzierungen des Ego auf. Beide sind seiner Auffassung nach vom reflexiven Bewußtsein konstituiert. Sie sind dem Bewußtsein transzendent, aber keinesfalls seine transzendentalen »Bewohner«. Denn das würde ihm den Charakter nehmen, »ein nicht substantielles Absolutes« (S. 46) zu sein.

Sartre räumt ein, daß wir jedesmal, wenn wir unser Denken erfassen – »sei es durch eine unmittelbare oder auf die Erinnerung gestützte Intuition« –, auf ein Ich stoßen, das sich als das Ich des erfaßten Denkens gibt und das als ein Ich erscheint, das dieses und alles andere Denken, als das es ermöglichende, transzendiert. (S. 47) Aber man muß dabei feststellen, daß das reflektierende Bewußtsein ein nicht-thetisches Bewußtsein von sich selbst ist. Es behauptet ein Ich beim reflektierten Bewußtsein, nicht aber beim reflektierenden. Das Ich erscheint also immer nur der Reflexion. Wenn man die Erinnerung so rekonstruiert, wie sie ohne Reflexion auf sich selbst erlebt wurde, dann zeigen sich die Objekte, die diesem Bewußtsein seinerzeit gegeben waren. »Während ich las, gab es Bewußtsein *von* dem Buch, *von* dem Romanhelden, aber das *Ich* [Je] bewohnte dieses Bewußtsein nicht, welches nur Bewußtsein von dem Objekt und nicht positionales Bewußtsein von sich selbst war.« (S. 50) Auf dieser spontanen Ebene findet sich kein Ich. »Wenn ich der Straßenbahn nachlaufe, wenn ich auf die Uhr schaue, wenn ich mich in die Betrachtung des Portraits vertiefe, gibt es kein Ich. Es gibt Bewußtsein *von-der-einzuholenden-Straßenbahn* usw. und nicht-positionales Bewußtsein von dem Bewußtsein. *De facto* bin ich also in der Welt der Objekte versenkt, sie sind es, die die Einheit meines Bewußtseins konstituieren, die sich mit Werten, mit attraktiven und repulsiven Qualitäten präsentieren; aber ICH [moi], ich bin verschwunden, ich habe mich vernichtet.« (S. 51)

Ein ähnliches Bild ergibt sich bei der Untersuchung des Cogito. Auch hier befinden sich das Bewußtsein und das Ich nicht auf gleicher Ebene. Das Ich erscheint nicht als konkretes Moment eines konkreten Bewußtseins, sondern es erscheint in der transzendenten Dauer der Dinge. Es bietet sich »durch« das reflektierte Bewußtsein hindurch dar. Aber wir behaupten viel mehr, als wir wissen, wenn wir Ich sagen. Ich bedeutet eine opake Realität, deren Inhalt überhaupt erst noch zu klären wäre.

An dritter Stelle schließlich kritisiert Sartre jene Auffassungen, die eine Art materieller Präsenz des Ich voraussetzen. So etwa die Ansichten gewisser Moralisten wie La Rochefoucauld, deren Psychologismus des gesunden Menschenverstandes ja nachgerade den Rang wissenschaftlich psychologischer Diagnostik zugefallen ist. Beispielsweise erscheint die »Eigenliebe« in der Sicht eines La Rochefoucauld als ein komplexer ursprünglicher Impuls des Ich, und dieser ursprüngliche Impuls lenkt auch über das Ich das Bewußtsein. Entsprechend gründet etwa die Liebe, die ich jemandem entgegenbringe, nicht in diesem anderen, sondern sie ist nichts als der reizvolle Umweg der Liebe, die ich mir selbst entgegenbringe.

Für Sartre wird »Mitleid haben mit Pierre« ausschließlich durch den hilfebrauchenden Pierre motiviert. Diese Qualität eines transzendenten Sachverhalts richtet sich »auf mich wie eine Kraft« (S. 56). Die Theoretiker der Eigenliebe behaupten dagegen: Ich helfe Pierre, um mein Ich zu befriedigen. Das setzt aber für Sartre einen reflexiven Akt voraus, der über das spontane und transzendierende Bewußtsein des Mitleids hinaus, ein ›Ich habe Mitleid‹ feststellt. Aber das spontane und unreflektierte Mitleid muß als autonom betrachtet werden. »Alles geschieht so, als wenn wir in einer Welt lebten, in der die Objekte, außer ihren Qualitäten Wärme, Geruch, Form usw., die des Abstoßenden, Anziehenden, Charmanten, Nützlichen usw. usw. hätten, und als wenn diese Qualitäten Kräfte seien, die bestimmte Wirkungen auf uns ausübten. Im Fall der Reflexion, und nur in diesem Falle, wird diese Affektivität für sich selbst gesetzt als Begierde, Furcht usw.« (S. 58) Erst reflektierend entdecke ich mein Mitleid als mein Mitleid, das mir als etwas erscheint, was fortbestehen muß. Das reflexive Leben »vergiftet« das spontane Leben. Bevor meine Begierden von dem Standpunkt, den ich ihnen gegenüber eingenommen habe, vergiftet wurden, waren sie rein.

Wir wollen hier die Paraphrase von ›Die Transzendenz des Ego‹ unterbrechen. Die Intention des Textes, die uns im wesentlichen interessiert, ist wohl hinreichend zum Ausdruck gekommen. Den zweiten Teil des Aufsatzes widmet Sartre der Beschreibung der Konstitution des Ego durch das reflexive Bewußtsein. Die gläserne Transparenz des transzendentalen Bewußtseins, d. h. jenes für Sartre absolut existierenden Bewußtseins, scheint wiederhergestellt; der rohe Unhold wurde auf frischer Tat ertappt: die Reflexivität. Freilich, die Reinigung des Bewußtseins hinterläßt offene Fragen.

Nehmen wir nur jenen Pierre, der als Hilfe brauchend in unser Bewußtsein gerät. Vielleicht – auch wenn ich nicht weiß warum, und auch Sartre erklärt das ja nicht – erfasse ich den verletzt in seiner Blutlache liegenden Pierre tatsächlich als jemanden, der Hilfe braucht. Aber mehr als diese einigermaßen komplexe Wahrnehmung kann Sartres spontanes und nicht reflekiertes Bewußtsein beim besten Willen nicht leisten. Schon ob ich ihm diese Hilfe verschaffen werde, ist von diesem Bewußtsein nicht zu beantworten. Und wieso muß mein Bewußtsein spontanes Mitleid sein? Möglicherweise habe ich Pierre ja gerade niedergeschlagen, weil er mich bedroht hat. Ich kann jetzt trotzdem nachträglich Mitleid haben, aber ich muß es nicht. Ich kann ihm helfen, wieder auf die Beine zu kommen, genausogut kann ich ihm noch ein paar Tritte verpassen. Alles ist möglich, nichts ist gewiß vorhersehbar. Mein unreflektiertes Bewußtsein vom hilfesuchenden Pierre impliziert gar nichts. Es bildet nur die Basis für weitere Handlungen und Reflexionen. Überdies müßte die Codierung, die anzeigt, daß Pierre Hilfe braucht, so stark und eindeutig sein, daß sie ohne Interpretation auskommt. Das heißt, die auf der Straße liegende Bedeutung müßte eine Art Reflex auslösen, wie z. B. eine Verkehrsampel verinnerte Interpretationen steuert. Indes gehören auf der Straße liegende Menschen meistens zu den Wahrnehmungen, die erst einmal auf Interpretationen verweisen (wenn man unbedingt einen Reflex finden will, dann diesen). Der Clochard, der vollgekotzt in seiner Rotweinlache liegt, braucht in *meinen* Augen Hilfe – böte ich sie ihm an, er würde mich zum Teufel wünschen. Nein, die Hilfe liegt nicht auf der Straße, sie ist allerdings auch nicht in meinem Herzen vergraben. Ihr Ort ist weder schieres

Draußen noch Drinnen, aber allein in dieser Alternative denkt Sartre hier. Offensichtlich wollte er mit diesem Beispiel vor allem den Horizont der Interpretation und die Kontexte der Wahrnehmung ausblenden. Das heißt: die kardinale Vieldeutigkeit des In-der-Welt-seins.

Ähnlich verhält es sich auch mit der Lektüre. Meine reflektierende Erinnerung an die Situation gestern, als ich diesen Roman gelesen habe, zeigt ganz zu Recht ein Ich an, denn *ich* habe dieses Buch gelesen, ich habe mich in seinem Helden wiedererkannt und habe ihn deshalb geliebt. Das Buch konnte mich nur deshalb fesseln, weil ich es war, der es gelesen hat. Hans hat es nach zehn Seiten gelangweilt aus der Hand gelegt. Gewiß, ich weiß nicht genau, oder besser: überhaupt nicht, was oder wer dieses Ich ist, ich hatte im Moment der Lektüre auch kein ausdrückliches Bewußtsein von diesem Ich, aber es hat die ganze Situation mit sich gefärbt. Und wenn ich mich reflektierend auf die Stunden der Lektüre zurückbesinne, dann finde ich *meine* Spannung, *mein* Entzücken wieder, die ich dem Buch abgewonnen habe, genauer gesagt, wenn ich mich nicht wiederfände, dann gäbe es nur bedrucktes und gebundenes Papier, von einem darübergebeugten Körper gehalten. Diese Beispiele mögen reichen: Sartres Beschreibung vom unmittelbaren Bewußtsein reichen entweder zu weit oder zu kurz. Er verwechselt das absolute, spontane Bewußtsein mit der Wahrnehmung und die Wahrnehmung mit einem völlig neutralen Spiegel. Einmal reicht das Erscheinen der Dinge im Bewußtsein, um komplexe und weitreichende werthafte Einstellungen zu motivieren, dann wieder reduziert sich z. B. die Lektüre auf das Objekt Buch. Beide Male wird das widerstandslose und unmittelbare Bewußtsein von der unheimlichen und magischen Kraft der Objekte überwältigt und in die lichte Klarheit ihrer Verweisungen entführt.

Das einzige, was uns daran hindert, glückliche und erfüllte Beute der Welt der Dinge zu sein, sind die Machenschaften des reflexiven Bewußtseins, das unaufhörlich eine Instanz der Einmischung, des Vorbehalts und der Innerlichkeit schafft: das Ego. Aber was ist das reflexive Bewußtsein? Zunächst kaum mehr als die selbst nicht wieder thematisch reflektierte Reflexion des reflektierten Bewußtseins. Sartre öffnet ihm eine Pforte, die in den Garten der Welt führt: »Sie [die Reflexion] ist ein Bewußtsein, das ein Bewußtsein setzt. Alles, was sie von diesem Bewußtsein behauptet, ist gewiß und adäquat. Wenn ihm aber über dieses Bewußtsein andere Objekte erscheinen, haben diese Objekte überhaupt keinen Grund, an den Merkmalen des Bewußtseins zu partizipieren.« (S. 60) Damit hat die Reflexion einen eigenen Ausgang auf die Welt, sie kann über die Gegebenheiten des unmittelbaren Bewußtseins hinaus so allerhand behaupten. Nur, wie kann sie das? Und warum will sie überhaupt über diese Gegebenheiten hinaus? Muß man von einer Art transzendentalem Elan der Reflexion ausgehen?

Sartre hat sich diese Frage wohl selbst gestellt: »Es hat für jeden von uns etwas Beängstigendes, so auf frischer Tat diese unermüdliche Schöpfung von Existenz zu ertappen, deren Schöpfer *wir* nicht sind [sondern das transzendale Bewußtsein als unpersönliche Spontaneität]. Auf dieser Ebene hat der Mensch den Eindruck, sich unaufhörlich zu entgehen, sich zu übersteigen, sich durch einen immer unerwarteten Reichtum zu übersteigen, und wieder ist es das Unbewußte, das er damit beauftragt, von dieser Überschreitung des Ich durch das Bewußtsein Rechenschaft abzulegen. Faktisch vermag das ICH nichts gegenüber der Spontaneität, denn der Wille ist ein Objekt, das sich für und durch die Spontaneität konstituiert.« (S. 87) Das Unbewußte steht für den nie gänzlich zu erfassenden Kern des Ich, er zeigt sich in allen meinen Produktionen und Gedanken, die in dem Maße, wie sie erscheinen, mein Ich konstituieren. Dieses Ich bietet sich dar als ein Zentrum und eine Einheit, als die Identität, die sich nicht selbst begründet hat. Aber – so kann man sich fragen –, wenn die Reflexion das Ego konstituiert, weil das Bewußtsein Angst davor hat, das Ego zu übersteigen, ihm zu entkommen, dann muß es schon ein Ego – irgend etwas ›Ichhaftes‹ – *vor* der Konstitution durch die Reflexion geben. Diese Angst kann nicht transzendental sein, denn sie ist historisch und individuell. Desgleichen ist völlig unklar, warum das Bewußtsein vor seiner eigenen Spontaneität erschrickt, weil es »sie *jenseits* der Freiheit fühlt« (S. 87). Das könnte der Grund sein, am Ego zu kranken, aber nicht, es zu konstituieren; denn es ist in diesem Erschrecken schon vorausgesetzt. Im übrigen: Kann man sagen, daß die Fesselung des spontanen Bewußtseins im Ego und im Unbewußten einem Wunsch nach Freiheit folgt? Eher doch wohl im Gegenteil! Zuletzt gründet Sartre dann die wesentliche Rolle des Ego, nämlich »dem Bewußtsein dessen eigene Spontaneität zu verbergen« (S. 88), auf »eine Angst, die sich uns aufdrängt und der wir nicht ausweichen können; sie ist zugleich ein reines Ereignis transzendentalen Ursprungs und ein in unserem Alltagsleben immer möglicher Vorfall«. (S. 90) Und diese immer wieder erlebbare Angst motiviert auch das Vorhaben einer reinigenden Philosophie, die sozusagen von der Welt her gefordert wird und nicht einer externen, gelehrten oder sonstwie kontingenten Haltung entspringt.

Auf diese Überlegung folgt noch – reichlich überraschend – ein Ausblick auf die implizite Moral, die sich aus der Verfassung des Bewußtseins ergibt. Zunächst weist Sartre den Vorwurf »der äußersten Linken« zurück, bei der Phänomenologie handle es sich um einen Idealismus, ganz im Gegenteil: »Die Phänomenologen haben den Menschen wieder in die Welt eingetaucht, sie haben seinen Ängsten und seinen Leiden, auch seinen Revolten ihr ganzes Gewicht wiedergegeben.« (S. 91) Außerdem könnte eine von der Vorstellung des Ich gereinigte Phänomenologie zur Begründung einer »so fruchtbare[n] Arbeitshypothese wie der historische Materialismus« dienen: »Es ist ja nicht notwendig, daß *das Objekt dem Subjekt* vorangeht, damit die geistigen Pseudowerte verschwinden und die Moral ihre Basis in der Realität wiederfindet. Es genügt, daß das Ich zur gleichen Zeit wie die Welt ist und daß die rein logische Subjekt-Objekt-Dualität endgültig aus den philosophischen Überlegungen verschwindet. Die Welt hat das ICH nicht geschaffen, das ICH hat die Welt nicht geschaffen, es sind zwei Objekte für das absolute unpersönliche Bewußtsein, durch das sie sich verbunden finden. Dieses absolute Bewußtsein hat, wenn es vom ICH gereinigt ist, nichts mehr von einem *Subjekt*, es ist auch keine Kollektion von Vorstellungen: es ist ganz einfach eine erste Bedingung und eine absolute Quelle von Existenz. Und die Interdependenz, die es zwischen dem ICH und der Welt herstellt, reicht aus, damit das ICH angesichts der Welt ›in Gefahr‹ erscheint, damit das ICH [. . .] seinen ganzen Inhalt aus der Welt bezieht. Mehr braucht man nicht, um eine absolut positive Moral und Politik philosophisch zu begründen.« (S. 91 f)

Fragt sich nur, wie und warum das einzelne, spontane und kontingente Bewußtsein moralisch sein soll, ja nur moralisch sein kann, oder wie es sich kommunikativ und sozial verhalten können soll. Und wenn wir den Hinweis auf die Moral etwas ausmalen, so können wir daran – neuerlich – die Entfernung zu den wenige Jahre später entstandenen *Tagebüchern* vermessen. Man könnte dem von jeder egologischen Struktur gereinigten transzendentalen Feld vielleicht »einige gesunde Regeln moralischer Diskretion entnehmen« (S. 83), spekuliert Sartre in dem Aufsatz. Tatsächlich stelle ich mir diese Moral und ihre Regeln kaum als »gesund« vor, sondern als äußerst rigide: Das Spektrum ihrer Möglichkeiten beschränkt sich auf die Welt, die das Bewußtsein erfüllt. Sein und Sollen? Das Bewußtsein kann und darf nur sollen, was durch es als Welt zur Existenz kommt. Es hat sozusagen die Wirklichkeit der Welt zu sein, es ist ihr Seinsgesetz, und sie ist sein Moralgesetz. Aber leider erklärt Sartre uns nirgends, was die Welt denn sei: ein Stahl, eine Verkehrsampel, die Geschichte oder ein Wert, noch wie sie so unser Bewußtsein überschwemmen könnte, daß sie sogar noch das unartige reflexive Bewußtsein herausschwemmt. Kurz, er behauptet sehr viel mehr, als er weiß, und verstößt ungeniert gegen die eigenen Prinzipien. Und er sagt uns auch warum: »Die Zweifel, die Gewissensbisse, die sogenannten ›Bewußtseinskrisen‹ usw., kurz, die ganze Materie der Tagebücher, werden zu einfachen *Vorstellungen*.« (S. 83) Man mag es dann schon fast wieder als ironische Rache des aus dem Bewußtsein herausgefegten Ego ansehen, daß Sartre es einige Jahre später in seinen *Tagebüchern* wieder zusammensuchen muß, geplagt von Zweifeln und besessen von einer Moral, in der der vorkommt, der sie sich gibt.

Aber es muß uns nicht verwundern, daß Sartre hier schon eine Moral anstrebt; denn das hat er ja in den *Tagebüchern* genau beschrieben, wie er von jeher von der Vorstellung einer Moral umgetrieben worden ist und welche Empfindungen er bei der Konzeption jener Moral gehabt hat. Und tatsächlich bestätigt sich, was Sartre in den *Tagebüchern* über sein Leben und Denken vor dem Krieg schreibt: Es sind Rettungsversuche durch das Heil, Erlösungsphantasien, die gewisse zeitgenössische Intentionen und Impulse auf die Spitze treiben – bewegt von dem lebenslänglichen Gefühl, nicht gerechtfertigt zu sein, also Baumeister seines Lebens sein zu müssen, und sei es nur – wie zu jenem Zeitpunkt – Koch seiner Verdunstung. Vom Ergebnis seiner Untersuchung her steht Sartre fast diametral entgegengesetzt zu den Positionen der *Tagebücher* und der daraus hervorgehenden Entwicklung. Eine Punkt für Punkt vorgehende Untersuchung könnte das noch sehr viel deutlicher machen, als es für unsere Überlegungen im Moment angemessen ist.[4]

Auf radikale Weise behauptet sich Sartre hier in der neuzeitlichen Problematik des Cogito: das unglückliche Ich-Bewußtsein und seine

4 Leo Fretz (›Le Concept d'individualité‹, in: *Obliques*, No. 18–19. 1979, Numéro spécial Sartre. S. 221–234 und Ders., *Het individualiteitsconcept in Sartres filosofie*, op. cit.) hat ›Die Transzendenz des Ego‹ mit *Das Sein und das Nichts* unter dem Gesichtspunkt des Konzepts der Individualität verglichen. Er kommt auf diesem Weg zum gleichen Ergebnis wie wir, daß es nämlich zwischen diesen beiden Texten einen entscheidenden »epistemologischen Bruch« gibt. Indes kannte Fretz damals noch nicht die *Tagebücher*, und er beschränkt sich auf eine reine und sorgfältige Begriffsuntersuchung. In Kenntnis der *Tagebücher* versuchen wir hier, die intentionalen Voraussetzungen dieses Begriffswandels nachzuvollziehen.

philosophischen Aporien. Das moderne Bewußtsein macht das Ego zum Kraftfeld des Humanen; zugleich läßt es diese Mitte einer dunklen und unergründlichen Quelle entspringen: Das Ego hat sich nicht begründet, und im Herzen all seiner Taten und Gedanken entdeckt es diese Deckungslücke. Daher die Versuche der Humanwissenschaften – wie Ethnologie, Geschichte, Linguistik, Psychologie oder Ökonomie, mit denen Sartre sich ja auch mehr oder minder fortwährend auseinandersetzt –, dem Menschen seine Gründe nachzureichen, seine Herkunft abzuleiten und ihm sein Wurzelreich zuzuweisen. Dieses Ego bleibt allerdings zutiefst widersprüchlich und zerrissen. Es ist das Eigene als das Andere. Bis auf die Knochen fremdbestimmt und determiniert ist es schlicht inhuman. Wenn die Menschen Natur sind und die Identität einer Sache haben, sind sie tatsächlich unerheblich. Aber da sie sich dauernd eine ›Natur‹ geben müssen, verraten sie sich, zeugen sie von der komplex-negativen Humanität, von der sie sich durch Bestimmung erlösen wollen. Sartre will mit dem Schema eines rekonstruierten, zentralisierten, substanzialisierten Bewußtseins brechen. Er will dem Bewußtsein seine Dramatik zurückgeben: daß es sich weder ausgedacht hat noch gedacht worden ist, kurz, daß das Bewußtsein nirgends gründet und ankert. Bis hierhin könnte man Sartre einen Provokateur im Namen der (hier nicht namentlich genannten) Freiheit nennen, im Namen auch einer ästhetischen Freude an der Ungeborgenheit. Das sind auch die Momente, die er in sein kommendes Werk herüberretten wird. Nicht allerdings den zweiten Akt seiner Befreiung des Bewußtseins: dessen Verschüttung. Indem er das quasi-substantiell gedachte Ego einfach wegkürzt, bleibt nur ein spontanes, kontingentes, unpersönliches und seine Einheit aus der Welt ziehendes Bewußtsein übrig. Es kennt nur ein implizites Sollen: sich mit dem durch es erscheinenden Sein zufriedenzugeben. Sartre trägt da eine verblüffende Lösung vor. Leo Fretz weist in seinem Aufsatz darauf hin, daß Sartre damit nicht nur Husserls Zweifel am Ego entschieden radikalisiert, sondern auch entsprechende Fragen Nietzsches, Freuds, Machs oder Wittgensteins mit seiner Antwort an Schärfe überholt. Ich denke, man kann sogar noch weiter gehen: Noch bevor Michel Foucault gelassen den »Tod des Menschen« verkündet, lange bevor Jacques Derrida mit »Finis hominis« spielt und Jacques Lacan das Es an die Stelle des Ich wünscht, läßt Sartre das Ego in seiner Unbegründetheit, die es ›genetisch‹ gesehen auf den Plan gebracht hat, wieder verschwinden. »Ich, ich bin verschwunden, ich habe mich vernichtet.« (l.c.) Daß

Sartre somit vielleicht der erste französische Postmoderne avant la lettre genannt werden darf, mag man für eine Ironie der Geschichte halten. Es bedeutet aber auch mehr. Schließlich richtet sich die entscheidende Konversion, die Sartre einige Jahre später vollziehen wird, gerade gegen seine Vorkriegsexistenz und ihre Mentalität, oder genauer: gegen das Verschwinden des persönlichen Bewußtseins, das dieses Denken formuliert und postuliert. Anders gesagt, dieser Wandel optiert für die zugleich unmögliche und unumgängliche Moral des Individuums, und er richtet sich gegen die philosophische Annullierung dieser Aufgabe (die allemal von einem philosophisch unbegründeten Ich getragen wird). Das (dann allerdings von allen Makeln des Ego befreite) Ich – und darin liegt die entscheidend neue Richtung der *Tagebücher* – zeigt sich als unhintergehbar, es wohnt auch noch seiner eigenen Beerdigung bei, und da sich seine Wunde nicht durch Totenscheine heilen läßt, muß es sich auf dem Trümmerfeld seiner Unmöglichkeit behaupten. Jedenfalls geht es Sartre darum, den theoretischen und praktischen Realitäten der Person auf die Spur zu kommen. Und das wird seine Aufgabe bis hin zum *Idiot der Familie* definieren. So ist er den Versuchungen der Postmoderne nicht erst als Sechzigjähriger begegnet, sondern er hat schon früh die Klinge mit ihnen gekreuzt: im Werden seines eigenen Denkens und im Dickicht seines Herzens. Er wird wohl kaum vergessen haben, welche Motive dieses Denken bewegt.

Es ist schon erstaunlich, daß der Kontrast der philosophischen Paradigmen aus der Zeit vor dem Krieg und denen, die er dann während des Krieges entdeckte, nie genau gesehen wurde – bis auf die Arbeit von Fretz. Allerdings muß man zugeben, daß erst das postume Erscheinen der Kriegstagebücher die genaue Rekonstruktion dieses Bruchs in der Einstellung ermöglicht hat. Bis dahin hatte man vor allem die Kontinuität der Terminologie und der philosophischen Referenzen hervorgehoben und dementsprechend *Das Sein und das Nichts* als differenzierten Fortschritt gegenüber den philosophischen Schriften der Vorkriegszeit verstanden.[5] An dieser Konfusion ist auch Sartre selbst nicht ganz unschuldig. So hat er einerseits zu wiederholten Malen von dem Bruch gesprochen, den der Krieg für sein Leben und sein Werk bedeutet habe[6], andererseits hat er auch häufig eine gewisse Kontinuität be-

---

5 Cf. z. B. Contat/Rybalka, *Ecrits*. S. 56f. Und Sylvie Le Bon in der Einleitung und den Kommentaren zu der Neuausgabe von *La Transcendance de l'Ego*. Paris 1965.
6 Wir haben dazu bereits im 1. Kapitel einige Zitate angeführt.

tont.[7] Tatsächlich ist beides wahr. Und Sartre hält auch an der Transzendenz des Ego fest, insofern es ein vom reflexiven Bewußtsein konstituiertes Objekt ist. Freilich wird er dann im selben Atemzug hinzufügen: »Die Subjektivität ist nicht im Bewußtsein, sie ist das Bewußtsein.«[8] Der Übergang von einem Bewußtsein, dessen moralische Dimension sich in der Wiederherstellung seiner transzendentalen Spontaneität und Autonomie erschöpft, zur Problematik *meines* Bewußtseins beschreibt das ganze Ausmaß der Konversion und die sich verändernde Blickrichtung. Sartre wird mit und durch die *Tagebücher* nicht den Verzicht auf ein quasi-substantielles und objekthaftes Ich als Bewohner des Bewußtseins widerrufen, wohl aber verzichtet er darauf, die die Leere des transzendentalen Bewußtseins wiederherstellende Reinigung für eine gleichsam moralische, ja für die einzig moralische Haltung des Bewußtseins auszugeben. Und es ist gewiß die moralische Absicht, die dem Aufsatz seinen Biß gegeben hat – eben jene befreiende Geste, der er noch einmal eigens in dem funkelnden Aufsatz über Husserls Intentionalität huldigt.

Sartres weiteres Werk rankt sich wesentlich um die Weiterentwicklung des Subjektbegriffs. Es wäre jedoch zu kurz gegriffen, *Das Sein und das Nichts* bereits für die geglückte Bewältigung seiner Wende zu halten. Während in ›Die Transzendenz des Ego‹ das Bewußtsein bloß auf Sein gerichtetete und von diesem Sein ›erschöpfte‹ Intention ist, also zum Beispiel ein ganz und gar vom Krieg erfülltes Bewußtsein (was immer man sich darunter vorstellen mag), holt es sich in *Das Sein und das Nichts* zwar eine gewisse Macht über das Sein zurück, indem es dieses überschreitet und ihm einen Horizont stiftet, indem es also den Krieg zu *seinem* Krieg macht, das heißt, ihn der Macht seiner (Be-)Deutung unterzieht, aber wir haben ja bereits angedeutet, daß das Ich in *Das Sein und das Nichts* kaum mehr ist als eine individuierte menschliche Realität, der es ganz und gar an Konkretion und Eigengewicht fehlt: »Und in diesem Sinne wird man von dem Ich (Je), das man zu Unrecht als den Bewohner des Bewußtseins ansieht, nur sagen können, daß es das ›Mich‹ (Moi) des Bewußtseins ist, nicht aber, daß es sein eigenes *Sich* wäre. [...] Sobald das Bewußtsein auftaucht, macht es sich daher

---

7 Etwa in dem Interview ›Une vie pour la philosophie‹, loc. cit. Hier: S. 76. In diesem Gespräch erläutert er auch sein Festhalten an der Konzeption der Transzendenz des Ego.

8 Ibid.

durch die reine nichtende Bewegung der Reflexion zu einem *persönlichen*: denn was dem Sein eine persönliche Existenz verleiht, ist nicht der Besitz eines Ego – das nur das *Zeichen* der Persönlichkeit ist –, sondern das Faktum, für sich als Anwesenheit bei sich zu existieren.« (*Sein*, S. 160)

1939/40 wird das konkrete Individuum zur entscheidenden ›positiven‹ Problematik, während es zuvor nur als Mißverständnis und Begriffsunfall wegargumentiert wurde. Den Prozeß des Einstellungswandels dokumentieren die *Tagebücher*. Er läßt sich auch in einer vergleichenden Interpretation der Frühschriften nachweisen. Man muß allerdings einräumen, daß die Grundlagen für das, was sich in der *drôle de guerre* als ein rasches und spontanes Umdenken zeigt, schon geraume Zeit zuvor angelegt waren. In diesem Zusammenhang ist es interessant, daß Sartre im Herbst 1937 ein ungefähr vierhundert Seiten umfassendes Manuskript einer phänomenologischen Psychologie verfaßt hat, die er schließlich fallen ließ. »Ich hatte eine dicke Schwarte gemacht, die sich ›La Psyché‹ [Die Psyche] nannte, und von der sozusagen nichts übriggeblieben ist. [...] Ich habe ›Die Psyche‹ nicht beendet, weil ich am Ende Husserl wiederholt habe, und das hatte keinen Sinn.«[9] In den *Tagebüchern* erläutert Sartre diesen Abbruch näher: »Ein immer tieferer Graben trennte mich von Husserl: seine Philosophie entwickelte sich im Grunde zum Idealismus [...]. Und seine Widerlegung des Solipsismus war wenig schlüssig und kümmerlich. Sicherlich wandte ich mich Heidegger zu, um aus dieser Husserlschen Sackgasse herauszukommen. Schon mehrfach hatte ich sein Buch aufgeschlagen, das ich aus Berlin mitgebracht hatte, aber es fehlte mir immer an Zeit und auch am festen Vorsatz, es zu beenden. Man sieht, daß ich Heidegger nicht früher studieren *konnte*, als ich es getan habe. Ihn lesen ging ja noch, mit der Neugier eines Dilettanten, aber nicht, zu ihm zu gelangen, in der Absicht, ihn zu verstehen. Zudem brachte mich die bedrohliche Lage im Frühjahr 1938 und dann im Herbst allmählich dahin, eine Philosophie zu suchen, die nicht nur Kontemplation war, sondern Weisheit, Heroismus, Heiligkeit, irgend etwas, was mir helfen konnte durchzuhalten. Ich befand mich genau in der Lage der Athener nach dem Tod Alexanders, die sich von der aristotelischen Wissenschaft abkehrten, um sich die brutaleren, aber ›totalitä-

9 Aus den unveröffentlichten Gesprächen mit John Gerassi [1973]. Zit. nach *Œuv. Rom.*, S. LIII.

ren‹ Lehren der Stoiker und der Epikuräer anzueignen, die sie *leben* lehrten.« (S. 268 f, 1. Febr. 40)

Das Ungenügen an Husserl ist also in gewissen philosophischen Differenzen begründet, vor allem aber im Unbehagen an der Lebensunwirksamkeit dieser Philosophie. Das läßt ihn auf Heidegger zurückgreifen. Von dieser merkwürdigen Konstellation eines mit Heidegger vitalisierten Husserl zeugt die philosophische Abhandlung ›Skizze einer Theorie der Emotionen‹, die im Dezember 1939 als Buch erscheint. [10]

Ich will nicht ausführlich auf diesen interessanten Text eingehen, der die Emotion als eine bestimmte Art, die Welt zu erfassen, beschreibt. Die Emotion ist eine magische Transformation der Welt. »Wenn das Erfassen eines Gegenstandes unmöglich ist oder eine unerträgliche Spannung erzeugt, erfaßt ihn das Bewußtsein anders oder versucht, ihn anders zu erfassen; d. h., es transformiert sich eben, um den Gegenstand zu transformieren.« (S. 294) In dieser Bewußtseinsaktivität steckt ganz unzweideutig eine organisierende Finalität. Sartre betont nun, daß diese Finalität keineswegs ein reflexives Bewußtsein voraussetzt, er verweist darauf, daß es ein unreflektiertes, aber bewußtes Handeln in den Verweisungszusammenhängen der Welt gibt. Und er illustriert dies an einem Beispiel, das wir nicht nur deshalb in extenso wiedergeben wollen, weil es sehr gut sein philosophisches Argument erhellt, sondern auch, weil es um einen Kernbegriff seiner Tätigkeit (und unserer Studie) geht – das Schreiben: »Die Worte, die ich schreibe, [sind] *Forderungen*. Eben die Art, in der ich sie über meine schöpferische Tätigkeit erfasse, konstituiert sie als solche: sie erscheinen als Potentialitäten, *die realisiert werden müssen*. Nicht *von mir* realisiert werden müssen. Das Ich

---

10 In: *Die Transzendenz des Ego*, S. 255–321. Gemeinhin wird dieser Text als einziges Relikt von ›La Psyché‹ dargestellt. Da Sartre hier aber explizit auf Heidegger zurückgreift und – übrigens zum ersten Male – mit Konzepten wie Dasein (réalité humaine – menschliche Realität) argumentiert und da ausweislich der *Tagebücher* eine verarbeitende Heidegger-Rezeption erst nach dem abgebrochenen Fragment stattgefunden hat, scheint uns die ›Skizze...‹ von einem etwas späteren Moment in Sartres philosophischer Entwicklung zu zeugen. Allerdings hat er sich aller Wahrscheinlichkeit nach auf das Material und auf die reichlichen Vorarbeiten zu seiner »phänomenologischen Psychologie« stützen können. Methodisch geht er jedenfalls deutlich über Husserl hinaus, den er mit der ganz anderen Phänomenologie Heideggers verknüpft. Möglicherweise haben gewisse Unstimmigkeiten in dem Text, die wir gleich diskutieren werden, auch damit zu tun, daß er auf den ursprünglich von Husserl inspirierten Text *später* Heideggersche Elemente aufsetzte. Das ändert allerdings nichts an unserer Darstellung.

erscheint hier überhaupt nicht. Ich fühle lediglich den Zug, den sie ausüben. Ich fühle objektiv ihre Forderung. Ich sehe sie sich realisieren und gleichzeitig ihre weitere Realisierung verlangen. [...] Die Forderung der Wörter, die ich hinzeichne, [ist] direkt gegenwärtig, drückend und gefühlt. Sie ziehen und führen meine Hand. Aber nicht in der Art lebendiger und aktiver kleiner Dämonen, die sie effektiv stoßen und ziehen würden: sie haben eine passive Forderung. [...] Jetzt zögere ich: soll ich ›also‹ oder ›folglich‹ schreiben? Das impliziert keineswegs eine Rückwendung auf mich selbst. Die Potentialitäten ›also‹ und ›folglich‹ erscheinen lediglich – als Potentialitäten – und geraten miteinander in Konflikt. [...] Hier geht es nur darum zu zeigen, daß das Handeln als spontanes unreflektiertes Bewußtsein eine bestimmte existentielle Schicht in der Welt bildet und daß man sich zum Handeln nicht seiner als eines Handelnden bewußt zu sein braucht – ganz im Gegenteil. In einem Wort, ein unreflektiertes Verhalten ist kein unbewußtes Verhalten, es ist sich nicht-thetisch seiner selbst bewußt, und seine Weise, sich thetisch seiner selbst bewußt zu sein, ist, sich zu transzendieren und sich an der Welt als eine Dingqualität zu erfassen. [...] Bei der normalen und angepaßten Handlung erscheinen die ›zu realisierenden‹ Gegenstände als etwas, das auf bestimmten Wegen realisiert werden muß. Die Mittel erscheinen selbst als Potentialitäten, die die Existenz verlangen. Dieses Erfassen des Mittels als des einzig möglichen Weges, ans Ziel zu gelangen [...] kann man pragmatische Intuition des Determinismus der Welt nennen. Von diesem Gesichtspunkt aus erscheint die uns umgebende Welt – was die Deutschen *Umwelt* nennen –, die Welt unserer Begierden, unserer Bedürfnisse und unserer Handlungen als von engen und strengen Wegen durchfurcht, die zu diesem oder jenem bestimmten Ziel führen, das heißt zur Erscheinung eines geschaffenen Gegenstands.« (S. 292 f) Mit anderen Worten: Handeln folgt völlig angepaßt innerweltlichen Verweisungen, aber nicht so, daß aus ›a‹ ›b‹ folgt, sondern so, daß ein gesetztes Ziel die Spur seiner Mittel legt. Zwecke vermitteln bestimmte Dinge und Größen zu Mitteln. Allein, wer steckt die Ziele? Wer trägt sie in die Welt?

Auch wenn Sartre die Erwähnung eines Zweckes im allgemeinen zu vermeiden sucht, so hat er uns doch bereits zu Beginn seines Aufsatzes mit der oder einer finalen Struktur des Daseins bekannt gemacht. In Anlehnung an Heidegger schreibt er: »Es ist nicht gleichgültig, daß *ich* diese menschliche Realität bin, eben weil für die menschliche Realität existieren immer heißt, sein Sein übernehmen, das heißt dafür verantwortlich sein, anstatt es von außen zu empfangen wie ein Stein. ›Und weil Dasein wesenhaft je seine Möglichkeit ist, *kann* dieses Seiende in seinem Sein sich selbst ›wählen‹, gewinnen, es kann sich verlieren...‹ [Martin Heidegger, *Sein und Zeit.* Tübingen [13]1976, S. 41] Diese ›Übernahme‹ seiner selbst, die die menschliche Realität kennzeichnet, impliziert ein Verstehen der menschlichen Realität durch sich selbst, so dunkel dieses Verstehen immer sein mag. ›Im Sein dieses Seienden verhält sich dieses selbst zu seinem Sein.‹ [*Sein und Zeit.* S. 42] Das Verstehen ist ja keine Qualität, die der menschlichen Realität von außen zukommt, es ist seine eigene Existenzweise. Die menschliche Realität, die *ich* bin, übernimmt also ihr eigenes Sein, indem sie es versteht. Dieses Verstehen ist das meine. Ich bin also zunächst ein Sein, das seine menschliche Realität mehr oder weniger dunkel versteht, was bedeutet, daß ich mich zum Menschen mache, indem ich mich als solcher verstehe.« (S. 263) Wohlgemerkt, die Hervorhebungen des Ich stammen von Sartre. Allerdings fragt man sich, woher dieses betonte und persönliche Ich denn auf einmal stammt. Unseres Wissens gibt es keinen Text, der die These von der Transzendenz des Ego vor der ›Skizze...‹ revidiert hätte. Und nur einige Seiten später bestätigt Sartre ja auch wieder, daß das unreflektierte Bewußtsein gar nicht auf ein Ich rekurrieren muß. Woher also taucht es so unvermittelt auf? Jedenfalls läßt es sich kaum durch Heidegger erklären, denn dieser benutzt zwar Possessiva wie »mein« etc., aber umgeht sorgfältig jedes Ich, von einem herausgehobenen Ich ganz zu schweigen.

Ich glaube, man muß zwei Motive unterscheiden: *1.* Damit das emotionale Bewußtsein die Welt magisch zu transformieren vermag, muß es bei sich auf ein Zweck-Mittel setzendes Bewußtsein zurückgreifen, das es nicht in der Welt findet. Auch wenn es sich handelnd ganz und gar bei der Welt aufhält, muß es ja handeln wollen und können. Und der Heideggersche Daseinsbegriff bietet ja eine solche quasi transzendentale Handlungsstruktur, jene persönlich gedachte, aber unpersönlich beschriebene Sorgestruktur des Daseins, die Faktizität des Sich-um-sich-Sorgen, die das Dasein auszeichnet. *2.* In der Entwicklung seiner Theorie der Emotionen gelingt es Sartre kaum, die beiden Fäden des irgendwie ichhaften Daseins und des unreflektierten, unpersönlichen Bewußtseins zusammenzubringen (außer in dem gerade angedeuteten Sinne, daß das Dasein dem Bewußtsein eine unbestimmte Handlungsstruktur leiht). Wenn er aber trotzdem – sozusagen gegen seine eigene Argumentation – ein persönliches, aktives und verantwortliches Ich ins

Spiel bringt, dann spricht sich darin ein Programm aus, dann faßt er zögernd und widersprüchlich noch ein Denken ins Auge, »das *leben* lehrt«.

Der an Husserl geschulte, aber letztlich in seiner Radikalisierung gegen ihn gerichtete Bewußtseinsbegriff hat ihn zwar von den stickigen Träumereien des Ich befreit, aber was bleibt außer der schönen Geste des Kahlschlags? Wenig für jemanden, der »Weisheit, Heroismus, Heiligkeit, irgend etwas, was mir helfen könnte, durchzuhalten« sucht. Von daher muß ihm Heideggers Daseinsbegriff wie eine Hoffnung erschienen sein, die er hier in den Zusammenhang seiner Theorie der Emotionen geradezu widersinnig als Spur des Lebens einschmuggelt, auch wenn er seinen Zugang dazu noch gar nicht gefunden hat.

Zeichnet er eigentlich mit seinem Beispiel vom Schreiben sein eigenes Porträt, die eigene schriftstellerische Haltung? Schreiben vollzieht sich einem »Zug« folgend, einer Spannung, einem Druck – der Forderung der Wörter, nicht der Forderung nach Wörtern. Er setzt keinen Zweck, ja er nennt ihn nicht einmal – er gehorcht den Intentionen, die unter seiner Hand entstehen, die durch die schreibende Tätigkeit erscheinen und die anstiftend schon vorher da waren. Wo? In der Welt der Dinge – draußen. Natürlich stimmt das nicht und niemals. In Wahrheit inszeniert die reflexive Einstellung eine ausschließlich präreflexive Fundierung von Schreiben, Denken, Handeln in den transzendenten Zusammenhängen der Dinge und kommt dabei einem reichlich gängigen Weltverstehen nahe, das das Sein von außen empfängt – »wie ein Stein«. Ein Weltverstehen, worin das Individuum »zugunsten der Welt abdankt«. Sartre wird das bald den »Geist des Ernsthaften« nennen. In seinen philosophischen Frühschriften versucht er, diese »natürliche« Einstellung zur existentiellen Lösung aufzuwerten. »Das reflexive Leben vergiftet das spontane Leben«, schreibt er mehrfach in der ›Transzendenz des Ego‹, und er variiert dieses Motiv ja sogar noch bis in die *Tagebücher* hinein. Freilich dreht und wendet er es dort bis zum Überdruß, bis zum Umkippen schließlich, bis sich ihm jetzt das »spontane Leben« selbst als Entwurf, als Heilsschema von Eigentlichkeit, als Entledigungsversuch einer unheilbaren existentiellen Wunde zeigt. Und der Versuch des Bewußtseins, ›wie‹ die Welt zu sein, wird sich als die ursprüngliche Werthaltung der menschlichen Realität erweisen; damit stellt sich jedoch erst das Problem einer – unmöglichen – Moral. Aber soweit sind wir noch nicht – im Gegenteil: In der ›Skizze einer Theorie der Emotionen‹ finden wir den Versuch Sartres, die schriftstellerische Tätigkeit als ein von der Welt und den weltlichen Wörtern her gefordertes Unternehmen zu beschreiben. Im übrigen kann man diese Beschreibung nicht gänzlich zurückweisen – und Sartre wird es auch später nicht tun. Wir haben uns die Wörter, die Namen und ihre Referenten nicht ausgedacht. Aber die Tatsache, daß das Bewußtsein sich immer *auch* entgeht, reicht nicht hin, es in der Fremde *wesentlich* verschwinden zu lassen.

Aber trifft diese Darstellung des Schreibens eigentlich auch für die Prosa zu, die er vor dem Krieg verfaßt? Erscheint auch hier das Ich nicht? Wenn wir uns etliche Aussagen in den *Tagebüchern* oder – später – in *Die Wörter* vor Augen führen, dann könnte man tatsächlich glauben, daß er in den Kokon der Schrift so versponnen, von seiner Gier nach Wörtern so gebannt ist, daß er den Wahn nur noch als eine von der Welt herkommende ›Selbstverständlichkeit‹ darstellen kann. Wir hätten es also mit einer ziemlich forcierten Rationalisierung seiner Manie zu tun; schlecht rationalisiert in dem Maße, wie sein Denken unbefriedigend ist, und irgendwie halten die Schotten auch nicht dicht: In den Schutzraum seiner Rationalisierung dringt jede Menge trübes Brackwasser zweifelhafter Herkunft ein. Wir brauchen nur *Der Ekel* zu lesen.

»Ich habe es nicht nötig, Phrasen zu dreschen. Ich schreibe, um bestimmte Umstände aufzuklären. Vor Literatur wird gewarnt. Man muß so schreiben, wie es aus der Feder fließt, ohne nach Wörtern zu suchen«, notiert Roquentin – der Protagonist dieses Romans – in sein Tagebuch (S. 91). Sartre scheint hier seinem Romanhelden seine philosophische Auffassung vom Schreiben zu leihen. Aber diese Aussage verwirrt auch, denn wir wissen ja, daß Sartre etwa sechs Jahre lang mindestens drei Fassungen von *Der Ekel* produziert und unaufhörlich neue Korrekturen angebracht hat, bevor der Roman im Frühjahr 1938 endlich erscheinen konnte. Die Philosophie des Schreibflusses; Sartres Schreibmanie; der mühsam zusammengeschriebene Roman; der den Fluß der Wörter beschwörende Romanheld, der zugleich soviel Schreibschwierigkeiten hat... Diese irgendwie symmetrische und gewiß nicht zufällige Verschachtelung wollen wir zu erklären versuchen.

Zwischen dem Romancier und seiner Kreatur gibt es zahllose Entsprechungen, dennoch trennt sie eine hohe Schwelle: die Absicht des Schreibens. Roquentin sucht in seinen Tagebuchaufzeichnungen Halt; Sartre realisiert nur seine Berufung: »Der wesentliche Unterschied zwischen Antoine Roquentin und mir besteht darin, daß ich die Geschichte von Antoine Roquentin schreibe. [...] Ich habe meinen Personen meine manische Leidenschaft für das Schreiben weggenommen, meinen

Hochmut, meinen Glauben an mein Schicksal, meinen metaphysischen Optimismus, und habe daher in ihnen ein düsteres Gewimmel hervorgerufen. Sie, das bin ich als Enthaupteter.« (*Tagebücher*, S. 492 f, 14. März 40) [11] Und an anderer Stelle in *seinen* Tagebüchern heißt es: »Ich habe den ›Ekel‹ nicht empfunden, ich bin nicht authentisch, ich bin auf der Schwelle der gelobten Länder stehen geblieben. Aber zumindest zeige ich sie an.« (S. 93 f, 28. Nov. 39)

In gewisser Weise wiederholt Sartre in den *Tagebüchern für sich* eine Erfahrung, die er einige Jahre zuvor seinen Held Roquentin in *Der Ekel* hat durchleben lassen. Ja, es gibt gar eine verblüffende ›mise en abîme‹, eine fortgesetzte Spiegelung von Schreiben-Leben-Schreiben-Leben in immer höhergeschraubten Spiralen. Da reflektiert Sartre 1939/40 in seinem Tagebuch, was er zuvor Roquentin in dessen Tagebuch hat reflektieren lassen. Schreibend sucht Sartre die Horizonte nach seiner Schrift ab, ganz wie Roquentin, der verschiedene Schriftsinne ja nicht beschreibt, sondern durchschreibt, so wie man etwas durchlebt. Der Romancier folgt seiner Schöpfung in unziemlichem Abstand.

Auch Roquentin ist eine Art Schriftsteller, Privat-Historiker aus »Berufung«. Er schreibt an einer Biographie des Marquis de Rollebon, eines umtriebigen Höflings, der gegen Ende des 18. und zu Beginn des 19. Jahrhunderts in zahlreichen Affairen eine zwielichtige Rolle spielte und der selbst wiederum einige Schriften hinterlassen hat. [12] Von Roquentin erfahren wir im Verlauf seines Tagebuches, daß er zu schreiben beginnt, besser: zu schreiben sich gezwungen fühlt, als ihn das historiographische Schreibunternehmen nicht mehr ganz ausfüllt, statt dessen unbegreifliche Luftbläschen ihn von allem, von sich trennen. Der erste Satz dieses Tagebuchs: »Das beste wäre, die Ereignisse Tag für Tag aufzuschreiben. Ein Tagebuch zu führen, um klarzusehen. Sich nicht die Nuancen, die Kleinigkeiten entgehen zu lassen, auch wenn sie nach

11 Es ist aufschlußreich, daß Sartre 1964 in einem Interview mit Jacqueline Piatier anläßlich des Erscheinens von *Die Wörter* genau das wiederholt, was er schon 1940 in sein *Tagebuch* schreibt: »Was ich bei *Der Ekel* bedaure, ist, daß ich nicht vollkommen beteiligt war. Ich blieb außerhalb des Elends meines Helden stehen, durch meine Neurose geschützt, die mir Glück gewährte im Schreiben. [...] Mir fehlte der Sinn für die Realität. Seither habe ich mich verändert. Ich habe allmählich gelernt, das Reale zu sehen.« (›Was bedeutet Literatur in einer Welt, die hungert?‹, in: *Was kann Literatur?* 1979. Hier S. 65.)
12 Aber: »Seine Briefe, seine Werke hat er niemals selbst geschrieben: er hat sie von einem öffentlichen Schreiber verfassen lassen.«

nichts aussehen, und sie vor allem einzuordnen. Man muß sagen, wie ich diesen Tisch, die Straße, die Leute, mein Tabakpäckchen sehe, denn gerade *das* hat sich verändert. Man muß den Umfang und die Art dieser Veränderung genau bestimmen.« (S. 9) Im Verlaufe dieser schreibenden – und immer die Möglichkeit der Wörter mitbeobachtenden – Selbstverständigung verwirft er das Vorhaben der Biographie des Marquis de Rollebon: »Ich fange an zu glauben, daß man nie etwas beweisen kann. Das sind redliche Hypothesen, die den Tatsachen gerecht werden: aber ich fühle genau, daß sie von mir kommen, daß sie ganz einfach eine Art sind, meine Kenntnisse zusammenzufassen. Keine Aufklärung kommt von Rollebon selbst. Langsam, träge, unwillig fügen sich die Tatsachen in die strenge Ordnung, die ich ihnen geben will; aber diese bleibt ihnen äußerlich. Ich habe den Eindruck, eine reine Phantasiearbeit zu machen. Allerdings bin ich ziemlich sicher, daß Romanfiguren echter wirkten, auf jeden Fall unterhaltsamer wären.« (S. 27) Aber wenn schon die Objektivität der Geschichte nicht verbürgt ist, wie soll er dann an ihr Halt finden können? »Nicht vergessen, daß Monsieur de Rollebon zur Zeit die einzige Rechtfertigung meiner Existenz darstellt.« (S. 112) Aber wer wäre er schon, daß er die Geschichte nach seinem Modell schaffen könnte oder auch nur ausdrücklich wollte? So schreibt sich das Tagebuch immer weiter in einen alles ergreifenden Schwindel hinein: den Ekel – eine Welt ohne Zusammenhang, die von den falschen Werten, den verlogenen Bedeutsamkeiten oder auch nur vom dumpfen Gehorsam befreit in Kontingenz zerfällt und alles mit sich in den wirren Strudel der Beliebigkeit reißt und eben auch das Bewußtsein, das »draußen in der Welt« ist. Roquentin verliert sich in dem Maße, wie sich die Welt in bedeutungslose Bestandteile auflöst oder – in verschränkter Wechselseitigkeit – wie er die Welt nicht mehr in einer bedeutsamen Perspektive, einer organisierenden Praxis vereinen kann. Von diesem Prozeß legt das Tagebuch Roquentins Zeugnis ab. Zeugnis? Nein, dieses Schreiben bildet selbst wieder eine doppelte und gegenläufige Praxis aus: Es eröffnet sich der Bewegung des Strudels, bildet sie zugleich ab und ist deshalb anderes als sie. Das Schreiben indiziert sich hier selbst als der Weg des Heils und des Unheils zugleich, es bejaht die Zerrüttung, die es bannt.

Roquentins Tagebuch schließt mit der Aussicht auf ein anderes Schreiben. Seine vorübergehende und jetzt vollendete Funktion erschöpft sich im Ausblick auf eine neue, ›gültigere‹ Perspektive des Schreibens: »Man kann seine Existenz also rechtfertigen? Ein ganz klein wenig? Ich fühle mich außergewöhnlich eingeschüchtert. Nicht, daß ich viel Hoffnung hätte. [...] Könnte ich nicht versuchen... [...]. Es müßte ein Buch sein: ich verstehe mich auf nichts anderes. Aber kein Geschichtsbuch. [...] Eine andere Art von Buch. Ich weiß nicht so recht, welche – aber man müßte hinter den gedruckten Wörtern, hinter den Seiten etwas ahnen, das nicht existierte, das über der Existenz wäre. Eine Geschichte zum Beispiel, wie es keine geben kann, ein Abenteuer. Sie müßte schön sein und hart wie Stahl und müßte die Leute sich ihrer Existenz schämen lassen. Ich gehe, ich fühle mich unsicher.« (S. 273 f) Eine vage und zögerliche Perspektive, eine Träumerei vom selbst gegebenen und irgendwie rechtfertigenden Sinn, vom Zopf, den sich die Existenz wachsen läßt, um sich aus dem klebrigen Teig der Beliebigkeit zu ziehen. »Ich gehe, ich fühle mich unsicher.« Ja, das verstehen wir, denn Sartre lebt in seinem Roman entschieden über seine philosophischen Verhältnisse, und er weiß es.

Kann man nicht in Roquentin, wie er sich lustvoll in der Biographie des Marquis de Rollebon verliert, bevor ihn der Zweifel erwischt, unschwer jenen vom Ego gereinigten Menschen wiedererkennen, der – wie es die ›Theorie der Emotionen‹ will – den immanenten Verweisungen der Welt folgt, der so schreibt, wie Sartre das Schreiben philosophisch beschrieben hat? Aber verwirft Sartre nicht gerade den Autor einer historischen Biographie, der beglückt ist, von der Objektivität dessen, was gewesen ist, und gebannt von den scharfen Konturen des Seins? Verwirft er damit nicht auch dieses unpersönlich bei der Welt handelnde Bewußtsein, wie es in der Emotionentheorie als Konsequenz aus der ›Transzendenz des Ego‹ erscheint? Jedenfalls nicht (noch nicht) auf der philosophischen Ebene. Aber im Roman *Der Ekel* gesellt er dem Bewußtsein eine Dimension bei, die ihm einen konkreten und persönlichen Reichtum zurückgibt: die Existenz.

»Wenn ich jetzt ›ich‹ sage, kommt es mir hohl vor. Es gelingt mir nicht mehr so recht, mich zu fühlen, so vergessen bin ich. Alles, was an Wirklichem in mir übrigbleibt, ist Existenz, die sich existieren fühlt. Ich gähne leise, lange, niemand. Für niemanden existiert Antoine Roquentin. Das amüsiert mich. Und was ist das, Antoine Roquentin? Das ist etwas Abstraktes. Eine blasse kleine Erinnerung an mich flackert in meinem Bewußtsein. Antoine Roquentin... Und plötzlich verblaßt das Ich, verblaßt und es ist aus damit, es erlischt.

Luzide, reglos, verlassen ist das Bewußtsein zwischen Mauern gesetzt; es dauert. Niemand bewohnt es mehr. Eben noch sagte jemand *ich*, sagte *mein* Bewußtsein. Wer? Draußen gab es sprechende Straßen, mit bekannten Farben und Gerüchen. Zurück bleiben anonyme Mauern, ein anonymes Bewußtsein. Das gibt es: Mauern und zwischen den Mauern eine lebende und unpersönliche kleine Transparenz. Das Bewußtsein existiert wie ein Baum, wie ein Grashalm. Es döst, es langweilt sich. Flüchtige kleine Existenzen bevölkern es wie Vögel die Zweige. Bevölkern es und verschwinden. Vergessenes Bewußtsein, im Stich gelassen zwischen diesen Mauern, unter dem grauen Himmel. Und das ist der Sinn seiner Existenz: daß es Bewußtsein davon ist, zuviel zu sein. Es löst sich auf, es zersplittert sich, es sucht sich auf der braunen Mauer zu verlieren, an der Laterne dahinten, im Abenddunst. Aber es vergißt sich *nie*; es ist Bewußtsein davon ein Bewußtsein zu sein, das sich vergißt. Das ist sein Los. Da ist eine erstickte Stimme, die sagt, der Zug fährt in ›zwei Stunden‹, und da ist Bewußtsein dieser Stimme. [...] Da ist Erkenntnis des Bewußtseins. Es sieht sich ganz und gar, friedlich und leer zwischen den Mauern, befreit vom Menschen, der es bewohnte, monströs, weil es niemand ist. Die Stimme sagt: ›Die Koffer sind aufgegeben. Der Zug fährt in zwei Stunden.‹ Die Mauern gleiten nach rechts und nach links. Da ist Bewußtsein des Asphaltpflasters, Bewußtsein der Eisenwarenhandlung, der Schießscharten der Kaserne, und die Stimme sagt: ›Zum letztenmal.‹ [...] Und das Ich schießt in das Bewußtsein, das bin *ich*, Antoine Roquentin, ich fahre gleich nach Paris; ich komme mich von der Wirtin zu verabschieden.« (S. 261 ff) Roquentin durchläuft hier gerafft noch einmal die verschiedenen Stadien seiner Erfahrung. Am Anfang (des Zitats): das als Begründung und Zentrum seines Bewußtseins und seiner Handlung unmöglich gewordene Ich. Dann das unpersönliche Bewußtsein, das sich draußen in der Welt zu verlieren versucht (und das Sartre noch in dem Anfang 1939 erschienenen Aufsatz über die Husserlsche Intentionalität als mehr oder weniger einzige ›Heimat‹ des Bewußtseins *philosophisch* fordert), dann schließlich ein noch unklares Wiederfinden des Ich, das zuletzt auf den Entschluß zusteuert, etwas zu schreiben, um sich zu rechtfertigen – wir haben die Stelle ausführlich zitiert. Ein Ich also, das weder begründeter Ausgangspunkt noch das immer schon hinter mir liegende Ich meiner Handlungen ist, sondern das Ich als Forderung. Durch das Bewußtsein von allem getrennt, in die Differenzen und Abstände eines Sich zerspalten, hat die Existenz sich ihre eigenen Gründe zu geben. Diese Perspektive deutet sich auf den letzten Seiten von *Der Ekel* an, als konzeptualisierte und zunächst ›persönliche‹ Reflexion werden wir sie in den *Tagebüchern* und in *Das Sein und das Nichts* dann systematisiert wiederfinden.

Sartre hatte Ende 1931 begonnen, an diesem Roman zu schreiben. Nachdem er einige Fassungen geschrieben und verworfen hatte, wurde er im Frühjahr 1937 endgültig von Gallimard angenommen. Der Unterschied zwischen der zuletzt eingereichten und der schließlich gedruckten Fassung besteht ausschließlich aus Kürzungen gewisser für anstößig befundener Passagen sowie die Gesamtkonzeption nicht berührenden stilistischen Korrekturen. Wenn wir bedenken, daß die ›Skizze einer Theorie der Emotionen‹ frühestens im Verlaufe des Jahres 1938 geschrieben wurde, möglicherweise aber auch erst Anfang 1939, dann kann man schon vermuten, daß Sartres philosophische und literarische Vorstellungen sich zu diesem Zeitpunkt nicht auf gleicher Höhe befinden. Es scheint ganz so, als ob er seine Philosophie literarisch überholt – ja konterkariert, denkt man nur an das zuletzt ausführlich wiedergegebene Zitat. Es kann geradezu wie eine Provokation seiner eigenen philosophischen Standpunkte gelesen werden, wenigstens aber wie eine implizite Auseinandersetzung – allerdings auf unterschiedlichen Ebenen: Der Romancier ahnt und sieht im Reich des Konkreten mehr, als der Philosoph begrifflich zu fassen vermag. Und tatsächlich könnte man ja auch in der philosophisch nur widersinnig motivierten Berücksichtigung von Heideggers Daseinsbegriff in der ›Skizze...‹ eine Art Resonanz oder den Versuch einer Rechenschaft gegenüber den auf literarischem Feld eröffneten Perspektiven sehen. Aber wir haben ja gezeigt, wie sich in diesem Aufsatz dann letztlich die alten philosophischen Optionen durchsetzen. In ihrer Widersprüchlichkeit zeugt die Theorie der Emotionen von der gelebten Spannung zwischen den philosophischen Möglichkeiten und einem mehr geahnten existentiellen Fragehorizont. Aber Sartre lebt nicht unvermittelt auf zwei einander sich streng ausschließenden Ebenen. Er taumelt nicht zwischen der Welt seines Romans oder seiner Erzählungen[13] und dem philosophischen Diskurs[14]

13 Auf die Erzählungen in dem Sammelband *Die Mauer* (1939) wollen wir hier weiter nicht eingehen. Jede Erzählung für sich verlangte eine genaue Analyse, und jede übersteigt für sich und auf ihre Weise den philosophischen Horizont, auf den sie – wie *Der Ekel* – auf die eine oder andere Weise anspielen.
14 Ich lasse hier die wichtigen philosophischen Untersuchungen *Die Imagination* (1936) und *Das Imaginäre* (1940) nur deshalb weg, um die Rekonstruktion von Sartres Denkwegen nicht mit zusätzlichem Stoff zu belasten. Obwohl diese beiden Texte sehr viel »technischer« sind, lassen sie sich ohne weiteres in die Entwicklungslinie einfügen.

hin und her. Das Vermittelnde und Abgleichende, die Spannung Haltende und gleichsam seinen Lebensgeschmack Bestimmende ist seine glückliche Hingabe an den Wahn des Schreibens. Er hat keine Mühe, ihn auf der philosophischen Ebene zu rationalisieren. Und im Roman spielt er eine krisenhafte und unglückliche Erfahrung vom Schreiben durch – aber er, Sartre, steckt nicht »drinnen«, weil er durch den Glauben an die Wörter geschützt ist. Und diesen Glauben rechtfertigt er in *Der Ekel*, mehr noch: Er lenkt insgeheim die gesamte Anlage der Erfahrung des Ekels, die sich schließlich als eine Art reinigender Läuterung erweist. Der Roman stellt vorab bereits für Sartre dar, was er für Roquentin – den Tagebuchschreiber – erst noch wird: »Die Rettung durch das Wort«, wie Gottfried Benn einmal über seine Erzählungen gesagt hat.

Aber die Rettung ist nicht endgültig. Der Roman und die Philosophie definieren, schützen und rechtfertigen seine heilige Hingabe – in der komplementären Erfüllung ihrer Aufgabe neutralisieren sie ihre Widersprüchlichkeit. Zum Teil. Aber es kann Sartre nicht entgangen sein, daß er anderes denkt, als er sieht, fühlt und lebt. Oder sagen wir besser: Es konnte ihm nur so lange verborgen bleiben, wie dieser Widerspruch von seinem Leben integriert werden konnte, solange er nicht die Nagelprobe bestehen mußte: sein Leben gegen die Zeiten behaupten. Und noch etwas: Auch vor dem Krieg war Sartre niemals ein Berufsschriftsteller oder Schulphilosoph, der dachte und schrieb und ansonsten ein Leben zu führen gedachte, das man von einem Lehrer erwarten konnte. Von jeher – ich erinnere noch einmal an die entsprechenden autobiographischen Rückblicke in den *Tagebüchern* – verstand er sein Schreiben als Rechtfertigung, eben deshalb war und blieb er empfindlich, empfänglich für ›Störungen‹.

So bereitet sich der Bruch von 1939/40 von seiner inneren Entwicklung her auch als die herausgeschriebene und zunehmend offenliegende Ungeborgenheit im Schreibunternehmen vor. Damit sage ich natürlich nicht, daß Sartres Vorkriegswerk vergeblich und bedeutungslos geworden ist. Es geht hier nur darum zu zeigen, wie es seine eigene Überschreitung anlegt. Und deshalb bedeutet *Das Sein und das Nichts* tatsächlich einen Fortschritt gegenüber den früheren Arbeiten, aber man muß zugleich sehen, daß dieser Fortschritt auf einem Bruch in der Einstellung beruht, der jedoch nicht gänzlich von außen kommt, sondern der sich in Sartres Denken am Ende der Vorkriegszeit vorbereitet, oder sagen wir es noch behutsamer: In ihm bildet sich eine Empfänglichkeit für

den Umbruch aus. Und vielleicht läßt sich für *Der Ekel* eine andere über-
raschende Kontinuität herauslesen. Allerdings nicht auf der Ebene des
Romanesken – nicht umsonst nennt Sartre den ersten Band von *Die Wege
der Freiheit* seinen »ersten Roman« –, sondern in seinem Leben. Denn
im Moment des Umbruchs 1939/40 scheint Sartre auf die ›Wirklichkeit‹ seines Romans zurückzugreifen. Sie ist es jetzt, die – immer schon
halb erlebt – nach neuen philosophischen Antworten verlangt, an sie
knüpft seine umgewidmete philosophische Intention an. Und auch der
Tagebuchschreiber Sartre hält sich streng an die Gebrauchsanweisung
Roquentins: »Das beste wäre, die Ereignisse Tag für Tag aufzuschreiben. Ein Tagebuch führen, um klarzusehen. Sich nicht die Nuancen,
die Kleinigkeiten entgehen zu lassen [. . .]. Man muß den Umfang und
die Art dieser Veränderung genau bestimmen.« (S. 9) Wir verstehen
jetzt, warum Sartre in den *Tagebüchern* schreiben wird, es habe nur eines
äußeren Anstoßes bedurft, damit sich alles ändert. Tatsächlich bewegen
sich seine Bemühungen schon in eine bestimmte Richtung. Er muß sich
nur noch an die Spitze der Bewegung stellen.

Aber heißt das auch, daß er sich in den *Tagebüchern* vom Heil der
Schrift losgesagt hat?

III. KAPITEL

»Ich bin gefesselt an den Wunsch zu schreiben«
Schreibkonzepte, Sprachtheorien

1. Die frühen Literaturkritiken und die *Tagebücher*

Mitten in die Atmosphäre umsichtigen Tastens, die die *Tagebücher* kennzeichnet, bricht mit einem Male ein Rausch von Gewißheit-Wollen, ein furioser Wille zur Selbstbehauptung im Drama der Ungeborgenheit: »Ich will nicht besitzen, zuallererst aus metaphysischem Stolz. Ich genüge mir selbst in der nichtenden Einsamkeit des Für-sich. Ich würde keinerlei Trost in jenen substantiierten Surrogaten meiner selbst finden. Ich fühle mich nur in der Freiheit wohl, den Gegenständen entgehend, mir selbst entgehend; ich fühle mich nur wohl im Nichts, ich bin ein vor Hochmut trunkenes und durchsichtiges wahres Nichts. Freilich löst das nicht die metaphysische Frage, denn Stolz hin, Stolz her, ich bin ein *Mangel*, und es mangelt mir genau *an der Welt*. Daher will ich die Welt besitzen. Aber ohne symbolisches Surrogat. Auch das ist eine Sache des Hochmuts: ich würde nie akzeptieren, die Welt *in der Person* dieses oder jenes Gegenstands zu besitzen. Ich, ein Individuum, stehe vor der Totalität der Welt, und eben diese Totalität will ich besitzen. Aber dieser Besitz ist von besonderer Art: ich will sie als *Erkenntnis* besitzen. Es ist mein Ehrgeiz, die Welt für mich ganz allein zu erkennen, nicht in ihren Einzelheiten (Wissenschaft), sondern als Totalität (Metaphysik). Und für mich hat die Erkenntnis einen magischen Sinn von Aneignung. Erkennen heißt sich aneignen, genauso wie für den Primitiven den geheimen Namen eines Menschen kennen sich diesen Menschen aneignen und ihn versklaven heißt. Dieser Besitz besteht im wesentlichen darin, den Sinn der Welt durch Sätze einzufangen. Aber dazu reicht die Metaphysik nicht aus; es bedarf auch der Kunst, denn der einfangende Satz befriedigt mich nur dann, wenn er selbst Gegenstand ist, das heißt, wenn der Sinn der Welt darin nicht in seiner begrifflichen Nacktheit, sondern über eine Materie erscheint. Man muß den Sinn mit Hilfe eines einfangenden Dings einfangen, und ein solches Ding ist der ästhetische Satz, ein von mir erschaffener Gegenstand, der durch sich allein existiert.« (24. Febr. 40, S. 363 f)

Ein einsamer und absurder Machttraum. Wie konnte Sartre in ihn hineingeraten? Am 23. Februar beschäftigt ihn das Problem des Besitzes. Da es dem Bewußtsein an Welt mangelt, begehrt es, die Welt zu besitzen, und zwar in Gestalt bestimmter Gegenstände. Aber in diesem Zusammenhang kommt Besitz nicht als juristische Form des Eigentums in Betracht. Sartre geht es um die fundierende Schicht des Besitzen-Wollens schlechthin. Die ursprüngliche und magische Form des Besitzen-Wollens ist die Aneignung. »Sich eine Sache aneignen, heißt in dieser Sache nach dem Modus des An-sich existieren.« (S. 349). Der angeeignete Gegenstand übernimmt die Rolle, das Für-sich im An-sich zu repräsentieren, und in diesem besonderen Gegenstand spiegelt sich symbolisch die Welt. Dafür, daß diese Phänomenologie der Aneignung recht lustlos bleibt und vorzeitig abgebrochen wird, muß man wohl den Seelenzustand des Verfassers verantwortlich machen. Er laboriert stöhnend an der schlecht laufenden Beziehung zu »T.«. Aber er wird in *Das Sein und das Nichts* ausführlich und dann ungleich genauer darauf zurückkommen.

Zunächst benutzt er die knappen theoretischen Betrachtungen als Sprungbrett, um sich am nächsten Tag ziemlich weitschweifig über sein persönliches Verhältnis zum Besitz zu äußern. Er berichtet von seinem Desinteresse am Besitz, erzählt Anekdoten von seiner fehlenden Aufmerksamkeit für Geschenke und explodiert dann völlig überraschend in diesem wie herausgeschrien wirkenden Trotzdem, in dem oben zitierten Delirium von der Aneignung durch das Wort. In den philosophischen Überlegungen zur Aneignung hat er offen gelassen, ob es sich dabei um nutzlose, bloß symbolische Manöver des Bewußtseins handelt oder nicht. Glaubt er hier also an die Möglichkeit der Aneignung durch das Wort? Kaum, aber das heißt nicht, daß er lügt. Er übertreibt bloß. Zunächst einmal muß man anerkennen, daß ihm das Schreiben wirklich hilft. Betrachtet er sich von außen, dann sieht er jemanden, der überwiegend glücklich Zeile an Zeile reiht; diese Tätigkeit erfüllt ihn, man kann auch sagen: schenkt ihm eine glückliche Versunkenheit. Wenn wir das Glück ansprechen, dann meinen wir ja meistens das Gefühl, daß unsere konstitutive Ambivalenz sich zu einem Kreis geschlossen hat, worin wir auf das Mögliche wach und gerichtet zugehen. Wir werden erwartet. Außerdem: Hat er sich nicht in bestimmter Weise seine Situation, die Welt tatsächlich angeeignet? Hat er sich nicht eine neue Sicht der Dinge erschrieben? Gewiß, der Mensch sei eine unerlöste und unerlösbare Gestalt, so formuliert er, und dabei berauscht ihn das Pathos der Negativität ein wenig. Aber erlaubt ihm das Schreiben

nicht, einen Standpunkt außerhalb der unhintergehbaren Vergeblichkeit und den Unversöhnbarkeiten einzunehmen? Etwa wie der Tagebuchschreiber Roquentin sich selbst ein magisch anziehendes Licht des
Schreibens erschrieben hat. Und muß man ihm nicht zugestehen, daß
die Schrift dabei eine Art eigenständiger Kristallisationsebene darstellt?
In dem Maße, wie ich hier über Sartre schreibe, entsteht er überhaupt
erst aus dem Fond dunkler und vager Möglichkeiten, entstehe ich als
derjenige, der, über Sartre schreibend, ihn konturierend schafft.
›Meine‹ Wörter sind die substantielle Spur dieser Relation und ihr Relais. Aber diese Ebene trägt nur, wenn wir selbst sie mittragen. Sie ist
eben nie »ein von mir geschaffener Gegenstand, der durch sich allein
existiert«. Man braucht gar nicht erst die neueren Theorien der Sprach-
wissenschaft, die Ergebnisse von Sprachphilosophie und Kommunika-
tionstheorie zu zitieren, um einzusehen, daß Wörter keine Gefäße, sondern hochvernetzte Prozeßelemente sind. Aber Sartre hypostasiert hier
die Sprache zu einer besitzbaren und höherstufigen Spiegelung des An-
sich. Die Wörter werden zu platonischen Ideen.

In diesem leidenschaftlichen Höhenflug schottet er die Sprache gegen das zersetzende Gerede der Kommunikation ab. Ein Handstreich,
mit dem er seine immer bloß aktuelle Befriedigung beim Schreiben um
eine begründende Perspektive überhöht. Er übertreibt die Tatsache,
daß das Schreiben ihm Lust, mehr noch: Rechtfertigung verschafft, zu
einem tragenden Motiv. Mit diesem funkelnden Rückfall in das Heil der
Schrift verbirgt er sich, daß er für sein Schreibunternehmen noch keinen Namen gefunden hat. Dennoch darf man sich nicht täuschen: Jene
Passage konterkariert in hohem und auffälligem Maße fast alle Intentionen und Gedanken der *Tagebücher*. Aber sie stehen nicht nur im Gegensatz zur Grundabsicht der *Tagebücher*, sondern auch im Gegensatz zu
der Richtung, die seine Literaturkritiken vor dem Krieg als Sinn seines
Schreibens ahnen ließen.

Sartre wurde erst zum Literaturkritiker[1], nachdem er schon seinen

---

1 Es handelt sich dabei um folgende Texte:
›*Sartoris* par William Faulkner‹ in: *N.R.F.*, Nr. 293, Febr. 1938.Dtsch.: ›*Sartoris*
von William Faulkner‹. S. 9–13. (Im folgenden abgekürzt zitiert: ›Faulkner I‹)
›A propos de John Dos Passos et de *1919*‹ in: *N.R.F.*, Nr. 299, August 1938. Dtsch.:
›Über John Dos Passos und *Neunzehnhundertneunzehn*‹. S. 14–21. (Im folgenden
abgekürzt zitiert als ›Dos Passos‹)
›*La conspiration* par Paul Nizan‹ in: *N.R.F.*, Nr. 302, Nov. 1938. Dtsch.: ›*Die Ver-
schwörung* von Paul Nizan‹. S. 22–24.

ersten Roman und einige seiner Erzählungen veröffentlicht hatte. *Der Ekel* wollte er, wie wir gehört haben, gar nicht als Roman verstanden wissen. Und zweifelsohne sind seine kritischen Auseinandersetzungen mit den Schriftstellern seiner Epoche auch von dem Bemühen geprägt, sich über die ästhetischen Absichten und Möglichkeiten der folgenden ›eigentlichen‹ Romane, die er zu schreiben beabsichtigte, mit sich zu verständigen.

Wir wissen nicht, ob die Auswahl der besprochenen Bücher allein auf Sartres Vorschlägen beruht oder ob ihm seitens der Redaktionen Bücher zur Rezension vorgeschlagen wurden. Die Bücher von P. Nizan, D. de Rougemont, V. Nabokov, Ch. Morgan und J. Giraudoux sind – als Original oder Übersetzung – Neuerscheinungen. Man kann hier davon ausgehen, daß der normale Rezensionsbetrieb ihm diese Titel zuge-

›M. François Mauriac et la liberté‹ in: *N.R.F.*, Nr. 305, Febr. 1939. Dtsch: ›François Mauriac und die Freiheit‹. S. 25–39. (Im folgenden abgekürzt zitiert als ›Mauriac‹)

›Vladimir Nabokov, *La méprise*‹ in: *Europe*, Nr. 198, 15. Juni 1939. Dtsch.: ›Vladimir Nabokov, *Verzweiflung*‹. S. 40–42.

›Denis de Rougemont, *L'Amour et l'occident*‹ in: *Europe*, loc. cit.. Dtsch.: ›Denis de Rougemont, *Die Liebe im Abendland*‹. S. 43–48.

›Charles Morgan, *Le fleuve étincelant*‹ in: *Europe*, loc. cit.. Dtsch.: ›Der leuchtende Strom von Charles Morgan‹. S. 49–50.

›A propos de *Le Bruit et la fureur*. La Temporalité chez Faulkner‹ in: *N.R.F.*, Nr. 309 u. 310, Juni und Juli 1939. Dtsch.: ›Die Zeitlichkeit bei William Faulkner. Nach seinem Roman *Schall und Wahn*‹. S. 51–58. (Im folgenden abgekürzt zitiert als ›Faulkner II‹)

›M. Jean Giraudoux et la philosophie d'Aristote. A propos de *Choix des Elues*‹ in: *N.R.F.*, Nr. 318, März 1940. Dtsch.: ›Jean Giraudoux und die aristotelische Philosophie. Über *Die Auserwählten*‹. S. 59–70. (Im folgenden abgekürzt zitiert als ›Giraudoux‹)

Französisch alle bis auf ›Charles Morgan, *Le fleuve étincelant*‹ wiederabgedruckt in: *Sit.I*, S. 7–91. Der Artikel über Morgan wurde nachgedruckt in: Contat/Rybalka, *Ecrits*, S. 73–74. Deutsch alle in: *Der Mensch und die Dinge. Aufsätze zur Literatur 1938–1946*. Die Seitenangaben hinter den deutschen Titeln beziehen sich auf diese Ausgabe.

Ich zähle den Aufsatz ›Der gefesselte Mensch. Anmerkungen zum *Journal* von Jules Renard‹ (in: *Der Mensch und die Dinge*, S. 142–155) zu den frühen Literaturkritiken. Denn auch wenn er erstmals erst in *Messages* II, 15. April 1945 erscheint (Wiederabdruck: *Sit.I*, S. 271–288), so geht er doch fast vollständig auf Bemerkungen über Renard zurück, die Sartre zwischen dem 20. und 27. März 1940 in sein Tagebuch einträgt. (Wir zitieren hier nach *Tagebücher*, S. 500–514.) Dieser Text belegt auch die Kontinuität von Sartres literaturtheoretischen Vorstellungen von 1938 bis in die Zeit der drôle de guerre und darüber hinaus.

spielt hat. Mit Ausnahme des Aufsatzes über Giraudoux haftet ihnen auch eher der Charakter kritischer Besprechungen als der grundsätzlicher literarischer Auseinandersetzung an, wie wir sie in den Aufsätzen über Faulkner, Mauriac und Dos Passos finden.

Sartre definiert die Aufgabe des Kritikers folgendermaßen: »Die Technik eines Romans weist stets auf die Metaphysik des Romanciers hin. Aufgabe des Kritikers ist es, sich zuerst über die Metaphysik Klarheit zu verschaffen, ehe er die Technik beurteilt.«[2] Von den zehn in Frage stehenden Texten Sartres kann man neun einigermaßen problemlos Verrisse nennen.[3] Dabei läßt sich leicht eine Art Haupteinwand ausmachen: Sartre wirft den betreffenden Texten vor, auf eine entweder negative Metaphysik des Schweigens oder auf eine positive – universalistische bzw. szientistische – Metaphysik des Begriffs zurückrechenbar zu sein. Wobei er zu verstehen gibt, daß sich beide im Ergebnis ähneln und sich aufeinander als Varianten beziehen.

William Faulkner wirft er kurzerhand »Unredlichkeit« vor. Er suggeriere eine magische Welt hinter den Wörtern, indem er Personen, Handlungen, Dinge ihrer Kontexte beraube: »Er [Faulkner] träumt von einer vollkommenen Dunkelheit im Inneren des Bewußtseins selbst, einer vollkommenen Dunkelheit, die wir selbst, in uns selbst, erzeugten. Das Schweigen. Das Schweigen um uns herum, das Schweigen in uns, das ist der unmögliche Traum eines puritanischen Ultrastoizismus.« (›Faulkner I‹, S. 13) Der Mensch, den Faulkner zeigt, sei ein

2 ›Faulkner II‹, S. 51. Mit Metaphysik meint Sartre hier eine nicht unbedingt fachphilosophische, sondern eher weltanschauliche Vorstellung, die sich auf das Ganze des Zusammenhangs von Mensch und Welt erstreckt. Man findet übrigens bei Sartre gelegentlich einen irritierend wenig problematisierten und wahrscheinlich »schulphilosophisch« zu verstehenden Gebrauch des Begriffs Metaphysik; auch noch nach der inspirierenden Lektüre von Heideggers *Was ist Metaphysik?*. So spricht er auch gelegentlich von *Das Sein und das Nichts* als einem »metaphysischen Buch«. Aber die abschließenden Bemerkungen (*Sein*, S. 773 ff) stellen klar, daß Metaphysik im strengen Sinne jenseits seiner »phänomenologischen Ontologie« beginne. Warum Sartre hier noch eine Aussicht auf metaphysische Probleme anschließt, haben Bernhard Taureck (*Französische Philosophie im 20. Jahrhundert*. Reinbek 1988, S. 55 ff) und Gerhard Seel (*Sartres Dialektik*, S. 217 ff) aus verschiedenen Blickrichtungen untersucht.

3 Die Besprechung über Dos Passos bildet die einsame Ausnahme. Der relativ knappen Besprechung von Nizans Roman *Die Verschwörung* merkt man deutlich das bemühte freundschaftliche Wohlwollen an. Aber einen Satz wie: »Ich glaube nicht, daß Nizan einen Roman schreiben wollte« (loc. cit., S. 24), muß man wohl für vernichtend halten.

»Unauffindbarer«. Im zweiten Aufsatz über den amerikanischen Schriftsteller untersucht Sartre die literarischen Techniken genauer, mit denen Faulkner die Zeit »köpft«, das heißt die Personen von der »Dimension des Handelns und der Freiheit« abspaltet. »Die Absurdität, die Faulkner in einem Menschenleben findet, hat er, wie ich fürchte, selbst hineingelegt.« (›Faulkner II‹, S. 57)

Die Kritik, die er an Nabokovs Roman *Verzweiflung* übt, ist viel kürzer, weist aber im Grunde in dieselbe Richtung. Nabokov produziert nur Bücher. Sein Roman, der die Unmöglichkeit des Romans nicht wie Gide in *Die Falschmünzer* experimentell zu unterlaufen versucht, sondern sie halb gelehrt, halb spöttisch, aber immer überlegen, festzuschreiben bestrebt ist, kann wohl nur auf ein redseliges Schweigen hinauslaufen.

Auf einen anderen großen Schweiger stößt er bei der ständigen Lektüre von Tagebüchern anderer Schriftsteller während der *drôle de guerre*. Jules Renards *Journal* scheint ihm wesentlich vom Begehren der Stummheit motiviert zu sein. »Er erstrebt die Ökonomie an Wörtern nicht aus einem Überfluß an Ideen, sondern im Gegenteil, er erstrebt die Ökonomie um ihrer selbst willen, von der Lust zum Schweigen getrieben; um des Schweigens willen sucht er den Satz, und um des Satzes willen sucht er die Idee.« (*Tagebücher*, 20. März 1940, S. 503) Bei Renard findet Sartre eine Technik, die Welt schreibend zum Verstummen zu bringen, die er schon zuvor bei Giraudoux konstatiert hat. Er nennt sie Giraudoux' Aristotelismus, eine mineralisierte, klassifizierte Welt ewiger Wesenheiten: »Jeder Mensch ist für die allgemeine Harmonie verantwortlich, er muß sich im vollen Einverständnis der Notwendigkeit der Archetypen unterwerfen. Und in eben dem Augenblick, wo diese Harmonie eintritt, wo das Gleichgewicht zwischen unseren tiefen Neigungen, zwischen Natur und Geist eintritt, in dem Augenblick, wo der Mensch im Mittelpunkt einer geordneten Welt steht, ›so ausgesprochen‹ Mensch, wie er im Mittelpunkt einer Welt, die ›so ausgesprochen‹ Welt ist, sein kann, erhält Giraudoux' Geschöpf seine Belohnung: nämlich das Glück. Man sieht, was der berühmte Humanismus dieses Autors ist: ein heidnischer Eudämonismus.« (›Giraudoux‹, S. 68) Aber die Zeiten, da wir glauben durften, uns durch einen wissenden Einblick in das Sein in dessen verborgenem Sinn einrichten zu können, sind längst abgelaufen. Auch dieser metaphysische Romancier versteckt das Individuum und die konkrete Welt hinter einer Poesie der Wesenheiten.

Ein andere Romantechnik, die die konkrete Bedrohlichkeit der Welt glatterzählt, beschreibt Sartre in seiner Auseinandersetzung mit François Mauriac. Bei Mauriac korreliert die metaphysische Idee des Schicksals mit den Techniken des allwissenden Erzählers. »Er hat verkannt, was übrigens die meisten unserer Autoren tun, daß die Relativitätstheorie voll und ganz auch für die Welt des Romans gilt, daß in einen echten Roman ein privilegierter Beobachter ebensowenig gehört wie in die Welt Einsteins und daß kein Experiment nachweisen kann, ob sich ein Romansystem oder ein physikalisches System in Bewegung oder in Ruhe befindet. Mauriac hat sich selbst den Vorzug gegeben. Er hat sich auf den Standpunkt der göttlichen Allwissenheit und Allmacht gestellt. Aber ein Roman wird von Menschen für Menschen geschrieben. Vor Gott, der den Schein durchdringt, ohne sich damit abzugeben, gibt es keinen Roman, gibt es keine Kunst, da die Kunst vom Schein lebt. Gott ist kein Künstler; Mauriac auch nicht.« (›Mauriac‹, S. 39)

»Aber das Reale ist nicht mehr zu sagen, oder es kommt zu spät, falls man nicht eine völlig andere Metaphysik hat.« (*Tagebücher*, 20. März 40, S. 507) Wir müssen uns endlich nach Sartres eigenem »metaphysischen« Standpunkt erkundigen, an dem er einige der bedeutendsten Autoren seiner Zeit mißt. In seinen Bemerkungen über Renards Tagebuch heißt es unter anderem: »Um eine [...] Kommunion mit dem Realen zu verwirklichen, muß man unbedingt aufhören, Realist zu sein.« (ibid., S. 505) Der dramatische Ort einer realistischen Kommunion mit dem Realen ist die Gegenwart. Nicht die Gegenwart, die sich »wie ein Dieb« in die Erzählung einschleicht, sondern der Ort, wo die Vergangenheit auf eine ungewisse Zukunft hin überschritten wird, wo ein Bewußtsein sich frei und haltlos in der Welt realisiert. »Allein die Dinge *sind*: sie haben nur eine Außenseite. Ein Bewußtsein ist nicht: es schafft sich.« (›Mauriac‹, S. 33) »Der Mensch ist keineswegs die Summe dessen, was er hat, sondern die Gesamtheit dessen, was er noch nicht hat, was er haben könnte. Und wenn wir so mitten in der Zukunft stecken, wird dann nicht die unförmige Brutalität der Gegenwart gemildert? Ein Ereignis überfällt uns nicht wie ein Dieb, da es ja seiner Natur nach eine gewesene Zukunft gewesen ist.« (›Faulkner II‹, S. 57) »Es gibt bei Giraudoux nämlich zwei Gegenwarten: die schändliche Gegenwart des Ereignisses, das man wie eine erbliche Belastung nach Möglichkeit verbirgt – und die Gegenwart der Archetypen, die Ewigkeit ist.« (›Giraudoux‹, S. 63)

Kurzum, der Roman hat für Sartre Zeugnis vom Menschen abzulegen, der sich in den Horizont seiner Möglichkeiten entwirft. Mehr noch: Er hat diesen Prozeß in seiner vollen Ereignishaftigkeit zu simulieren und den Leser in seine eigene Suche zu verstricken. So lautet vorläufig diese im Kern antimetaphysische Ästhetik, die auf der »welt-anschaulichen« Vision einer dramatischen Freiheit und kühn bejahten Unversicherbarkeit beruht. Sie verweist implizit auf einen autonomen ästhetischen Bereich. Da es für die Menschen keine metaphysische Sicherung gibt, sondern nur eine wie auch immer sich ausweisende Beschreibung der Offenheit, kann man von der Vielgestalt dieses konkreten und einsamen Suchens nur erzählen. Entsprechend führt diese Ästhetik des Ereignisses nicht über die zukunftsgeöffnete Gegenwart hinaus, und sie will nichts anderes, als die Lust dieser Suche erregen und bezeugen. Übrigens stellen auch diese literaturkritischen Konzeptionen einen Abstand zu den fast gleichzeitig publizierten philosophischen Texten her. Die Welt schaffen bedeutet etwas ganz anderes als »draußen« bei den Dingen zu sein. Und so dürften auch die Literaturkritiken zur Revision der Philosophie und damit bald zur existentiellen Metamorphose beigetragen haben.

Sartre wirft den großen Romanciers seiner Zeit vor, Tröstungen zu verabreichen, mit Papier zu rascheln, kurz: *nur* Bücher zu produzieren. Allein John Dos Passos besteht in seinen Augen. Er hält ihn gar für »den größten Schriftsteller unserer Zeit« (›Dos Passos‹, S. 21). Warum? »Ich kenne keine Welt [...], in der die Kunst größer und besser versteckt wäre.« (ibid., S. 15) Aber was genau läßt ihn Dos Passos' diskrete Kunst so bewundern? »Er will uns fühlen lassen, daß die Würfel gefallen sind. [...] Dieses unabwendbare Ersticken ist es, was Dos Passos ausdrücken will. In der kapitalistischen Gesellschaft haben die Menschen kein Leben, sondern nur Schicksale: das sagt er zwar nirgends, läßt es jedoch überall durchspüren und wiederholt es, versteckt und vorsichtig, so lange bis in uns der Wunsch erwacht, unser eigenes Schicksal zu zerbrechen. Wir lehnen uns auf; sein Ziel ist erreicht.« (ibid., S. 17) Wir haben es hier gewiß mit der frühesten – wenn auch einstweilen nur ästhetisch-individualistischen – Fassung dessen zu tun, was Sartre später die »engagierte Literatur« nennen wird. Bereits hier geht es nur an der Oberfläche um das Politische im engeren Sinne[4], es geht um den Stoff des Realen selbst: das Schaffen und Überschreiten der Realität durch die Literatur.

An Sartres frühen Literaturkritiken fällt auf, daß sie fast sämtlich Rezeptionsvorgänge betonen: »Denn ein Buch ist nichts anderes als ein

---

4 »Keine Enthüllungen über die Machenschaften der Polizei, über den Imperialismus von Erdölkönigen, über den Ku-Klux-Klan, keine grausamen Elendsbilder.« (ibid., S. 14)

kleiner Haufen trockener Blätter oder doch eine große in Bewegung befindliche Form: die Lektüre. Aus dieser Bewegung, die der Romancier einfängt, lenkt, wendet, macht er die Substanz seiner Figuren; der Roman eine Folge von Lektüren; von kleinen Parasitenleben, deren jedes kaum länger dauert als ein Tanz, schwillt an und nährt sich von der Zeit seiner Leser. Aber damit sich die Dauer meiner Ungeduld, meiner Unwissenheit erfassen, modellieren und für mich als das Fleisch und Blut dieser erfundenen Geschöpfe darstellen läßt, muß der Romancier sie in eine Falle locken können, er muß in seinem Buch durch eigene Zeichen eine der meinen ähnliche Zeit als Hohlform andeuten, wo über die Zukunft noch nicht entschieden ist.« (›Mauriac‹, S. 25) Nein, Sartre sucht in der Literatur nicht das in den warmen Schein der Leselampe getauchte *Abbild* des Lebens und schon gar nicht seine Mystifikation, sondern bereits die Lektüre ähnelt dem ›Leben selbst‹ – in Aktion, in seinem unabgestützten Sich-Hervorbringen.

Text, Leser und der Dritte im Bunde – der Autor. Ständig fragt Sartre nach der Rolle des Schriftstellers. Faulkner: »Belügt er uns? Was macht er, wenn er allein ist? Gewöhnt er sich an das unaufhörliche Geschwätz seines allzu menschlichen Bewußtseins? Man müßte ihn kennen.« (›Faulkner I‹, S. 13) Kennen müßte man auch Jean Giraudoux: »Vielleicht wird dieser so diskrete Schriftsteller, der hinter seinen Fiktionen verschwindet, einmal von sich selbst sprechen.« (›Giraudoux‹, S. 70) »Der Gegensatz zwischen Mensch und Werk hat mir oft zu denken gegeben. Sollte sich Giraudoux damit unterhalten, den Schizophrenen zu spielen?« (ibid., S. 59) Bei der Lektüre von Mauriacs Roman *La fin de la nuit* (dtsch.: *Das Ende der Nacht*) mußte er mehr »an Mauriac, den feinen, empfindsamen, engen Mann mit seiner schamlosen Diskretion, seinem zeitweiligen guten Willen, seinem den Nerven entspringenden Pathos, seiner säuerlich tastenden Poesie, seinem verkrampften Stil, seiner plötzlichen Vulgarität« (›Mauriac‹, S. 26) denken als an die Protagonistin des Romans. Soll man daraus schließen, Sartre interessiere sich für die sonderbaren Seelen der Romanciers? Gewiß nicht. Er fragt allein nach der Einstellung der Schriftsteller zu ihren Büchern und zum Schreibunternehmen schlechthin. Nicht die Innerlichkeit sucht er, sondern den Hunger auf die Welt, die Literatur als Ort, wo nicht-literarische Welten entstehen. Aber statt dessen stößt er laufend auf laue Unverbindlichkeiten, auf routinierte Artistik und beruhigendes Handwerk, auf Kultur als Branche und gesellschaftliche Unterabteilung und auf den Künstler als inkarnierte Sensibilität der Eliten. [5]

Der unauffälligen Kunst eines John Dos Passos gelingt es, »ein Universum zu schaffen«. Dem Bewußtsein mangelt es an der Welt, wird Sartre bald in den *Tagebüchern* schreiben. Seine Auseinandersetzung mit der Phänomenologie hatte ihn schon früher darauf gestoßen, aber noch nicht zu einer befriedigenden Lösung geführt. Noch bevor er das in den *Tagebüchern* zu seinem persönlichen Problem werden läßt, ist die Literatur bereits diejenige Tätigkeit, mit der er sein Begehren nach der Welt einzulösen versucht. Wir verstehen, warum sich ihm die Literatur im Licht einer Heilung zeigt. Andererseits hat er auch schon ganz nüchtern das sozusagen technische Problem formuliert: »Ein Roman enthält nicht die Dinge, sondern ihre Zeichen. Wie soll man mit diesen Zeichen allein, mit den Worten, die ins Leere *weisen*, eine Welt schaffen, die steht?« (›Mauriac‹, S. 25)

Aber welcher Weg führt von den einigermaßen klaren Vorstellungen über die Literatur, die Sartre vor dem Krieg skizziert hat und an denen er, wie die Renard-Kritik zeigt, auch während des Krieges noch festhält, zu dem metaphysisch-poetischen Heilstraum in den *Tagebüchern?* Wohin wir uns auch wenden, die Andacht an die magisch aneignende Schrift ist von allen Kontexten konterdeterminiert. Die Kristallisationsbegriffe Metaphysik und Poesie sind von allen Seiten kritisch umstellt. Die Metaphysik konnte er weder im Anschluß an seine philosophischen Frühschriften und schon gar nicht infolge der so anregenden Lektüre von Heideggers *Was ist Metaphysik?* als Bemächtigungstraum verstehen. Und der Poesie, im Sinne von undurchdringlich sich selbst anzeigenden Wörtern, erteilt er in den Literaturkritiken eine Absage. Überdies verzweifelt er – wahrscheinlich zu Recht – an seinen eigenen poetischen Unfähigkeiten: »Ich möchte rasend werden, daß ich kein Dichter bin, daß ich so fest an der Prosa klebe. Ich möchte gern solche funkelnden, absurden Dinge schaffen können wie Gedichte, die einem Schiff in der Flasche ähneln und wie die Ewigkeit eines Augenblicks sind. [...] Meine Gefühle haben ihre Sprache nicht gefunden, ich spüre sie, ich

---

5 »Ich bin nie auf die Idee gekommen, daß ich ein Künstler sei. Das Wort hat keinen Sinn für mich. [...] Nichts war je falscher als diese gesellschaftliche Auffassung vom Schriftsteller als Mitglied eines Künstlerkollegiums – und nichts unechter als diese Auffassung der Schönheit als das, was die Realität würzt.« (*Tagebücher*, 21. März 40, S. 511)

strecke schüchtern einen Finger aus, und sobald ich sie berühre, verwandle ich sie in Prosa.« (*Tagebücher*, 9. März 40, S. 456)

In den überlieferten *Tagebüchern* findet sich so gut wie gar keine allgemeine Reflexion über den Sinn des Schreibens. Das erscheint zunächst nicht weiter erstaunlich, denn die Hefte der Häutung suchen ja gerade erst eine Fundierung der Person und eine Haltung gegenüber der Welt. Innerhalb dieser Suche nimmt das Schreiben eine instrumentelle und als solche nicht reflektierte Stellung als Medium ein. Allerdings stößt sich Sartre gelegentlich an einer verselbständigten Rolle des Schreibens: Das wuchernde Mittel kehrt sich gegen seinen Benutzer und behauptet sich als Selbstzweck. So schreibt er am 28. November 1939 in sein *Tagebuch*: »Ich bin ein Anzeiger, das ist meine Rolle. Mir scheint, daß ich mich in diesem Augenblick in meiner wesentlichsten Struktur erfasse, in jener Art schmerzlicher Gier, mich fühlen, mich leiden zu sehen, nicht um mich selbst zu erkennen, sondern um alle ›Naturen‹ zu erkennen. [...] Das bin wirklich *ich*, diese ständige, reflexive Aufspaltung, diese lüsterne Hast, aus mir selbst Nutzen zu ziehen, dieser Blick. Ich weiß es – und oft bin ich es leid. [...] Ich bin nur Hochmut und Hellsicht.«[6] Dieser Zweifel an der Rolle des Anzeigers setzt sich fort in seinem Selbstporträt, worin er das lebenslang variierte Thema des Heils durch die Kunst mit äußerst zuversichtlicher Ironie bedenkt. Aber zu diesem Zeitpunkt Ende November/Anfang Dezember glaubte er noch, sich von jener ihm entgehenden Leidenschaft der Schreiberei reinigen, sich eine radikal neue Selbstbegründung zuschreiben zu können. Wenn er sie jetzt – Ende Februar – nicht nur nicht mehr kritisch sieht, sondern sie in einer bloß vom verbalen Geräusch getragenen Redegeste in erhabene Affirmation überbietet, dann ist man versucht, das Scheitern der *Tagebücher* zu konstatieren. Vor einigen Monaten hat er sich von offenen Fragen beunruhigen lassen, aber diese Herausforderung scheint sich nun selbst wieder als kontingent zu erweisen: Die Reflexionsarbeit kann sich nicht einmal selbst begründen. Gewiß, Sartre kann einen Problematisierungsgewinn verbuchen, kann das scheiternde Projekt der Selbstbegründung beschreiben – aber es bleibt die ursprünglich zu bewältigende Offenheit der eigenen, sich an die Geschichte verlierenden Existenz.

Aber das erste, was man an Sartres Zuflucht in eine absurde Metaphysik der Aneignung ablesen kann, ist, daß er das Unternehmen der

6 S. 94. Wir haben die Stelle oben (S. 56 f) ausführlich in ihrem Kontext zitiert.

Rechtfertigung damit noch nicht aufgegeben hat. Im übrigen kann man den überspitzenden Rückgriff auf biographisch frühere Heilsschemata nicht als bloße Regression verstehen. Sie sind nämlich viel zu sehr thematisiert und durchleuchtet, als daß Sartre sich einfach von seinen alten Leidenschaften fortreißen lassen könnte. Ganz abgesehen davon, daß diese – wie wahrscheinlich jede – Leidenschaft ein gewisses Maß an Mutwillen, an operativer Distanz, an ständiger Präparierung verlangt. Ich vermute vielmehr, daß Sartre in der absurden und sich ihm selbst als absurd anzeigenden Überspitzung seiner realen Hingabe an die Literatur, so etwas wie eine aus den Augenwinkeln gekannte und verstandene Unmöglichkeit entwirft. Später – in *Die Wörter* – wird er von seiner Neurose sprechen, von der vermeintlichen Berufung zur Literatur als Ausweg aus bestimmten Konflikten seiner Kindheit. Diese autobiographische Beschreibung endet etwa mit der frühen Adoleszenz. Wir wissen seit der Veröffentlichung der *Tagebücher*, daß Sartre spätestens seit 1939 ein gewisses, auch distanziertes Gespür für seine Neurose[7] hat. Denkt man an den bewußten Text vom 24. Februar, dann entsteht sogar der Eindruck, Sartre hantiere mit der Neurose. Am Anfang der *drôle de guerre* war er bereit, alles – auch die Rechtfertigung durch die Neurose – hinter sich zu lassen. Aber dann entdeckt er langsam, daß sich die Kontingenz so (noch) nicht heilen läßt; er kann sein ursprüngliches Lebensproblem nicht wirklich lösen. Aber da er auch nicht hinter die Erfahrungen und Reflexionen von 39/40 zurückfallen kann, breitet er den Rückfall perspektivisch vor sich aus.

Wenn er affirmativ auf seine Neurose zurückgreift, dann, weil er sie gegen sich selbst richtet. Er schreibt gleichsam gegen sein Schreiben an. Er ähnelt dabei weniger dem Alkoholiker, der trinkt, um seinen Alkoholismus zu vergessen, sondern eher dem Trinker, der trinkt, um seinen Alkoholismus zu verstehen und um ihn *von innen* aufzubrechen. Was das Zitat so verwirrend erscheinen läßt, ist, daß Sartre hier gleichsam betrunken spricht (und wahrscheinlich kann er uns nur in diesem Zustand von diesem Projekt berichten) und daß er die wahrhaft empfundene Lei-

7 Mit diesem Wort folge ich nur Sartres eigenem Vorschlag. Klaus Dörner hat zu Recht darauf aufmerksam gemacht, daß Sartre damit einer nicht unbedenklichen psychiatrischen Tradition folgt. Cf. ›Die Wiedergeburt der Psychiatrie aus der Philosophie in Sartres *Flaubert* und die Kritik an Sartre daraus‹, in: T. König (Hrsg.), *Sartres Flaubert lesen. Essays zu Der Idiot der Familie*. Reinbek 1980. S. 60–83.

denschaft mit ihrer perspektivischen Absurdität zusammenzieht. Diese beschriebene, thematisierte, aber nicht überwundene Neurose macht Sartre fortan zu seinem Projekt *ex negativo*. Mangels positiver Selbstbegründung wird er sich an jener insgeheim verstandenen Unmöglichkeit abarbeiten. Sie hält ihn beim Schreiben und birgt zugleich die Mittel, sich ihrer zu entledigen: schreibend. Sie überbrückt seine Begründungsmängel und findet ihr nächstes konkretes Motiv in der Selbstanfechtung.

In seinen ersten Literaturkritiken vor dem Krieg entwirft Sartre implizit das Programm einer Literatur, die ein nicht- papiernes Universum zu schaffen hat. In den *Tagebüchern* reprivatisiert er auf verblüffende Weise dieses Universum mittels der absurden Konstruktion einer individualisierten Metaphysik und der geschaffenen Selbständigkeit des verbalen Materials. Daß hier in das freie Drama des offenen Geschehens zwischen Bewußtsein und Welt auf einmal metaphysische ›Stabilität‹ und die ›dauerhafte‹ Substanz der Wörter einkehrt, ist zweifelsohne auch Folge der Erfahrung, daß es Sartre nunmehr nicht mehr darum geht, das Leben wie ein Kunstwerk hervorzubringen, sondern es in der Geschichte und gegen die Geschichte zu schaffen: Lehm, nicht Wind – einstweilen immer noch nur ein Anspruch. Wir werden untersuchen müssen, wie Sartre den doppelten Anspruch von Kunst und Selbstbegründung verknüpft, mit und gegen die Neurose, die diese Verknüpfung nur neurotisch herstellt.

Im übrigen hat man den Eindruck, als fiele gegen Ende der *Tagebücher* die Spannung von ihm ab, als werde eine gewisse Erschöpfung spürbar, die Häutung nicht zu Ende gebracht zu haben. Gewiß, er schreibt an seinen täglichen Aufzeichnungen fort. Er fügt seinem Grundentwurf weitere Aspekte hinzu und entfaltet seine philosophischen Konsequenzen. Aber es scheint, als ginge es um ein Buch oder um eine argumentative Systematisierung seines Denkens. Die dramatische Spannung fehlt auf den letzten Seiten der *Tagebücher*. Mit dem 28. März entschwinden die täglichen Nachrichten unserer Kenntnisnahme. Die restlichen *Tagebücher* sind verschollen. Dafür halten uns die Briefe an Simone de Beauvoir auf dem laufenden: Es geht ihm gut, er arbeitet regelmäßig – vor allem an *Zeit der Reife* –, er ist ganz glücklich. Man glaubt beinahe: ein Lehrer auf Bildungsurlaub. Noch am 27. Mai – die deutschen Truppen sind längst tief nach Frankreich eingedrungen – schreibt er an seine Lebensgefährtin: »Ich für meinen Teil habe mein braves kleines Leben geführt, ich habe alle meine Leute im Schach besiegt, Pieter, Paul,

Hantziger, und habe mich vom Schachmeister besiegen lassen. Ich habe auch ein kleines Schachproblem aus ›Empreinte‹ gelöst [...]. Ich habe auch an meinem Roman geschrieben, und es ging gut. Ich habe das gerade mit Befriedigung durchgelesen, obwohl mein Geist kritisch war. Dazu die Nachrichten: um ¼ nach 6 Uhr BBC, um ½ 8 Uhr Radio PTT, um 21 Uhr New York und um 21 Uhr 30 Radio Paris. [...] Ich habe auch zehn Seiten auf der Maschine getippt. Durch soviel Wandlungen hindurch, Frieden, *drôle de guerre* und richtiger Krieg, geht dieser Roman allmählich seinem Ende entgegen. Es gibt Augenblicke, wo es mir wie Ihnen schrullig und verbohrt vorkommt, ihn zu schreiben, während die Soldaten im Norden krepieren wie die Fliegen und das Schicksal ganz Europas auf dem Spiel steht, aber was kann ich tun? Und außerdem ist es *mein* Schicksal, mein beschränktes individuelles Schicksal, und kein großer kollektiver Popanz darf mich auf mein Schicksal verzichten lassen. Ich habe also den ganzen Tag weitergearbeitet, außer in den Momenten (am 18. oder 19.), wo ich wirklich zu deprimiert war, um zu schreiben.« (*Briefe II*, S. 266 f). Es scheint, für eine Weile ist die Neurose von greller Gier zu einem verdienten Rentenanspruch geschrumpft.

2. Die neuen biographischen Umstände: Krieg, Gefangenschaft, Résistance

Am 10. Mai 1940 beginnt die deutsche Offensive auf Belgien und Holland. Am 14. Mai überschreiten die Deutschen bei Sedan die französische Grenze. Der Krieg wird für sechs Wochen heiß. Die aufgestaute Gewalt der Geschichte explodiert. Endlich? Sartre wird erst ab dem 10. Juni von den Kampfhandlungen direkter betroffen.[8] Am 21. Juni – seinem 35. Geburtstag – wird er einige Stunden vor dem Waffenstillstand

8 In erzählerischer Form wird diese Episode im 1. Teil von *Der Pfahl im Fleische*, dem 3. Band der *Wege der Freiheit*, beschrieben, und auch in dem Fragment ›Der Tod im Herzen‹ (in: *Sartre über Sartre*, S. 50–60. Franz.: ›La Mort dans l'âme‹, in: *Exercice du silence*. Bruxelles 1942 [ohne Paginierung]). Dieses Fragment trägt den Titel des späteren – nämlich 1947/48 geschriebenen – 3. Bandes der *Wege der Freiheit*, wird aber nicht in ihn aufgenommen. Es handelt sich hierbei um die auf den 10. und 11. Juni datierten unmittelbar in Fiktion übersetzten Erfahrungen Sartres aus der Schlußphase des militärischen Widerstandes gegen den deutschen Angriff.

gefangengenommen, ohne einen Schuß abgefeuert zu haben. »Wir sind in eine Polizeikaserne gebracht worden, und da erfuhr ich wieder, was das war, die historische Wahrheit. Ich habe erfahren, daß ich jemand war, der in einer verschiedenen Gefahren ausgesetzten Nation lebte, und daß dieser Jemand diesen Gefahren ausgesetzt war. Es gab da eine Art Einheit unter den Männern, die da waren; eine Vorstellung der Niederlage, eine Vorstellung, Gefangener zu sein, die in dem Moment viel wichtiger erschien als alles übrige. Alles, was ich in den Jahren zuvor gelernt, geschrieben hatte, erschien mir nicht mehr gut, nicht einmal so, als hätte es einen Inhalt«, wird er später berichten.[9] Zwei Monate verbringt Sartre dann in einem Durchgangsgefangenenlager in Baccarat an der Meurthe in Lothringen.

Mitte August wird er in das Stalag XII D bei Trier verlegt. Es beginnt eine Zeit – sie wird bis Mitte März 1941 dauern –, die er später immer wieder als eine der glücklichsten Perioden seines Lebens bezeichnen wird. Er macht hier die Erfahrung der Solidarität, der Gemeinschaft, eines gelingenden Kollektivs, eines glücklichen »Mitseins«.[10] »Ich habe im Stalag eine Art kollektives Leben wiedergefunden, das ich seit der Ecole normale nicht mehr erlebt hatte, und ich kann sagen, daß ich dort insgesamt glücklich war. [...] Was ich an dem Lager liebte, war das Gefühl, Teil einer Masse zu sein. Eine Kommunikation ohne Loch, Tag und Nacht, wo man unmittelbar und von gleich zu gleich miteinander sprach. Ich habe dadurch viel gelernt.«[11] Eigentlich erstaunlich, daß Sartre, der sich während der *drôle de guerre* von allen Kameraden eher distanzierte und sich fast ausschließlich seiner Schreiberei widmete, jetzt gesellig aufblüht. Vielleicht aber ein Indiz dafür, daß er auf die Selbstverständigung nicht mehr mit demselben Schwung, derselben Gläubigkeit setzt wie während des Abwartekrieges. Er freundet sich mit einigen Mitgefangenen an, hält Vorträge und erläutert in einer klei-

9 ›Gespräche mit Sartre‹, S. 498.
10 Über diese Zeit hat ein befreundeter Mitgefangener, ein Priester, 1980 einen Bericht veröffentlicht: Marius Perrin, *Mit Sartre im deutschen Kriegsgefangenenlager*. Reinbek 1983. Ein literarisches Zeugnis Sartres aus dieser Zeit stellt ›Mathieus Tagebuch‹ (loc. cit.) dar und der ebenfalls Fragment gebliebene 4. Band der *Wege der Freiheit* ›Drôle d'amitié‹ (›Eine komische Freundschaft‹), loc. cit.. Wobei man bei letzterem Text Abstriche an der ›dokumentarischen‹ Qualität machen muß. Dieser unvollendete Roman, den Sartre 1949 beginnt und dann liegen läßt, verlegt die besondere Problematik und die politischen Konstellationen der Nachkriegszeit in den Krieg.
11 Gespräche mit John Gerassi (unveröffentlicht), zit. n. *Œuv. Roman.*, S. LVI.

nen Arbeitsgruppe Heideggers *Sein und Zeit*. »Die der Realität zuge-
wandte Seite von uns ist eitel farblose Sorglosigkeit. Die Gefangenschaft gleicht insofern der Pottschen Krankheit, als sie eine Rechtfertigung ist. Wir tragen nicht die Verantwortung dafür, daß wir hier sind;
wir sind hier, weil wir nicht hinauskönnen. Welche Erholung für den
Geist. Die Zeit scheint nicht lang, genau wie dem Kranken.«[12] Er liest
viel[13] und schreibt manches. Ein Brief an S. de Beauvoir vom 23. Juli
1940 (noch aus Baccarat) enthält die Nachricht: »Ich schreibe ein metaphysisches Werk, Das Sein und das Nichts, und beende meinen Roman.«[14]

Mit Freuden greift er den Vorschlag auf, zu Weihnachten ein Theaterstück zu verfassen. Und tatsächlich schreibt er binnen sechs Wochen
sein erstes Drama, *Bariona*[15], inszeniert es selbst und übernimmt in diesem Weihnachtsspiel die Rolle des Schwarzen Königs Balthasar. Das
Stück hatte fast allen Zeugen zufolge großen Erfolg. Sartre wird es später allerdings »schlecht« nennen. Es enthielte zu viele lange, erklärende
Reden. Zweifelsohne haben sich die Umstände seiner Entstehung und
die Bedingungen seiner Uraufführung dem Stück eingeprägt. Aber in
demselben Interview fügt er hinzu: »Für mich bestand die wichtige
Erfahrung darin, daß ich mich als Gefangener an die anderen Gefange-
nen wenden und auf unsere gemeinsamen Probleme hinweisen konnte.
Der Text steckte voller für uns völlig durchsichtiger Anspielungen auf
die gegebene Situation. Der Römische Gesandte in Jerusalem war in
unserer Vorstellung der Deutsche. Unsere Wächter sahen darin den
Engländer in seinen Kolonien.«[16] Sartre erlebt zum ersten Male – hoch-

12 ›Mathieus Tagebuch‹, S. 344.
13 Cf. den Artikel von Claire Vervin ›Lectures de prisonniers‹, in: *Les Lettres françaises*, 2. Dez. 1944. Der Aufsatz enthält Zitate aus einem Interview mit Sartre, der
u. a. erklärt: »In jenen so untätigen Tagen, wo die Träumerei eine Fluchtfunktion
hatte und wo man vermied, allzu viel an die Vergangenheit zu denken, hatte das
Lesen einen Charme und eine Verzauberungskraft, die ich seit meiner Kindheit
nicht mehr kannte.« (zit. n. Contat/Rybalka, *Ecrits*, S. 108)
14 *Briefe II*, S. 304. Mit dem Roman ist immer noch *Zeit der Reife* gemeint. Die Manuskripte wurden übrigens im Stalag XII D beschlagnahmt. Aber es gelang Sartre,
sie vor seiner Flucht zurückzubekommen. An die Ausarbeitung von *Das Sein und
das Nichts* wird er sich ernsthaft erst später begeben.
15 *Bariona ou le fils du tonnère*, in: Contat/Rybalka, *Ecrits*, S. 565–633. Dtsch: Anhang zu M. Perrin, *Mit Sartre im deutschen Kriegsgefangenenlager*, S. 155–216.
16 ›Le théâtre de A jusqu'à Z: Jean-Paul Sartre‹. Interview par Paul Louis Mignon.
In: *L'Avant-Scène Théâtre‹*, Nr. 402–403 (Sondernummer Sartre), 1.-15. Mai
1968. S. 33–34.

erstaunt – die Wirkung seiner Künste: »Als ich mich über das Rampenlicht hinweg an meine Kameraden wandte und ihnen von ihrer Kriegs-
gefangenschaft sprach, begriff ich bei dieser Gelegenheit, als ich sie
plötzlich so still und aufmerksam sah, was Theater sein sollte: ein großes
kollektives und religiöses Phänomen.«[17]

Aber in die sonderbar idyllische Gefangenschaft dringen auch allerhand besorgniserregende Nachrichten. Die politische Situation scheint
Sartre zu beunruhigen. »Er hat für kein Regime Sympathie – das faschi-
stische ruft sein Entsetzen hervor: die Macht in den Händen der
›Schweinehunde‹. Und die ›Republikaner‹ sind alte Knacker, gerade
gut, um mit den Veteranen zu defilieren. [...] Er bedauert nicht, sie nie
gewählt zu haben, aber er meint, daß es Zeit ist, etwas zu tun. [...] Er
hat also beschlossen, seinen Turm zu verlassen und sich ins Getümmel
zu stürzen«, schreibt der Zeuge Marius Perrin.[18] Der große Distanz-
wahrer Jean-Paul Sartre will sich jetzt in die Politik werfen? Kaum
glaublich, aber in ›Mathieus Tagebuch‹ gibt er fast ohne Umweg über
die Fiktion seine Motive zu Protokoll: »Zeuge, immer Zeuge. Zeuge der
anderen und meiner selbst. [...] Bis zum Krieg habe ich nichts gemacht:
ich spielte vor Kindern mit Ideen, die zu alt waren, um Schaden anzu-
richten; eine Behörde zahlte mir jeden Monat Geldbeträge, die in keinem erkennbaren Verhältnis zu meinem Geschwätz standen: ich war
Rentier mit schlechtem Gewissen, ein reiner Konsument. [...] Ich
drehte mich im Kreis, ich machte manchmal mit, ich gab mich nicht
hin: ich war eine Jungfrau, die für ein extravagantes Verlöbnis bestimmt war, ich habe alle Bewerber abgelehnt, weil sie nicht schön genug waren, besonders den Spanischen Bürgerkrieg, weil er nicht *mein*
Krieg war.«[19]

Mitte März 1941 gelingt ihm aufgrund eines falschen Attests, das ihm
eine teilweise Erblindung des rechten Auges und daraus folgende
Orientierungsschwierigkeiten bescheinigt, die Flucht aus dem Lager.
»Ich bin aus Vernunftgründen geflohen, ich hatte gar keine richtige
Lust dazu, aber ich sagte mir: ›Es muß sein, wenn man was machen
will‹.«[20] Zehn Tage später, am 2. April, trifft er wieder in Paris
ein.

17 ›Mythen schaffen‹ [1946], in: *Mythos und Realität des Theaters*, S. 31–39. Hier:
   S. 36.
18 Op.cit., S. 97f.
19 Loc.cit., S. 348.
20 Gespräch mit J. Gerassi (unveröffentlicht). Zit.n. Œuv. Roman., S. LVI.

Jetzt also endlich die lange hinausgezögerte Hochzeit mit dem Realen. Es erstrahlt in vollem Glanz. Man muß Gut und Böse nicht lange in ihm entziffern. Die Moral muß nicht auf dem Papier erst als Blaupause entworfen werden, und wir haben ja gesehen, daß Sartre insgeheim mit dem Schreiben Schwierigkeiten hat. Tatsächlich wird er bis zur ersten vorläufigen Trennung vom tätlichen Realismus, bis zum Ende des Jahres, kaum etwas schreiben. [21] Aber wie dringt man, nach so langer Enthaltsamkeit, in die Geliebte ein? Simone de Beauvoir ist jedenfalls konsterniert von Sartres strenger Entschlossenheit – der »Starrheit seines Moralismus« –, als sie ihn nach einem Jahr der Trennung wiedertrifft: »Sartre hatte zu allen Zeiten seinen Ideen, seiner Billigung und seiner Mißbilligung unumwunden Ausdruck gegeben, in seinen Gesprächen und seinem Verhalten; aber nie hatte er universelle Maximen aufgestellt. [...] An diesem ersten Abend überraschte er mich noch mit einer anderen Eröffnung. Wenn er nach Paris zurückgekommen war, so nicht, um die Süße der Freiheit zu genießen, sondern um zu handeln. Wie? fragte ich ihn verblüfft. Wir waren so isoliert, so machtlos! Eben darum, sagte er, man müsse diese Isolierung durchbrechen, sich zusammenschließen, den Widerstand organisieren.« [22]

Sartre trommelt die alten Freunde zusammen: Simone de Beauvoir, Jacques Laurent Bost, Jean Pouillon, Olga und Wanda Kosakiewicz. Dazu stößt Maurice Merleau-Ponty, den Sartre flüchtig aus der Zeit an der Ecole normale kennt und der seinerseits bereits eine Widerstandsgruppe namens *Sous la Botte* (Unter dem Stiefel) gegründet hatte. Zu deren Mitgliedern zählten unter anderem Jean und Dominique Desanti, Jean Kanapa (ein früherer Schüler Sartres, der später als KP-Funktionär und -Ideologe zu einem der schärfsten Kritiker und Gegner Sartres wurde) und zahlreiche andere widerstandshungrige Studenten und Dozenten von der Ecole normale oder aus deren Umkreis. Die neuformierte Gruppe gibt sich den Namen *Socialisme et liberté* (Sozialismus und

21 Wahrscheinlich hat er letzte Redaktionen an *Zeit der Reife* vorgenommen. Ansonsten erscheint von ihm in diesem Jahr lediglich ein Rezensionsartikel: ›*Moby Dick* d'Herman Melville: Plus qu'un chef d'œuvre, un formidable monument‹, in: *Comœdia*, Neue Folge Nr. 1, 21. Juni 1941. Dtsch: ›*Moby Dick* von Herman Melville‹ in: *Der Mensch und die Dinge*, S. 71–74.

22 S. de Beauvoir, *In den besten Jahren*, S. 411. Über Sartres Engagement in der Résistance hat Annie Cohen-Solal in ihrer Biographie jüngst zahlreiche bislang unbekannte Fakten und Zeugenaussagen zusammengetragen. Ich folge hier weitgehend ihrer Darstellung. (*Sartre*, S. 266–351)

Freiheit) und definiert damit zugleich den Aktionsradius: gegen die Besatzungsmacht, gegen Vichy und die Kollaboration natürlich, aber auch zugleich in Distanz zur bürgerlich-republikanischen Résistance de Gaulles und zu den Kommunisten (die allerdings im Moment durch den verräterischen Hitler-Stalin-Pakt noch gelähmt sind). Es gelte, verkündet Sartre, schon jetzt einen freiheitlichen Sozialismus für die Zeit nach dem Krieg zu planen. Und die Aktionen? Zunächst Sammlung der Intellektuellen – die Gruppe umfaßt im Juni bereits über 50 Mitglieder –, Zusammenschluß mit anderen gleichgesinnten Widerstandsgruppen, Flugblätter – Sartre verfaßt ein dreiseitiges (!) Flugblatt über die Freiheit. Um sich vor Entdeckung zu schützen, organisiert sich die Gruppe in Zellen. Früh brechen ideologische Unstimmigkeiten aus, die Sartre stets zu beschwichtigen versucht. Anarchisten, Trotzkisten, Marxisten, Sozialisten – Differenzen, die sich fortsetzen bei der Planung von Aktionen: Attentate oder Flugblätter? Missionsversuche bei den deutschen Soldaten oder radikale Feindschaft? Simone de Beauvoir fragt, ob sie Robert Brasillach »vermöbeln« soll.

Vor den Sommerferien verfaßt Sartre noch schnell eine hundertseitige (!) Verfassung für das zukünftige Frankreich nach dem Krieg. Bedauerlicherweise sind alle Exemplare dieser 110 oder 120 Paragraphen zählenden Verfassung verloren. Es scheint, als ob Sartres politische Praxis sich unversehens wieder in ein vordenkendes Begleiten und schreibendes Steuern der Praxis verwandle. Nicht so aber in den Ferien. Er unternimmt mit Simone de Beauvoir eine Radtour in das südliche, unbesetzte Frankreich, um Résistance-Kontakte zu knüpfen und um seine Gruppe zu erweitern. Er trifft zunächst Pierre Kaan, einen der später herausragenden Résistance-Führer, jedoch scheint es, daß er ihn nur zu Träumereien anstiften kann. Dann weiter zu André Gide nach Grasse. Aber Gide zeigt sich in einen gepflegten politischen Pessimismus versunken. Neuer Versuch bei André Malraux. Der winkt ab; dieser Krieg könne allein durch die russischen Panzer und die amerikanischen Flugzeuge entschieden werden. Immerhin steigt Malraux später – Anfang 1944, kurz vor dem absehbaren Erfolg – noch aktiv in die Résistance ein. Diese Fehlschläge geben der Gruppe *Socialisme et liberté* fast schon den Rest. Spätestens bis zum Ende des Jahres wird sie an Entkräftung gestorben sein. Beschleunigt wird dieses Verschwinden natürlich von der seit dem deutschen Überfall auf die Sowjetunion wiederbelebten kommunistisch geführten Résistance, die jetzt zum straff geführten Sammelbecken für den linken, antigaullistischen Widerstand wird. Aus dieser Richtung kamen dann allerdings bald Verleumdungen, die Sartre fast völlig isolierten. Er sei ein deutscher Agent, der seine Befreiung aus dem Gefangenenlager der direkten Intervention von Drieu La Rochelle verdanke. Obendrein sei er ein Schüler des Naziphilosophen Heidegger und Jugendfreund des Verräters Paul Nizan.[23] Dazu die üblichen Epitheta im Parteijargon: dekadent kleinbürgerlicher Schriftsteller usw.

Die Einzelheiten über die teilweise grotesken, teilweise aber auch nicht ganz ungefährlichen – zwei Mitglieder der Gruppe wurden deportiert und kehrten nicht zurück – Aktivitäten von *Socialisme et liberté* brauchen uns hier nicht weiter zu interessieren. Festzuhalten ist, daß Sartre – einigermaßen unvermittelt – einen direkten Zugang zur Geschichte sucht und daß er dabei einen dritten Weg zwischen der bürgerlichen Rechten und der kommunistischen Linken anstrebt. Genau an diesem Versuch wird er nach dem Krieg wieder anknüpfen.

Wie reagiert Sartre auf diesen jähen Zusammenbruch seines politischen Aktivismus, seines Versuchs, sich mit der Realiät aktivistisch zu vermählen? Man ahnt es fast schon. Er schreibt wie ein Besessener. Binnen eines Jahres – von Ende 1941 bis Ende 1942 – beginnt und beendet er *Das Sein und das Nichts*, sein erstes ›richtiges‹ Theaterstück *Die Fliegen*, und er beginnt den Roman *Der Aufschub*, den er allerdings ›erst‹ 1944 abschließen wird. Dies alles neben einer vollen Studienratstelle, die er nach Ostern 1941 wieder angetreten hat, zunächst am Lycée Pasteur, dann am Lycée Condorcet. Er wird sich erst 1944 vom Schuldienst beurlauben lassen, um sich ganz der Schriftstellerei widmen zu können.

Was fügen diese Werke dem bisherigen Stand der Frage nach der Moral Neues hinzu, in welche Richtung drängen sie das Problem der Selbstbegründung? Über das Theaterstück *Die Fliegen* berichtet Simone de Beauvoir in ihren Memoiren: »Er machte sich nun hartnäckig an das angefangene Stück. Es war die einzige ihm mögliche Form des Widerstandes.«[24] Sartre hatte ursprünglich ein anderes Stück im

23 Sartres Schul- und Jugendfreund Paul Nizan wurde in den 30er Jahren ein vielbeachteter Romancier, der auch bald in der KP eine führende Stellung einnahm. Er trennte sich anläßlich des Hitler-Stalin-Pakts von der Partei, verpflichtete sich freiwillig für den Militärdienst und fiel im Mai 1940. Cf. Annie Cohen-Solal, *Paul Nizan. Communiste impossible*. Paris 1980 (Unter Mitarbeit von Henriette Nizan).

24 S. de Beauvoir, *In den besten Jahren*, S. 428.

Sinn: »Das eigentliche Drama, das ich habe schreiben wollen, war jenes des Terroristen, der, wenn er auf der Straße Deutsche erschießt, die Exekution von fünfzig Geiseln hervorruft.«[25] Selbstverständlich kann er dieses Thema unter den Bedingungen der deutschen Besatzung und der Zensur so nicht auf die Bühne bringen. Er nimmt Zuflucht zu einer verschlüsselten Darstellung seines Sujets, das er nunmehr in der klassischen Atriden-Mythologie versteckt. In dieser Form kommt das Stück ohne Probleme durch die Zensur. Aber bei der Uraufführung am 3. Juli 1943 im Pariser Théâtre de la Cité scheint nur zwei Kritikern der politische Gehalt des Stückes aufgegangen zu sein, nämlich Maurice Merleau-Ponty in *Confluences* und Michel Leiris in *Les Lettres françaises*. Der überwiegende Teil der – übrigens meist negativen – Kritiken urteilt nach ästhetischen Gesichtspunkten und versteht das Stück als existentielles Drama. Was bei genauerem Hinsehen tatsächlich kaum verwundert. Denn auch wenn der Autor den Mord Orests an seiner Mutter Klytämnestra und seinem Stiefvater Ägist, der fünfzehn Jahre zuvor seinen Vater Agamemnon ermorden ließ, als eine rebellische und befreiende Tat hinstellt – die Freiheit wird nahezu ausschließlich in den dunklen Farben des unglücklichen Bewußtseins gezeichnet. Wer die Freiheit auf sich nimmt, dem folgen die Fliegen, die Ratten, die Erinnyen, scheint das Schlußbild zu besagen.

»Ich habe *meine* Tat getan, Elektra, und diese Tat war gut. Ich werde sie auf meinen Schultern tragen, wie ein Fährmann die Reisenden durchs Wasser trägt, ich werde sie ans andere Ufer bringen und darüber Rechenschaft geben. Und je schwerer sie zu tragen ist, um so mehr werde ich mich freuen, denn meine Freiheit, das ist die Tat. Gestern noch ging ich aufs Geratewohl über die Erde, und Tausende von Wegen flohen unter meinem Schritt, denn sie gehörten anderen. Ich bin alle gegangen, den Weg der Treidler, der den Fluß entlangführt, und den Saumpfad, und die gepflegte Straße der Wagenlenker, aber kein einziger gehörte mir: Heute gibt es nur einen, und Gott weiß, wohin er führt; aber es ist *mein* Weg«[26], verkündet Orest seiner Schwester Elektra. Orest wollte durch die Tat heimisch werden, wollte Lehm werden,

25 ›Pour un théâtre d'engagement – Je ferai une pièce cette année et deux films‹. Interview mit Jacques Baratier. In: *Carrefour*, Nr. 3, 9. September 1944. Wiederabdruck (Ausschnitt) in: *Un théâtre de situations*, S. 225.
26 *Gesammelte Dramen*, S. 51.

aber er findet nur einen Weg ins Unabsehbare. Soweit dieses Stück Aufruf zur Freiheit und zum Widerstand sein soll, bleibt es fast völlig einer Sicht der Freiheit als Last und Entwurzelung verhaftet; einer perspektiv- und auch freudlosen Freiheit, die nicht gerade verheißungsvoller Bilder fähig ist: »Oh, du meine Liebe, es ist wahr, ich habe dir alles genommen, und ich kann dir nichts geben – als mein Verbrechen. Aber das ist ein ungeheures Geschenk. Glaubst du, daß es wie Blei auf meiner Seele lastet? Wir waren zu leicht, Elektra, jetzt sinken unsere Füße in die Erde, wie die Räder eines Karrens in einem ausgefahrenen Geleise. Komm, wir werden weggehen, und wir werden mit schweren Schritten gehen, unter unserer kostbaren Last gebeugt.« (S. 63)

Interessanter hingegen ist die politische Analyse, die das Stück enthält, insofern es die Möglichkeit von Macht und Herrschaft als mehr oder weniger willentlich abgetretene Freiheit verstehen läßt. Die Bürger von Argos, die sich in der Sünde suhlen und sich voller Hingabe reuevoll geißeln, lassen sich mit den Franzosen vergleichen, die die deutsche Besatzung als Sühne früherer Fehler über sich ergehen lassen. Tatsächlich hat das Vichy-Regime diese Deutung zu seiner eigenen Legitimation nahegelegt. Aber man kann eben nicht verkennen, daß Sartre den Wonnen der Knechtschaft, den insgeheim genossenen Freuden an der platzanweisenden Reue, nur eine bittere Freiheit entgegenhält, die das Schicksal der Beherrschten durch die tragische Verdammnis zu einer wahrhaft heillosen Freiheit ersetzt. Die Zuschauer, die bei der ersten Aufführung murrten, mögen sich darüber beklagt haben, daß ihr Gehorsam als brünstige, brüchige Unterwerfung dargestellt wurde, aber den Verheißungen *dieser* Freiheit mochte wohl erst recht niemand folgen. Das liegt einfach daran, daß Sartre zu diesem Zeitpunkt die Freiheit nur als Schicksal ohne Geschick, als Geworfenheit, zu der wir dunkel verurteilt sind, denken konnte. Ob wir uns, wie Orest, diese Freiheit zu eigen machen oder ob wir uns, wie Elektra, die Freiheit nehmen, die Freiheit zu verachten, das scheint selbst wieder von kontingenter Schicksalshaftigkeit zu sein. »Aber plötzlich ist die Freiheit auf mich herabgestürzt, und ich erstarrte, die Natur trat einen Sprung zurück, und ich hatte kein Alter mehr, und ich habe mich ganz allein gefühlt, inmitten deiner kleinen, harmlosen Welt, wie einer, der seinen Schatten verloren hat«, so beschreibt Orest Jupiter seine Erfahrung mit der hereinbrechenden Freiheit. Es scheint für die Freiheit als moralische Perspektive der eigenen Handlungen kein normatives Kriterium und keine

Rechtfertigung zu geben, sondern nur die kontingent erfahrene und kontingent übernommene Freiheit selbst.

Der Aufschub – der zweite Teil der *Wege der Freiheit* – schließt zeitlich fast unmittelbar an *Zeit der Reife* an. Er handelt von der Bedrohung, die in der Woche vom 23. bis zum 30. September 1938, bis zum Abschluß des sogenannten Münchner Abkommens, über Europa schwebte. Das heißt, drei bis sechs Jahre nach jenen Ereignissen rekonstruiert Sartre eine seinerzeit offene historische Situation, deren direkte und indirekte Folgen er kennt bzw. in denen er gar noch steckt. Er nutzt die historische Geschlossenheit der Episode zu einer romanesken Phantasie und Studie über das Verhältnis von Individuum und Geschichte. Dabei verlegt er seine Erfahrungen von einer sich unheimlich im Rücken herstellenden und verfügungsmächtigen Geschichte, die er erst während der *drôle de guerre* gemacht hat, in die Zeit vor dem Krieg. Den bereits in *Zeit der Reife* eingeführten Personen gesellt er noch einige Dutzend über ganz Europa verteilte Figuren hinzu. In seiner individuellen Isoliertheit, Situiertheit reflektiert jedes dieser Individuen die historische Bedrohung und stellt zugleich jenes kollektive, transindividuelle, transnationale Gebilde ›Geschichte‹ her. Es ist die *Möglichkeit* des Krieges, die eine Woche lang die Geschicke von Millionen Menschen bestimmt. Aber wie kann man die Realität einer Möglichkeit anders darstellen als ihren Reflex auf den Gesichtern der Vielen?

Um von der individuellen Wirklichkeit zur kollektiven Wirklichkeit zu kommen, greift Sartre auf eine Romantechnik zurück, die er bei John Dos Passos kennengelernt hat und die ihn überaus faszinierte. Erinnern wir uns, über John Dos Passos' »unauffällige« Kunst schrieb er: »Dieses unabwendbare Ersticken ist es, was Dos Passos ausdrücken will. In der kapitalistischen Gesellschaft haben die Menschen kein Leben, sondern nur Schicksale [. . .]. [Er] läßt es jedoch überall durchspüren und wiederholt es: versteckt und vorsichtig, so lange bis in uns der Wunsch erwacht, unser eigenes Schicksal zu zerbrechen. Wir lehnen uns auf; sein Ziel ist erreicht.« Geht es auch Sartre um die Revolte, wenn er Dos Passos' Technik übernimmt? Ich glaube nicht. *Der Aufschub* hat Auflehnung wohl nur zuletzt im Sinn, viel eher die Darstellung jenes »unabwendbaren Erstickens«. Der Roman versucht die Faszination seines Autors durch das Geschichtliche literarisch zu bewältigen. Denn die Geschichte ist ungreifbar. Von Individuen hergestellt, entgeht sie den Einzelnen und ›schwebt‹ als kollektives Phänomen über den Menschen, die sich zu ihr als einer schicksalshaften Größe wiederum individuell verhalten. Diese Gegenläufigkeit der Geschichte, nämlich einerseits »gemacht« zu sein, andererseits den Menschen wie eine bedrohliche Natur von außen entgegenzutreten, fasziniert Sartre. Und wenn man so will, dann erscheint diese Gegenläufigkeit – unter dem Namen »Gegenfinalität« – in der *Kritik der dialektischen Vernunft* als die wahre Eigentümlichkeit der Geschichte und das eigentliche theoretische Problem. Um nun diese detotalisierte Totalität, diese nie überschaute Gegenwart, in der wir stecken und in der jede unserer Handlungen in der Herstellung jenes großen, fremden, kollektiven Phänomens Geschichte mündet, darzustellen, bedient sich Sartre der Romantechnik Dos Passos'. Die Individuen, die sich zur Geschichte verhalten, verknüpft und vernetzt Sartre durch Überblendung von Stichwörtern, Analogien, Oppositionen, durch Verschränkung formaler und narrativer Momente. Beispielsweise wird der Blick, den eine der Personen, etwa in Prag, aus dem Fenster wirft, vollendet durch das, was in Paris eine ganz andere Figur aus ihrem Fenster erblickt. Diese Verkettung erlaubt eine *symbolische* Darstellung des Kollektiven, jenes Realen, das immer nur einer Fiktion zugänglich ist. Wenn Sartre die vertrackte Vermittlung von Individuellem und Kollektivem, in der weder die Geschichte ganz das Individuum überwältigt, noch das Individuum die Geschichte begründet, in der aber auch nicht alles zu regelloser Vielheit zerstiebt, wenn diese Vermittlung also im Roman allein über textformale Relais geschieht, dann deutet Sartre damit eine Ordnung an, die er konzeptuell nicht nachzuvollziehen vermag und die er deshalb als ein nur mit literarischen Mitteln andeutbares Sich-Entziehendes darstellen kann. Jahre später wird er in seinem Nachruf auf Maurice Merleau-Ponty über seine ›Ahnung‹ einer geschichtlichen Ordnung, mit der er sich herumplagte, folgendes schreiben: »Er [Merleau-Ponty] wußte aber schon, daß man die Geschichte sowenig wie die Natur als ein Gegenüber betrachten kann. Denn sie umgibt uns. Wie aber? Wie schloß es uns ein, das Ganze der zukünftigen und der verstrichenen Zeit? Wie sollten wir die anderen als die tiefe Wahrheit in uns selbst, als den Maßstab ihrer Wahrheit erkennen? Diese Frage entsteht schon auf der Ebene der Spontaneität der Wahrnehmung und der ›Intersubjektivität‹; sie wird konkreter und dringender, wenn man den geschichtlich Handelnden wieder in die allgemeine Bewegung zurückversetzt. Aber die Arbeiten und Mühen, die Werkzeuge, Staatsform, Sitte, Kultur – wie soll man die Person in sie ›eingliedern‹? Umgekehrt: wie kann man sie aus einem Gespinst herausziehen, das sie nicht müde wird zu spinnen und das niemals aufhört, sie hervorzubringen?«[27]

»Was in *Der Aufschub* vorherrscht, ist nicht die Moral, nicht die Philosophie, sondern die Ästhetik, das Spiel der Schreibweisen«, schreibt Michel Contat.[28] Ich würde ihm fast recht geben, aber nur unter der Bedingung, daß dieses »karnevaleske« Schreiben im gewiß nicht bloß artistisch gemeinten Dienst der literarischen Darstellung des kollektiv Fiktionalen und des fiktional Kollektiven, kurz: der Geschichte steht. Anders gesagt, geht es in diesem Roman um die künstlerische Bewältigung eines immensen philosophischen, aber auch leibhaftig erfahrenen Problems: nämlich die Geschichtlichkeit des Individuums und die aus Individualität vielstellig komponierte Einheit der Geschichte. Untersucht man *Der Aufschub* in Hinblick auf die Frage nach der Moral, so muß man feststellen, daß sie hier fast völlig ausgespart bleibt. Sie tritt zurück hinter das Moment der »Schicksalshaftigkeit«, die Sartre indes nicht einfach bejaht. Er zeigt die Geschichte als einen konstitutiv-konstituierten Horizont menschlichen Handelns, aber man kann nicht sagen, daß er über ein Aufzeigen dieses Horizonts hinausgeht.

Bemerkenswert ist hingegen, daß *Der Aufschub* zumindest zunächst im Wechsel mit einem Werk geschrieben wurde, in dem das Wort Geschichtlichkeit – außer im Sinne von In-der-Welt-sein im allgemeinen – überhaupt nicht vorkommt: *Das Sein und das Nichts* – eine lange, blendende und überaus beredte Intuition.[29] Gerhard Seel und Klaus Hartmann[30] haben in übrigens recht unterschiedlicher Weise versucht, den komplexen Aufbau dieses Buches nachzuvollziehen. Darauf können wir hier nicht näher eingehen, uns interessiert vielmehr, wie Sartre sein Unternehmen rechtfertigt.

Er verbindet Ontologie und Bewußtseinsphilosophie, indem er das Bewußtsein als die besondere Seinsweise des Für-sich-Seins beschreibt. Dabei geht es weniger darum, in welcher Weise das Bewußtsein Er-

27 ›Merleau-Ponty‹, in: *Porträts und Perspektiven*, S. 152–230. Hier: S. 157 f.
28 *Œuv. Rom.*, S. 1970. In seinem Begleitkommentar zu *Der Aufschub* illustriert Contat ganz ausgezeichnet dieses Spiel der Schreibweisen. Cf. S. 1967–1969. Leider ist er allzu geneigt, unter dem Druck der Postmoderne Sartres ästhetische Modernität etwas zwanghaft in den Vordergrund zu stellen.
29 »Es gibt nur intuitive Erkenntnis. Die fälschlich Erkenntnis genannte Deduktion und Erörterung sind nur Instrumente, die zur Intuition hinführen.« *Sein*, S. 240.
30 Gerhard Seel, *Sartres Dialektik*, Bonn 1971. Klaus Hartmann, *Grundzüge der Ontologie Sartres in ihrem Verhältnis zu Hegels Logik*.

kenntnis konstituiert, sondern wie die Seinsweise des Bewußtseins die menschliche Realität prägt, nämlich als einen vom Nichts, dem Bewußtsein, gespaltenen Welt- und Selbstbezug. Seiner Abneigung gegen einen realistischen oder naturalistischen Reduktionismus korrespondiert seine Ablehnung einer weltkonstituierenden Macht des Subjekts in der idealistischen Philosophie. Das Bewußtsein ist für Sartre absolute Leere. Es erfaßt sich erst durch die Welt als Nichts oder Mangel. Die Besonderheit seines Vorgehens liegt darin, daß er vom Cogito ausgehend die Welt erschließt, das heißt, er geht von der Selbstgewißheit des ›Ich denke‹ aus, vom konkreten, situierten, sich als unbegründet erfahrenden Individuum, das sich nicht als außerhalb seiner begründetes Sein reflektieren kann, weil die Begründung aussprechende Instanz immer nur wieder das Für-sich wäre, das außer sich selbst nur nachgeordnete, unwahrscheinlichere Gewißheiten kennt.

»Man muß vom Cogito ausgehen, jedoch kann man eine berühmte Formel parodierend von ihm sagen, es führt zu allem, wenn man nur aus ihm herausgelangt.« (*Sein*, S. 125 f) Aber gelingt es Sartre, das Cogito über seine »augenblickshafte Wahrheit« hinauszuführen, oder zeigt es nur an, »was man von ihm zu erkennen verlangt« (S. 125)? Elementare Bedingung einer vom Cogito ausgehenden Untersuchung wäre der Nachweis, daß das Cogito seine eigene Beschreibung zwingend verlangt. Aber das Cogito »enthält« diese Vorschrift nicht – es enthält überhaupt keine. Die Implikationen des Cogito zu beschreiben, »um aus der Augenblicklichkeit zur Seinstotalität der menschlichen Wirklichkeit zu gelangen« (S. 120), heißt schon, über die augenblickshafte Wahrheit hinaus in das Reich bloß wahrscheinlicher Geltungen einzutreten. In dem Moment, da er das Cogito reflexiv einzuholen versucht, geht er schon unbegründet über es hinaus. Lassen wir hier einmal außer acht, inwieweit es Sartre im Fortgang seiner Untersuchung gelingt, diesen Sprung über die Gewißheit des Cogito hinaus zu rechtfertigen. Was uns daran interessieren soll, ist folgendes: *Das Sein und das Nichts* ist selbst – und darin konsequent – unbegründeter Entwurf der Beschreibung des sich unbegründet entwerfenden Daseins. Von Anfang an ist es von einer Geltungskrise durchzogen, die es in der Beschreibung des unbegründeten Entwurfs mitbeschreibt. Es ist selbst wieder vom Seinsgesetz des Für-sich durchherrscht, das es zu stipulieren versucht: der Freiheit und ihrer – im ontologischen Sinne – kontingenten Entwürfe. Um nicht mißverstanden zu werden: Das Problem liegt weniger darin, daß sich *Das Sein und das Nichts* nicht in einer prinzipiellen Letztbegründung

seiner selbst vergewissern kann (Sartre denkt in hohem Maße das Hypothetische seiner Reflexion mit), sondern darin, daß das Unternehmen
philosophischer Selbstreflexion hier nicht begründet wird und tatsächlich auf dieser Grundlage auch nicht prinzipiell begründbar ist. Man
kann auch einfacher fragen: Wenn alle menschlichen Anstrengungen
vergeblich sind, warum sich dann noch der Mühe der Niederschrift
oder Lektüre von *Das Sein und das Nichts* unterziehen? Außerdem ist
seine Wahrheit bloß hypothetisch, und warum überhaupt nach Wahrheit streben?

Ich denke, gegen diese unumgängliche, stete Geltungskrise führt
Sartre den Stil, die Hingabe an den Fluß der Schrift, die alle Skepsis
ausschließende Eile, die erzählerische Dichte ins Feld. Es ist nicht zu
verkennen, daß in *Das Sein und das Nichts* der Ton ein gewichtiges Wort
mitspricht[31], und zwar nicht als Arabeske oder literarische Pirouette,
sondern vielmehr als Überzeugungsinstrument, auch Selbstüberzeu-
gungsinstrument. Die Philosophie überhaupt kommt seit langem nicht
mehr ohne erzählerische Elemente aus, insofern bedeuten Sartres narra-
tive Stilisierungen keine Eigentümlichkeit *seines* Denkens. Aber man
muß sie zu lesen verstehen. Nehmen wir nur die königliche Protagonistin des ›Romans‹: die Freiheit. Sie prunkt im Pathos des Stolzes und
verbreitet Verächtlichkeit um sich her: kühl und unnahbar, kühn und
verloren, streng und vergeblich – ein großartiger Verzicht auf Sein. Zu
ihren Füßen dann das erbärmliche Gewimmel der Menschen – ihre
Ohnmacht und Kleinlichkeit, ihr unerbittliches, gieriges und immer
schon verlorenes Hasten nach Sein: Rettung und Unterschlupf. Indem
Sartre insgeheim für die dramatische Schönheit der Freiheit einzunehmen versucht, kaschiert er ein entscheidendes Problem: Die Freiheit ist
Seinsgesetz ohne Exekutive. Gesetz nur für den, der sich dieses Gesetz
reflexiv »aneignet« oder der von ihrem Bannstrahl – wie Orest – zufällig
gestreift wird. Sartre zeigt ja selbst an etlichen Beispielen einleuchtend,
daß die Freiheit auch dazu verwandt werden kann, sich die Freiheit zu
verschleiern. Die Gesetzlichkeit der Freiheit ähnelt weniger den Natur-
gesetzen als den Rechtsvorschriften – sie entfaltet ihre Wirkung erst
durch Zustimmung. Aber was spräche gegen eine freiheitlich bejahte
Moral der Freiheit? Sie wäre Appell, der einen Raum intersubjektiver

31 Sartre hat das später übrigens selbst erkannt und wiederholt ausdrücklich kritisiert. Cf. z. B.: ›Selbstporträt mit siebzig Jahren‹, in: *Sartre über Sartre*,
S. 180–246. Hier: S. 184.

Verständigung im Namen der Freiheit voraussetzte. Dafür besteht aber in *Das Sein und das Nichts* nicht die geringste Voraussetzung, eher scheint im Gegenteil solche Verständigung ausgeschlossen. So wendet sich Sartres Plädoyer für die Freiheit an niemanden. Es fliegt umher, es hält sich in der Wucht seiner Rhetorik, es versucht, seine eigene Grundlosigkeit vergessen zu machen, versucht, sich als Notwendigkeit zu geben – etwas, »das über der Existenz wäre. [...] schön [...] und hart wie Stahl und [es] müßte die Leute sich ihrer Existenz schämen lassen«[32]. Später – in *Die Wörter* – wird Sartre ›seine Legitimation‹ folgendermaßen darstellen: »Ich [setzte] heiter auseinander, der Mensch sei unmöglich; ich selbst war unmöglich, unterschied mich von den anderen nur durch den Auftrag, von dieser Unmöglichkeit Zeugnis abzulegen, wodurch sie sich sogleich in meine geheimste Möglichkeit verwandelte, in den Gegenstand meiner Mission, ins Sprungbrett meines Ruhmes. Ich war Gefangener der Evidenzen, aber ich sah sie nicht; ich sah die Welt mit ihrer Hilfe: ich war verfälscht bis auf die Knochen und verblendet; so schrieb ich heiter über das Unglück unseres Daseins. Als Dogmatiker zweifelte ich an allem, außer daran, erwählt und zweifelsfrei zu sein; mit der anderen Hand baute ich wieder auf, was ich mit der einen zerstört hatte, und hielt die Unruhe für die Garantie meiner Sicherheit. Ich war glücklich.«[33]

Soll das heißen, *Das Sein und das Nichts* wäre sozusagen ein Hauptwerk und erste Konsequenz jener Theorie der magischen Aneignung durch das Wort? Dem steht entgegen, daß Sartre ausdrücklich das Gelingen von Aneignung verwirft. Im vierten Teil von *Das Sein und das Nichts* (»Haben, Machen, Sein«), der die konkreten menschlichen Verhaltensweisen als ontologische Vorgaben einer konkreten existentiellen Psychoanalyse zu beschreiben versucht, beschäftigt Sartre sich ausführlich mit der Frage nach dem Besitz. Man muß dabei übrigens für wahrscheinlich ansehen, daß er von Zeit zu Zeit auf seine Vorstudien in den *Tagebüchern* zurückgegriffen hat. So wohl auch im Falle der Analyse des Besitzes (*Sein*, S. 723–752). Das zeigt sich nicht nur in wörtlichen Wiederholungen. Manches in diesem Kapitel liest sich geradezu wie eine nachgeholte kritische Kommentierung seiner Aneignungsphantasie. Gerade die Beispiele, die er wählt, stoßen uns darauf: »etwa wenn ein Künstler ein Werk zu schaffen begehrt« (S. 724); »begehre ich ein

32 *Der Ekel*, S. 274
33 *Die Wörter*, S. 230.

Buch zu schreiben« (ibid.); »schaffe ich ein Bild, ein Drama oder eine Melodie« (S. 725); »Das Erkennen [ist] ebenso ein Sich-aneignen [...] Die entdeckte Wahrheit ist wie das Kunstwerk *meine* Erkenntnis« (S. 726).

Es scheint zunächst so, als wolle Sartre das Begehren nach Besitz rechtfertigen als grundlegendes menschliches Bedürfnis. Alles Tun läßt sich auf ein Haben zurückführen. [34] Und »besitzen heißt, durch einen einzelnen Gegenstand hindurch die Welt besitzen zu wollen. Und da das Besitzen sich als das Bemühen bestimmt, sich als den Grund eines Seins zu erfassen, insoweit dieses idealiter wir selbst sind, bezweckt jeder Entwurf des Besitzes, das Für-sich zum Grund der Welt oder konkreten Ganzheit des An-sich zu machen, sofern diese Ganzheit als solche das in der Weise des An-sich existierende Für-sich selbst ist.« (S. 749) Über den Umweg des Habens versucht das Für-sich, seinen Durst nach Sein zu stillen, versucht es, den Wert zu realisieren, der ideal verwirklicht wäre, wenn es als selbstbegründetes bewußtes An-sich existierte. Aber das Problem des Besitzes besteht darin, daß es den Sinn der Aneignung nur *symbolisch* verwirklicht. Das Sein der Bücher, die wir schreiben, der Häuser, die wir bauen, der Gegenstände, die wir um uns anhäufen, repräsentiert uns in den Augen anderer, aber diese Repräsentation ist symbolisch und geliehen, denn diese Besitztümer existieren auch ohne uns. Kurz, die Aneignung stellt zwar ein fundamentales Begehren der menschlichen Wirklichkeit dar, aber da seine ideale Realisierung zum Scheitern verurteilt ist, zählt es auch nur zu den »nutzlosen menschlichen Leidenschaften«.

Wie man sieht, läßt Sartre seinen eigenen Aufschrei nach Welt durch die Aneignung des Schreibens in Rauch aufgehen. Wenn er sich aber – wie man annehmen muß: explizit – die Träumereien von der Aneignung aus der Hand schlägt, wenn andererseits *Das Sein und das Nichts* keinen anderen Geltungsgrund für seine Rede entdeckt und diesen Mangel gleichsam nur rhetorisch bewältigt, dann müssen wir uns fragen, welcher »Entwurf« diesem Buch zugrunde liegt. Ich würde sagen: ein manischer, einsamer und hochmütiger Gleitflug, der ganz Sartres biographischer Situation entspricht. Ich meine damit natürlich nicht Qualität und Rang dieses Buches, sondern seine Stellung innerhalb des Selbstbegründungsunternehmens. Es führt die ganze Aufbruchstimmung vom

---

34 Ich gebe hier der Kürze halber nur Stichworte und Schlußfolgerungen der Argumentation wieder, die in ihrer Ausführlichkeit für uns ohne Belang ist.

Winter 39/40 in eine reichlich hoffnungslose Sackgasse. Sackgasse auch insofern, als sich nicht einmal auf die Abdankung bauen läßt. Aber selbst wenn *Das Sein und das Nichts* nicht in einer positiven Moral mündet, ja vielmehr deren Möglichkeit in gewisser Hinsicht geradezu ausschließt, wenn es sich in einer bestimmten Lust ergeht, die »humanistischen« und »realistischen« Moralvorstellungen zu diskreditieren, und wenn es in der Hinwendung zur Ungeborgenheit der Freiheit eine dünne Höhenluft verströmt, so wissen wir doch, daß Sartre weiterhin von seinem moralischen Problem durchdrungen bleibt. Wir müssen deshalb prüfen, welche impliziten moralischen Optionen *Das Sein und das Nichts* insgeheim und ex negativo enthält.

Auf den ersten Blick bieten die »ethischen Perspektiven«, die Sartre ganz am Ende seiner Überlegungen als Programm eines kommenden Werkes avisiert, wenig konkrete ethische Anhaltspunkte. Es ist im wesentlichen die Rede von der existentiellen Psychoanalyse als einer analytischen Ethik, »denn sie liefert uns den ethischen Sinn der verschiedenen menschlichen Entwürfe« (S. 783). Aber buchstäblich auf den letzten Zeilen des Buches fragt Sartre auch, ob nicht die Freiheit selbst als konkreter Wert aufgefaßt werden kann. »Kann sie [die Freiheit] [...], bloß auf Grund der Tatsache, daß sie sich in bezug auf sich selbst als Freiheit erfaßt, der Herrschaft des Wertes ein Ende machen? Ist es insbesondere möglich, daß sie sich selbst für wertvoll hält, insofern sie die Quelle jedes Wertes ist, oder muß sie notwendigerweise in bezug auf einen transzendenten Wert, von dem sie heimgesucht wird, definiert werden? Und falls sie sich selbst als ihre eigene Möglichkeit und ihren bestimmenden Wert wollen kann, was muß man dann darunter verstehen? Eine Freiheit, die sich als Freiheit will, ist nämlich ein Sein-das-nicht-ist-was-es-ist und das-ist-was-es-nicht-ist, welches als Seinsideal das Sein-was-es-nicht-ist und das Nicht-Sein-was-es-ist wählt. Es wählt also nicht, sich *wieder zu ergreifen*, sondern vor sich zu fliehen, nicht mit sich zusammenzufallen, sondern immer von sich entfernt zu sein.« (S. 785) Sartre beläßt es bei diesem Fingerzeig und gibt keine weiteren Hinweise, ob er diese Einstellung für möglich hält. Andererseits laufen die Beschreibungen von *Das Sein und das Nichts* darauf hinaus, ein Sich-wieder-ergreifen, eine Selbstbegründung des Für-sich als unmögliches Ideal hinzustellen. Wenn man so will, ist dieses Denken das Erfassen der Unmöglichkeit, sich ergreifen zu können, wobei aber die Geltungsmöglichkeiten jenes Erfassens des Unmöglichen einstweilen dahinstehen.

Sartre unterscheidet zwischen der Freiheit als Gesetz, dessen Unerbittlichkeit er in *Das Sein und das Nichts* hart aufblitzen läßt, und einer als Einstellung übernommenen Freiheit, die ihre eigene Heillosigkeit zu ihrem Entwurf macht. Wir haben indes bereits gesehen, daß die Absicht, *Das Sein und das Nichts* zu verfassen, mittelbar bereits auf diese ›übernommene‹ Freiheit verweist, insofern sich diese philosophische Rede auf keinen gewissen Übergang über das Cogito hinaus berufen kann. Und darin liegt auch schon eine zweite implizite moralische Tendenz von *Das Sein und das Nichts*: Es deutet auf einen Raum hin, in dem Geltung unter den Bedingungen intersubjektiver Verständigung stattfinden kann. Besser gesagt: Es fordert diesen Raum, weil es schon in ihm steht, auch wenn er thematisch ausgespart bleibt, und wir sogar feststellen müssen, daß die konflikthafte, scheiternde Intersubjektivität, wie Sartre sie unter ontologischen Aspekten beschreibt, diesen Raum verneint. Unter dem Gesichtspunkt seines eigenen Anspruches – seines Aussprechens – enthält *Das Sein und das Nichts* eine Forderung über sich hinaus, wenn nicht gar gegen sich.

Auch Sartres Beschreibung der Unwahrhaftigkeit (S. 91–121) enthält eine moralische Option, die er zum Beispiel in *Die Fliegen* bereits dargestellt hat. Orest verurteilt die Bürger von Argos, weil sie ihre Freiheit dazu benutzen, sich vor ihr in der Unaufrichtigkeit zu sichern. Er verurteilt im Namen jener Authentizität, die sich freiheitlich für die Freiheit als ungewisses, »wegloses« Schicksal entscheidet. Wir haben aber bereits gesehen, daß Orests Entscheidung eher von einem dunklen Pathos als von konzeptueller Deutlichkeit getragen wird. [35] Orest macht einen Vorschlag. Und vielleicht ist das Theater ein ausgezeichneter Raum, wo man sich über Vorschläge verständigen kann?

Schließlich umreißt Sartre kritisch so etwas wie den möglichen Schauplatz der Moral. Könnte das Für-sich sich selbst im An-sich begründen, könnte es den Wert realisieren, würde es im Sein verschwinden. Das moralische Problem hätte sich erledigt. Aber das Problem behauptet sich gerade dadurch, daß das Für-sich gezwungen ist, sich selbst zu begründen, aber sich selbst dabei niemals als An-sich erreichen kann. Rettungslos und ohne gewisse Referenz sich begründen zu müssen, schafft überhaupt erst das eigentliche Problem der Moral. Von daher stoßen wir bei Sartre auch auf eine gewisse Freude an der Negativi-

---

35 »Wie bei Sophokles hat niemand bei mir recht oder unrecht«, sagt Sartre selbst. Zit. n. A. Cohen-Solal, *Sartre*, S. 299.

tät, die allerdings von einem ›épater le bourgeois‹ begleitet und manchmal dominiert wird. Und aus beiden Gründen wird er an der Negativität als Potential lebenslang festhalten.

Der Realismus in all seinen Spielarten braucht keine Moral. Er erklärt das Individuum zum Abkömmling eines Seins, das außerhalb seiner bereits nach festen Regeln gefügt ist und eigenen Gesetzen folgt. Es gibt moralische Probleme – hier wie bei den Religionen – bestenfalls als Auslegungsstreitigkeiten. Ansonsten verbirgt sich dieser Realismus jenen affirmativen Akt, in dem das Individuum die Regeln des Seins zu seinem Gesetz macht. Es ist Sartres ganzes Bestreben, solchen Realismus als »unaufrichtiges« Verhalten zu charakterisieren, ebenso wie die humanistische Moral, wonach der Mensch von Natur aus ein Wert sei – gewissermaßen höhere Natur. Mit dieser Kritik, die das ganze Buch durchzieht, eröffnet Sartre überhaupt erst einen eigenen Spielraum für das Moralische. Auch wenn diese Kritik über ihren inhärenten Moralismus noch keine Rechenschaft ablegen kann.

Freiheit, intersubjektive Verständigung, Authentizität (als positiver Gegensatz zur Unwahrhaftigkeit) und die indirekte Darstellung der menschlichen Realität als essentiell moralisches Problem – wir werden zu zeigen haben, wie diese Punkte in der Folge gewissermaßen moralische Kontur gewinnen und wohin sie führen. Aber zuvor scheint es angeraten, kurz den Wandel der biographischen Umstände bis zur ›Libération‹ zu schildern.

Am 3. Juni 1943 findet die Uraufführung von *Die Fliegen* unter der Regie von Charles Dullin statt. Fast gleichzeitig, aber ohne im geringsten Aufsehen zu erregen, erscheint *Das Sein und das Nichts*. Um die Jahreswende 1942/43 verändern die Kommunisten ihre Politik gegenüber Sartre. Seitdem sie die gesamte linke Résistance kontrollieren – so haben sich fast sämtliche Mitglieder von *Socialisme et liberté* dem kommunistisch organisierten Widerstand angeschlossen – und nach der Peripetie von Stalingrad, neigen sie wieder zur Öffnung. Man fordert Sartre zur Mitarbeit im Comité national des écrivains (C.N.E.) auf, das dem Conseil national de la Résistance angeschlossen ist. Das Schriftsteller-Komitee umfaßt so unterschiedliche Köpfe wie Jean Paulhan, François Mauriac, Jean Guéhenno, Raymond Queneau, Jacques Debû-Bridel, Louis Aragon, Michel Leiris, Gabriel Marcel, Paul Eluard und eben Sartre. Für ihn ergibt sich dadurch auch die Mitarbeit an den illegalen *Lettres Françaises*, die von Aragon herausgegeben werden.

Vor allem erlöst diese Situation Sartre aus der nahezu totalen politischen Isolation.[36] Über seine Versuche, sich 1943 durch seine Bekanntschaft mit Pierre Kaan an direkten Aktionen, die unmittelbar vom Comité National de la Résistance ausgingen, zu beteiligen, hat Annie Cohen-Solal nur wenige Zeugnisse sammeln können.[37] Zwar scheint Sartre bereit gewesen zu sein, sich an bewaffneten Aktionen zu beteiligen, aber es bleibt unklar, inwieweit es dazu gekommen ist bzw. welche Rolle er bei verschiedenen Résistanceunternehmungen gespielt hat.

Nach der Invasion der Alliierten in der Normandie Anfang Juni 1944 steigert sich der Druck der Nazis noch einmal beträchtlich. Infolge der Verhaftung eines Mitglieds des Résistancenetzes *Combat*, dem Camus und auch Sartre angehören, empfiehlt man ihm, sich versteckt zu halten. Sartre und Simone de Beauvoir finden teils bei den Leiris, teils außerhalb von Paris Unterschlupf. Im Moment der Befreiung treffen sie wieder in Paris ein. Ohne Illusion über die Wirksamkeit seiner politischen Arbeit wird Sartre später sagen: »Während der Besatzung war ich ein Schriftsteller, der Widerstand leistete, und kein Widerständler, der schrieb.«[38]

3. Die Gottsucherbande:
Blanchot, Bataille, Ponge, Parain

Sartre bleibt der in *Das Sein und das Nichts* praktizierten Methode treu: In Negationen verpuppt, artikuliert er seine Optionen. Nachdem er seine Ontologie beendet hat, schreibt und veröffentlicht er bis zur Libération im wesentlichen vier wichtige kritische Essays: über Maurice Blanchot, Georges Bataille, Françis Ponge und Brice Parain – über einen Roman-

---

36 Im übrigen bringt ihm die Mitarbeit im C.N.E. die Freundschaft mit Michel Leiris und seiner Frau Zette ein, die zumindest während des Krieges zu den wichtigsten Freunden Sartres und seiner Lebensgefährtin zählen. Albert Camus lernt er bei der Generalprobe zu *Die Fliegen* kennen. Im Pariser Intellektuellen-Milieu schließt er Bekanntschaft u. a. auch mit Picasso, Queneau, Vian, Bataille und Lacan. Ich erwähne diese Einzelheiten nur, um wenigstens oberflächlich das politisch-soziale Milieu zu kennzeichnen, in dem Sartre sich jetzt bewegt.
37 A. Cohen-Solal, *Sartre*. S. 317–321. Allerdings ist das auf Mai 1944 datierte und später in Algerien aufgetauchte Papier, in dem der Name Sartre erscheint und das sie Sartre zuschreibt, aller Wahrscheinlichkeit nach gar nicht von ihm, sondern von Maurice Merleau-Ponty. Cf. Contat/Rybalka, *Ecrits*, S. 111 (Anmerkung).
38 Gespräche mit John Gerassi (unveröffentlicht), zit.n. *Œuv. Roman.*, S. LVIII.

cier, einen essayistischen Theoretiker, einen Dichter und einen Philosophen. Kritik an allen sprachlichen Fronten.

Übrigens mag man sich spätestens an dieser Stelle darüber wundern, daß Sartre bisher kaum das Problem der Sprache thematisiert hat – sieht man einmal ab von impliziten Reflexionen etwa in *Der Ekel* oder einigen wenigen Bemerkungen in den frühen Literaturkritiken. In den *Tagebüchern* findet sich dazu so gut wie nichts. Auf den fast 800 Seiten von *Das Sein und das Nichts* widmet er lediglich zwei Seiten dem Nachdenken über die Sprache. Im Kapitel über »Die konkreten Verbindungen mit anderen« kommt Sartre nicht umhin, der Sprachlichkeit dieser Interaktion Rechnung zu tragen. Er untersucht hier, was er die »erste Einstellung zum anderen« nennt, nämlich Liebe und Masochismus, wo es darum geht, die Macht, die der andere durch seinen Blick auf mich über mich hat, mittels der Strategie der Liebe (und im Extrem: des Masochismus) auf meine Seite zu bringen, sie als mein Sein tendenziell anzueignen. In dieser turbulenten und natürlich scheiternden Interaktion läßt Sartre auf einmal die Sprache zu Worte kommen. Worunter er allerdings alle möglichen Ausdruckssysteme versteht und nicht allein das *gesprochene* Wort. »Das Auftauchen des anderen als Blick mir gegenüber läßt die Sprache als Bedingung meines Seins auftauchen.« (*Sein*, S. 478) Das heißt, was immer ich sage, welche Entscheidung ich auch ausdrücke oder welche Haltung ich in Szene setze, sie stoßen auf die Freiheit des anderen, der mich versteht oder mißversteht, der mich jedenfalls nach den Bedingungen *seines* Alphabets liest und nach Maßgabe seines Verhältnisses zu mir buchstabiert: »Der Andere ist immer da, gegenwärtig und erfahren als das, was der Sprache den Sinn verleiht. Jeder Ausdruck, jede Gebärde, jedes Wort ist, von mir aus gesehen, konkretes Erfahren der entfremdeten Realität anderer.« (S. 479) Mein eigenes Sprechen, der Sinn meiner Gebärden entgeht mir, und andere machen damit, was sie wollen. Mein Sprechen verweist immer auf die (bedrohliche) Freiheit anderer. Sartre fügt hinzu, daß die Probleme der Sprache denen der Liebe ähneln. Die Liebe ist für ihn allerdings in mehrfacher Hinsicht eine vergebliche »Betrügerei« (S. 483); zumindest dann, wenn man – wie Sartre es in *Das Sein und das Nichts* mit allen Bestrebungen des Daseins hält – die Liebe an ihrem Ideal, der Realisierung eines sich selbst begründenden Seins, mißt.

Nehmen wir ihn beim Wort, dann hält dieser manische Schriftsteller alle Kommunikation für ein hoffnungsloses Geschäft innerhalb der unlösbaren, oder sagen wir besser: heillosen Konflikte der Intersubjektivität. Die Kommunikation erscheint zwar als essentieller Orientierungsfaktor, aber sie scheitert insofern, als es darum geht, der Bedrohung durch den anderen Herr zu werden oder gar durch ihn mein eigenes Sein zu gründen. Ein Sprechen unterhalb der Ebene ›definitiver Verständigung‹ diskutiert Sartre erst gar nicht. Wir wollen untersuchen, wie er in den genannten Aufsätzen aus dieser Sackgasse herauskommt und dabei einerseits an der Idee der Wesentlichkeit der Kommunikation festhält und andererseits dem Reden ein Gelingen unterhalb der ursprünglich intendierten ontologischen ›Vollendung‹ einräumt.

Wir wissen nicht, wie Sartre auf Blanchot gekommen ist. Dieser relativ unbekannte Autor hatte 1941 seinen ersten Roman veröffentlicht: *Thomas l'obscur*[39]. 1942 folgte *Aminadab*. Überdies stand Blanchot im Verdacht, der kollaborierenden profaschistischen Rechten anzugehören, worauf Sartre auch zweimal – allerdings eher beiläufig – anspielt.

Schon der Alternativtitel seines Aufsatzes[40] erregt unsere Aufmerksamkeit – »Vom Phantastischen als eine Sprache betrachtet«. Sartre verknüpft seine Aussagen über Blanchot mit einer allgemeinen Theorie über das Phantastische bzw. die phantastische Literatur. Er vergleicht *Aminadab* mit Kafkas Roman *Das Schloß*. Den Effekt des Phantastischen erzeugt nach Sartre eine erzählerische Technik, die mehr oder weniger konsequent Mittel und Zwecke vertauscht bzw. das Mittel-Zweck-Schema durcheinanderbringt. Die Bürste in Absehung ihrer Funktion, nämlich zu bürsten, wird ein monströses pelziges Tier; die Tür, die auf eine Mauer führt, erschrickt, weil sie als Mittel der Öffnung sich so gegen ihren üblichen und bekannten Zweck verkehrt. Über die Identifikation mit dem Protagonisten führt Blanchot den Leser in eine solche absurde Welt. Blanchot führt unsere alltägliche und bekannte Welt mit fremden Augen vor. Er sorgt dafür, daß der Leser seine Welt von außen betrachtet, als Arsenal widersinniger Fakten und obskurer Prozeduren, so wie wir bestimmte polynesische Riten für absurdes Gezaubere halten, eben weil wir nicht in einer Welt leben, durch die diese Riten einen Sinn erhalten. Auf diese Weise läßt Blanchot das Bekannte und Geläufige phantastisch aufschimmern. Wir sehen die Elemente unserer Welt ohne eine verzahnende und bedeutungskonstituierende Ordnung.

39 Dtsch.: *Thomas der Dunkle*. Frankfurt a. M. 1987.
40 ›*Aminadab* ou Du fantastique considéré comme un langage‹, *Cahiers du Sud*, Nr. 255, April 1943 und Nr. 256, Mai 1943. Dtsch.: ›*Aminadab* oder Das Phantastische als eine Sprache‹, in: *Der Mensch und die Dinge*, S. 93–106.

Sartre wirft Blanchot vor, das Phantastische bloß zur Wirkung einer literarischen Technik zu machen, die er überdies nicht immer ganz überzeugend handhabe. Das unterscheidet ihn auch wieder von Kafka, dem es darum gegangen sei, zu zeigen, wie unsere Welt von einer ungreifbaren transzendenten Realität heimgesucht werde. Aber Blanchot glaubt gar nicht an eine solche transzendente Realität, sondern er will den Menschen ins Phantastische versenken. Indem er seine Welt von außen betrachtet, spiegelt er sich in ihr als ein unbeschreiblicher Fremder. Aber der Mensch, so wendet Sartre ein, kann nicht die Perspektive des Marsbewohners auf die irdischen Verhältnisse einnehmen. Das Individuum ist nicht phantastisch, es kann »nur ein absoluter Zweck sein« (S. 99). Mit anderen Worten, Sartre weigert sich, die menschliche Wirklichkeit im Zerrspiegel des Phantastischen aufzulösen. Und wenn wir an das Phantastische in *Der Ekel* zurückdenken, dann ist es der Baum da vor mir, der vor mir zurückweicht, der Raum des Cafés, der aufbricht, die durchschnittliche Physiognomie, die monströs quillt. Phantastisch ist das Reale – die Tür, die ins Freie führt; phantastisch ist, wenn die dumpfe Selbstverständlichkeit in ihre ungeheuerliche Fragilität zersplittert. Der Rest ist Literatur. Die Literatur, die Sartre nicht mag.

An anderer Stelle zitiert er Blanchot ausführlich. »All diese Hypothesen«, schreibt Blanchot in *Aminadab*, »lassen wahrscheinlich darauf schließen, daß der Bote trotz seines guten Willens, wenn er bis nach oben gelangt ist, seine Botschaft vergessen haben und nicht imstande sein wird, sie zu übermitteln; oder aber, wenn wir annehmen, er habe den Wortlaut gewissenhaft behalten, kann er unmöglich seine Bedeutung verstehen, denn was hier einen Sinn hatte, muß dort notwendig einen ganz anderen Sinn oder überhaupt keinen haben . . . . Was aus ihm selbst geworden ist, mir das vorzustellen, weigere ich mich, denn ich vermute, daß er mir von dem, was ich bin, ebenso verschieden vorkommen würde wie die übermittelte Botschaft von der aufgetragenen.«[41] Man ist erstaunt, daß Sartre dieses kommunikative Desaster nicht billigt. Hatte er nicht kurz zuvor noch in *Das Sein und das Nichts* die Kommunikation als ständiges Mißgeschick beschrieben? Sicher, er betonte das Scheitern oder das, was Niklas Luhmann heute »die Unwahrscheinlichkeit von Kommunikation« nennt, im Hinblick auf die unmögliche Realisierung des Wert-Ideals, welches dem Für-sich vorschwebt. Aber wenn er hier die geradezu konsequente Beschreibung der paraly-

41 Zit. n. Sartre, ›*Aminadab* . . .‹, S. 99.

sierten Kommunikation als bloß literarische Technik in Abrede stellt, dann muß er eine realistische Ebene funktionierender Kommunikation im Sinn haben, die er allerdings noch nicht beschrieben hat.

Wenn auch bald in scharfe Kritik übergehend, eröffnet Sartre seine Bemerkungen[42] über *L'expérience intérieure* (1943, Die innere Erfahrung) von Georges Bataille mit einem großen Kompliment. Es gilt der Sprache Batailles, oder besser noch seinem Stil. Er habe zugleich das unterkühlte Sprechen der schönen Geister von 1780 wie auch die Objektivität der Klassiker hinter sich gelassen. Er sucht statt dessen eine Direktheit, eine Freihändigkeit, eine entblößende Konkretheit jenseits der literarischen Regeln und der Literatur als Gesellschaftsspiel. »Das Buch sollte zwischen Autor und Leser eine Art körperliche Promiskuität herstellen. Schließlich sollte für diese Autoren [Pascal, Rousseau, Nietzsche, Leiris u. a.], die darauf brannten, sich zu engagieren und den ruhigen Schriftstellerberuf verachteten, jedes Werk ein Wagnis bedeuten.« (S. 60) Trotzdem haßt Bataille den Diskurs, die Sprache, die Wörter. Sie entfremden ihn seiner kompakten Selbstgegenwart, sie hindern ihn an der Unmittelbarkeit. Aber mit Worten ficht er auch die Sprache an, versucht er, die Gründe seines Schreibens zu formulieren. Bataille ist für Sartre ein Überlebender des Todes Gottes: »Gott ist tot, aber der Mensch ist deswegen nicht Atheist geworden.« (S. 65 f) Er sucht Erlösung außerhalb der Vorsehung. Und da in seinen Augen der Mensch sich selbst als Konflikt schafft, besteht diese Erlösung in einer relativ komplizierten Operation des Selbstvergessens. *L'expérience intérieure* muß man dabei als eine Art Gebrauchsanweisung verstehen. »Sein Entwurf ist, aus der Welt der Entwürfe herauszutreten.« (S. 77) Er versucht, in einer selbstgemachten Nacht des Nichts zu entkommen, obendrein soll dieses Nichts noch alles sein. (S. 86) »Er gehört zweifelsohne zu jener Familie von Geistern, die für den ätzenden und erschöpfenden Reiz unmöglicher Versuche ganz besonders empfänglich ist.« (S. 88)

Lassen wir hier die Einzelheiten von Sartres Kritik beiseite, seine Kritik an Batailles verstecktem Szientismus, seinen Soziologismen, seinem völlig mißverstandenen Existentialismus, seiner vagen und diffusen Anlehnung an die philosophische Terminologie. Fragen wir lieber, in welchem Namen Sartre hier seine scharfen Angriffe gegen einen doch weitgehend unbekannten Autor vorträgt. Gewiß nicht im Zeichen der

42 ›Un nouveau mystique‹, in: *Cahiers du Sud*, Nr. 260, Okt. 1943; Nr. 261, Nov. 1943; Nr. 262, Dez. 1943. Dtsch: ›Ein neuer Mystiker‹, in: *Situationen*, S. 59–88.

Widerspruchsfreiheit, der Logik, der Wissenschaftlichkeit. Man könnte eher vermuten, daß er sich hier dagegen wehrt, die Feststellung der Vergeblichkeit am Ende von *Das Sein und das Nichts* durch eine schöne und schwarze Moral des Nichts und der Negativität überholt und überhöht zu sehen. Tatsächlich gibt es ja eine entfernte Ähnlichkeit in Sartres und Batailles Ausgangslage. Beide berufen sich, wenn auch in sehr unterschiedlicher Weise, auf Heidegger, beide setzen auf eine dramatische Direktheit, wie sie auch in Sartres Reverenz vor Batailles Expressivität zum Ausdruck kommt. Aber Sartre glaubt nicht daran, daß es einen Entwurf gibt, der die sich entwerfende menschliche Realität überbietet, weder im Positiven als einem Ankommen dieses Entwurfs bei etwas, das nicht Entwurf wäre, noch im Negativen als einer mystisch-magischen Selbstvergessenheit. Aber wenn er hier vom Standpunkt einer konflikthaften Offenheit aus spricht, oder besser richtet, dann kann man die moralische Absicht dabei nicht verkennen. Er verteidigt die Gefährdung in der Offenheit wie einen Wert, als den Möglichkeitsgrund des Menschlichen.

Übrigens schreibt Sartre gleichsam en passant einen verräterischen Satz: »Er [Bataille] bemerkt sehr richtig, daß sich die Beziehungen, die zwischen Menschen entstehen, nicht auf ein einfaches Nebeneinander beschränken können. Keineswegs sind die Menschen erst da und *kommunizieren* dann miteinander, sondern die Kommunikation ist ein konstitutiver Bestandteil ihres ursprünglichen Wesens.« (S. 72 f). Wenig in seinem bisherigen Werk hat diesen Satz vorbereitet. Er knüpft zwar an die spärlichen Hinweise auf die Sprache in *Das Sein und das Nichts* an, aber ganz eindeutig verteidigt er gegen Bataille – und nicht nur mit der zitierten Äußerung – die Kommunikation als Chance.

Diese Tendenz wird noch klarer in Sartres Auseinandersetzung mit Brice Parain. Seine Schwierigkeiten mit der Sprache verleiten Parain dazu, einen unmenschlichen Standpunkt, einen Standpunkt jenseits der menschlichen Realität zu suchen. Sartre findet in diesem versteckten Antihumanismus die Versuchung einer ganzen Generation wieder: »Der Mensch versucht sich zu sehen, als ob er der inhumane Zeuge seiner selbst wäre.«[43] Indes befindet sich Parain mit seinem Buch *Re-*

43 ›Aller et retour‹, in: *Les cahiers du sud*, Nr. 264, Febr. 1944; Nr. 265, März 1944. Wiederabdruck: *Sit.I*, S. 175–225. Hier: S. 195. Bisher liegt noch keine deutsche Übersetzung vor. Wörtlich übersetzt lautet der Titel: »Hin und zurück«. Sartre kannte Parain seit 1934, wie er selbst schreibt (S. 213). Aber man kann seinem Brief an Simone de Beauvoir vom 30. April 1937 (*Briefe* I, S. 116) entnehmen, daß

cherches sur la nature et les fonctions du langage[44] bereits auf dem Rückweg – anderen seiner Generation gleich; Sartre nennt Leiris und Aragon (S. 195). Auf dem Rückweg zur Ordnung, zu einer »bescheidenen und praktischen Wahrheit [...], einer ökonomischen Weisheit, deren Hauptsorge darin besteht, auszugleichen«. (S. 175 f) Aber Sartre wird zeigen, daß die Rückkehr zum Maß nicht die antihumanen Prinzipien hinter sich läßt.

Parains Problem – behauptet Sartre, etliche Belege anführend – bestand immer in einem tiefen Ungenügen an der Sprache. Sartre zeichnet die Stationen dieses Mißtrauens gegenüber der Sprache nach. Der Bauernsohn kommt in die Stadt. Er erlebt die merkwürdigen Vergnügungen der Rhetorik. Er erlebt die Sprache als Sprache der Herrschenden. Er erlebt den Krieg, in dem sich die deutsche, französische, russische, englische »Vernunft« in objektiven, aber unversöhnlich entgegenstehenden Zeichensystemen manifestieren. Dann wiederum spürt er, daß die Wörter langsamer sind als die Zeiten und zu schlicht für die komplexen Gemengelagen geschichtlicher Konstellationen – was heute paßt, ist morgen überholt usw. Die Wörter drücken ihn nicht aus, sondern sie schieben sich wie eine entfremdende Macht »dazwischen«, spalten ihn in eine sprachliche und »eigentliche« Existenz. Die Wörter sind nur Wörter, sie vollenden sich nicht in Handlungen, und sie sind ohne affektive Wurzeln. Diesen »Logos« der Wörter, wo Wörter nur Wörter ergeben und sich als eigensinnige Sphäre querstellen, bearbeitet Parain. Zunächst verfällt er auf den Ausweg einer antirationalistischen, aktivistischen Konzeption der Sprache. Die Sprache ist jetzt kein Instrument der Erkenntnis mehr, sondern auf eine »untergeordnete und vermittelnde Rolle zwischen dem Begehren und der Handlung, dem Anführer und seinen Männern reduziert«. (S. 191) Sartre erinnert in diesem Zusammenhang an die gleichfalls aus dem Mißtrauen gegen die Sprache geborene Annäherung der Surrealisten an den Leninismus. So weit ist Parain gegangen – »der Rest ist Rückkehr« (S. 192).

diese Bekanntschaft zunächst ziemlich oberflächlich gewesen sein muß. Sie wird erst vertieft anläßlich der Veröffentlichung von *Der Ekel*, den Parain in seiner Eigenschaft als einer der führenden Lektoren bei Gallimard zur Annahme empfiehlt. Daß Sartre sich in seinem Aufsatz auch auf unveröffentlichte (frühe) Texte Parains stützt, belegt jenen »freundschaftlichen Dialog«, von dem er spricht (S. 213). Er wird auch nicht durch Sartres Kritik beendet, sondern erst durch die politischen Polarisierungen der späteren Nachkriegszeit.

44 Paris 1943. (Untersuchungen über die Natur und die Funktionen der Sprache)

Parain beruft sich auf seinen ursprünglichen »Instinkt«, auf ein intuitives Schweigen, auf die Erfahrungen der Natur – eine planvolle Welt unterhalb der Sprache im sicheren Reich unverbrüchlicher Ahnungen. Von überall her hallt die Aufforderung wider, sich zu verlieren, aber Parain wählt die Überschaubarkeiten des »natürlichen Menschen«. Das Problem liegt darin, daß diese natürliche Ordnung der Sprache bedarf. Und wenn auch das Individuum seine eigene Sprache schafft, so bleibt doch eine andere Konsequenz dieser Wahl zu bedenken: »Damit das Individuum in sich genügend Zusammenhang und Kraft findet, um die Sprache zu schaffen, muß es umrissen, festgehalten, kurz, muß es zuvor benannt sein.« (S. 203) Der Lösung dieses Problems sind die *Recherches* gewidmet. Sartre faßt diese Lösung in vier Punkten zusammen (S. 203–213):

1. »Der Mensch kann weder auf die Sprache verzichten, noch kann er sie dirigieren«, schreibt Parain (S. 203).

2. Für Parain bedeutet der Akt der Benennung eine Gliederung und Stabilisierung der Dinge im Fluß der Eindrücke und Gefühle. »Die Wörter sind Ideen. Das bedeutet, der Mensch schafft keine Ideen: Er vereinigt sie. [. . .] Er stellt zusammen, er ordnet.« (S. 204) Die Wörter haben eine gleichsam selbständige Existenz, sie führen ein Leben als Ding-Ideen. Wir können sie aussprechen, und sie verkünden uns, was wir sagen wollen.

3. Aber Wörter – so Parain in Sartres Paraphrase – sind nicht bloß einfache Aufzeichnungen von Tatsachen oder Gesetzen, sondern man muß sie betrachten als »eine faktische Bindung für das Leben, die er [der Mensch] in Gang hält und in jeder Minute neu schafft«. (S. 206) Ihr Sinn ist vor uns und von uns zu erfüllen. Die Wörter enthalten Vorgaben und Versprechen. Parain gibt das Beispiel der Liebeserklärung, die nichts anderes bedeutet als das Vorhaben, das Wort »Liebe« mit Sinn zu füllen. Das Wort »Liebe« wird zum Schicksal – »es ist deshalb unser Herr und Meister« (Parain). (S. 206) Die Wörter werden zu halb vorgegebenen, halb von mir zu erfüllenden Instanzen. Indem ich ihren universellen Gehalt realisiere, individualisiere ich mich als derjenige, der den universellen Sinn erfüllt.

4. In einem letzten Punkt seiner Zusammenfassung geht Sartre noch auf Parains Rückgriff auf Gott als Garanten der Sprache und auf den »linguistischen Gottesbeweis« ein, den Parain andeutet.

Dann setzt Sartre mit seiner Kritik ein, nicht ohne vorauszuschicken, daß er den größten Teil der Analysen Parains akzeptiert. Er bestreitet lediglich deren »Tragweite und ihre Stellung« (S. 213). Seine Einwände richten sich hauptsächlich gegen die transzendentale Stellung, die Parain der Sprache implizit einräumt. Und diese Einwände sind um so interessanter, als wir ja heute wissen, daß fast die gesamte französische Postmoderne auf der Annahme der (Quasi-)Transzendentalität und Autonomie der Sprache beruht. Die Vorstellung, daß »uns die Sprache spricht«, liegt den methodisch-thematisch untereinander stark divergierenden Theorien von Derrida, Lacan, Foucault oder Lyotard gleichermaßen explizit zugrunde. Es ist schon bemerkenswert, daß Sartre mit Bataille, Blanchot, Parain und in gewissem Sinne auch Ponge die Ziehväter und Referenztheoretiker einer in den 70er Jahren zu hohem Ansehen gelangten ›Weltanschauung‹ ahnungsvoll vorwegnehmend kritisiert. – [45]

Was aber setzt Sartre jener Transzendentalität der Sprache entgegen? Zunächst fragt er: »Wenn die Sprache die Gegenständlichkeit begründet, was begründet dann die Gegenständichkeit der Sprache?« (S. 215) Wodurch geschieht dem Wort »grésil« (Dt. »Graupeln«), das ich höre, ausspreche, lese, seine Permanenz, seine Beständigkeit? Es ist Körper unter anderen Körpern – woher sein Privileg? Ich muß das Wort »durch eine Operation, die man ›Identifikationssynthese‹ nennt«, hervorbringen (S. 216). Und so wie ich den Tisch oder den Baum als ständige Synthese relativ stabiler Eigenschaften existieren lassen muß, so auch das Wort. Aber wenn das Wort erst wie die Gegenstände, die es benennen soll, durch eine Identifikationssynthese hervorgebracht wird, dann ist es nicht privilegiert. In ein und demselben Akt objektiviere ich die Sache und das Wort, das sie benennt. Vor meinem Fenster steht ein Baum. Er wird durch mich etwas, das es zu benennen gilt. Das Wort ›Baum‹ wird durch mich zu diesem Wort, durch das ich diesen Baum ›Baum‹ nenne. Ich könnte auch ›Eiche‹ sagen, ›Stück Natur‹ oder sonstwas. Daß ich den Baum nicht als Baum erkennen und kommunizieren könnte ohne das Wort ›Baum‹, begründet noch lange nicht ein Privileg des Wortes.

Die Sprache universalisiert, hat Parain gesagt. Zunächst hat er darunter gelitten, daß die Sprache das Individuelle aufzehrt, später hat er sich in diese Universalität geflüchtet. Aber Sartre bemerkt, daß sich die

---

45 Daß Parain nicht direkt in den Genuß gekommen ist, zu den Ziehvätern der Postmoderne zu zählen, muß man wohl dem moralisierend-humanistischen Tonfall und der unverkennbaren metaphysischen Absicht seines Denkens zuschreiben.

Universalisierung nicht auf dem Niveau der Sprache herstellt, sondern auf dem der Identifikationssynthese: »Wenn ich sage ›ich habe Hunger‹, universalisiert das Wort natürlich, aber um zu universalisieren, muß ich es zunächst universalisieren, das heißt, ich löse das Wort ›Hunger‹ aus der unordentlichen Konfusion meiner gegenwärtigen Eindrücke.« (S. 217)

Sodann weist Sartre Parains These zurück, die Sprache schiebe sich zwischen mich und meine Selbsterkenntnis. Er macht geltend, daß das Cogito eine »présence à soi« (Anwesenheit bei sich) ohne Vermittlung darstellt (S. 218). Thetisches Bewußtsein von etwas heißt immer zugleich unthetisches Bewußtsein von Bewußtsein. Bewußtsein von diesem Baum heißt zugleich unthetisches Bewußtsein von mir, Bewußtsein, nicht Baum zu sein. Und sowenig wie dieser Baum in mein Bewußtsein tritt, sowenig auch das Wort. Es ist Bewußtsein von Wort, es liegt vor mir.

Dann antwortet Sartre noch auf einen imaginären Einwand, den er Parain in den Mund legt: Wenn ich ausdrücken will, was ich bin, dann gleite ich in die Sprache. Mag sein, antwortet Sartre, »nur, was ich ausdrücken will, das weiß ich, weil ich es ohne Vermittlung *bin*. Die Sprache kann mir widerstehen, mich irreführen, aber sie kann mich niemals betrügen, außer wenn ich es will, denn ich habe immer die Möglichkeit, auf diese Leere, auf dieses Schweigen, das ich bin, zurückzukommen, durch das es jedoch eine Sprache und eine Welt gibt.« (S. 218) Eben weil das Cogito leerer Selbstbezug ist, können sich die Wörter nicht einmischen, schon gar nicht beherrschend.

Sartre zitiert das Beispiel von Mut und Feigheit. Mein Mut oder meine Feigheit existieren nur als Bewußtsein von Feigheit oder Mut. Wenn ich hier keinen Mut mehr verspüre weiterzuschreiben, wenn ich mich vor den vielen leeren Blättern fürchte, dann ist es meine Feigheit, die allein als Bewußtsein von Feigheit existiert, und ich habe ein unmittelbares Verständnis von ihr. Ich kann dann, statt meine Feigheit »Feigheit« zu nennen, vielleicht von Überdruß, von einer Einsicht in die tiefe Nutzlosigkeit meines Unternehmens sprechen. Aber da ich diese Feigheit bin, da diese Schwäche vor der Zukunft ganz und gar von mir stammt und nicht von der Zukunft, nicht von den leeren Blättern, kann ich sie gar nicht mit undeutlichem Überdruß oder klarer Einsicht in Nutzlosigkeit verwechseln. Ich kann mich belügen und meiner Feigheit andere Namen geben, aber das setzt voraus, daß ich meine Feigheit kenne. Es stimmt, wenn man sagt, damit ich mich feige nennen kann, muß es das Wort »Feigheit« geben, muß es Feigheit in der Welt als Möglichkeit geben, und müssen das Wort und die Sache eine innere Beziehung eingegangen sein, und vielleicht bin ich sogar nur feige, weil es Wort und Sache, weil es diese benannte Möglichkeit gibt, aber ich muß sie dann immer noch als meine Möglichkeit realisieren. Aber man darf nicht glauben, mit »meine« sei eine Instanz reflexiv selbstvergewisserter Subjektivität gemeint. Das Ich, seine Motive und Handlungen läßt Sartre hier ganz unbestimmt, als eine Leere, die sich immer zu etwas bestimmt.

»Bleibt nur, daß der *Andere* da ist, der nach seinem Belieben meine Worte versteht oder der sich weigern kann, sie zu verstehen.« (S. 218) Wer ist zuerst da: die Sprache oder der Andere? Sartre nennt es gerade die Grunderfahrung der Sprache, daß, wenn ich spreche, ich die beängstigende Gewißheit habe, »daß die Wörter mir entgehen und daß sie da draußen außerhalb meiner, unahnbare Aspekte, unvorhersehbare Bedeutungen annehmen«. (S. 219) Und es fragt sich, ob das nicht gerade zur Struktur der Sprache gehöre, »von einer Freiheit, die nicht meine ist, verstanden werden zu müssen«? (ibid.) »Wenn ich ursprünglich durch und für den anderen existiere, wenn ich, sobald ich auftauche, seinem Blick unterworfen bin und wenn der andere mir ebenso gewiß ist wie ich selbst, dann bin ich Sprache, denn die Sprache ist nichts als die Existenz in Gegenwart anderer.« (ibid.) Der andere dringt zwar nicht in die schweigsame Intimität des Cogito, aber er entscheidet über alles, was ich in der Welt bin, mit, »denn ich brauche die Stütze des anderen, um all dies [›glücklich, unglücklich, schön, häßlich‹] zu sein«. (ibid.) Und es stellt sich die Frage, ob das Unbehagen an der Sprache nicht vor allem damit zusammenhängt, daß die Sprache immer den anderen impliziert.

Gegen die quasi-transzendentale Stellung, die Parain der Sprache einräumt, macht Sartre die Vorrangigkeit der universalisierenden Synthesen, des Cogito und der unmittelbaren Erfahrung des anderen geltend. Er räumt zwar ein, daß die Sprache bei der Konstitution des externen Gegenstandes eine konstitutive Schicht bildet. Aber er erläutert dies nicht weiter.

Was an diesem Aufsatz über Parain unsere Aufmerksamkeit in besonderem Maße erregt, ist nicht nur, daß Sartre Parain seine Flucht in den linguistischen Transzendentalismus vorwirft, sondern daß er im Gegenzug deutlich über die Formulierungen von *Das Sein und das Nichts* hinausgeht und die Möglichkeiten der menschlichen Realität unmittelbar verbindet mit dem Gelingen oder Scheitern der Kommunikation. Übrigens arbeitet er etwa gleichzeitig an einem Drama dieser Kommunikation: *Huis clos – Bei geschlossenen Türen*[46], das nun wirklich den Untertitel ›ein existentielles Sprachspiel‹ verdient hätte.

Nach den ausführlichen Bemerkungen zu Parain folgt der fast ebenso lange Aufsatz über den Dichter Françis Ponge.[47] Sartre schreibt hier zum ersten Male über einen Autor, der vor allem Dichter sein will. Die Unsicherheit, poetisches Terrain zu betreten, mag die Ausführlichkeit erklären, mit der Sartre im ersten Teil seines Essays Ponges poetische Absichten beschreibt und auseinanderlegt. Ponge kritisiert das gesellschaftlich aufgezwungene Sprechen, das Verbrauchen der verbalen Substanz im alltäglichen funktional-benennenden Sprechen. Die Wörter sind vorgegeben, und die Gegenstände sind domestiziert. Ponge sucht statt dessen ein dichterisches Sprechen der Dinge selbst, ein die Willkür und bloß soziale, funktionale Konventionalität der Bezeichnung zurücknehmende »Vereinigung von Mensch und Ding« (S. 120). »Ponge versenkt sich in die Dinge, sieht mit ihren Augen« (S. 118) und läßt sie zu eigenen Worten finden.

Im zweiten Teil seiner Untersuchung überprüft Sartre, inwieweit Ponge sich an seine Poetik hält und zu welchen Resultaten sie führt. »Seine Kontemplation ist aktiv«, schreibt Sartre, »weil sie an den Dingen die soziale Ordnung, die sich in ihnen spiegelt, zerstört. [...] Ihr letztes Ziel ist jedoch die Ablösung der sozialen Ordnung, die sie zerstört, durch eine wahrhaft menschliche Ordnung. [...] Man wird nun vielleicht glauben, hierin einen naiven Animismus zu entdecken, der unvereinbar ist mit dem Materialismus, zu dem Ponge sich soeben bekannte: aber gerade das Gegenteil trifft zu. Wenn Ponge von den Gefühlen, die seiner Meinung nach im Herzen der Dinge eingeschlossen sind, profitieren und andere profitieren lassen will, dann nicht, weil er aus den Dingen ebenso viele kleine, stumme Menschen machte, sondern weil er entschlossen die Menschen als Dinge nimmt. Zwar schreibt er

46 Es wird zuerst in der Zeitschrift *L'Arbalète* (Nr. 8, Frühjahr 1944, S. 37–80) unter dem Titel *Les Autres* veröffentlicht. Die Uraufführung fand am 27. Mai 1944 im Théâtre du Vieux-Colombier statt. Buchausgabe franz.: 1945. Dtsch. in: *Gesammelte Dramen*.

47 ›A propos du *Parti pris des choses*‹», in: *Poésie* 44, Nr. 20, Juli/Oktober 1944; Nr. 21, Nov./Dez. 1944. Wiederabdruck unter dem Titel ›L'homme et les choses‹, in: *Sit.I*, S. 226–270. Dtsch.: ›Der Mensch und die Dinge‹, in: *Der Mensch und die Dinge*, S. 107–141.

den unbelebten Gegenständen ›Verhaltensweisen‹ zu. Aber er tut das eben deshalb, weil er bis zuletzt Behaviorist bleibt und nicht glaubt, daß unser ›Verhalten‹ *a priori* anders geartet sei als das ihre. Es gibt in jedem Ding eine materielle Bemühung, eine Anspannung, einen Plan, der seine Einheit und Dauer ausmacht. Aber wir sind nicht anders gemacht. Unsere Einheit ist für ihn die Einheit unserer Muskeln, unserer Sehnen, unserer Nerven und jene physische Anspannung, die bis zu unserem Tode alles zusammenhält. Keineswegs liegt hier eine Vermenschlichung des Kieselsteins vor, sondern eine bis zu den Gefühlen getriebene Entmenschlichung des Menschen. Und wenn mein Gefühl ein Ding ist, eine gewisse Ordnung, die sich meinen Eingeweiden auferlegt, kann man dann nicht auch von einem Gefühl des Steines sprechen?« (S. 123f) Sartre glaubt keinen Moment an das »naive Erstaunen«, das Ponge zu empfinden vorgibt, er findet vielmehr eine Materialisierung des Menschen, der aus den Kiefern, den Kieselsteinen, den Muscheln und dem Moos spricht: »Seine Leidenschaft, sein Laster gilt dem unbelebten materiellen *Ding*. Dem festen Körper. Alles bei ihm ist fester Körper: angefangen bei seinem Satz bis hin zu den tiefen Grundfesten seiner Welt. Wenn er den Mineralen menschliche Verhaltensweisen zuschreibt, dann deshalb, weil er die Menschen mineralisieren will. Wenn er den Dingen Seinsweisen entleiht, so, um sich zu mineralisieren. Vielleicht darf man hinter seinem revolutionären Unterfangen einen großen nekrologischen Traum ahnen, nämlich alles, was lebt, in das Leichentuch der Materie einzuhüllen, allem voran den Menschen. Alles, was aus seiner Hand kommt, ist *Ding*, einschließlich und vor allem seine Gedichte.« (S. 136) Was Sartre hier wiederfindet, ist der Traum des Für-sich, sich als bewußtes An-sich begründen zu können. Und neuerlich situiert er diese Sehnsucht als die einer ganzen Generation: »Diese Bemühung, sich mit den Augen einer fremden Spezies zu sehen, sich endlich von der schmerzlichen Pflicht, Subjekt zu sein, zu erholen, haben wir in verschiedenen Formen bereits hundertmal erlebt, bei Bataille, bei Blanchot und bei den Surrealisten. Sie stellt den Sinn des modernen Phantastischen dar wie auch den des so spezifischen Materialismus bei unserem Autor. Jedesmal ist sie gescheitert. Jeder, der diese Bemühung unternimmt, entgeht sich selbst gerade dadurch, daß er sie unternimmt, und setzt sich jenseits von seiner Bemühung.« (S. 137)

Drei Punkte scheinen an dieser Kritik bemerkenswert. Erstens redet Sartre hier nachdrücklich von einer »Pflicht, Subjekt zu sein«, d. h., er fügt seinem Denken jetzt eine Pflicht zur Authentizität hinzu, von der bisher nirgends die Rede war. Man kann zweitens dieser Kritik ein tiefes Mißtrauen gegen die Mystifikationen der Sprache, ihrer Ding-Materialisierung, ablesen. Die Sprache ist kein Residuum jenseits der Kommunikation. Damit untergräbt er eine der tragenden Säulen seiner »Neurose«. Drittens schließlich enthält der Angriff auf Ponge einen kaum verhohlenen Angriff auf den Materialismus: »Diesem Traum [›ganz Bewußtsein und zugleich ganz Sein zu sein‹] gewährt der Materialismus eine prinzipielle Befriedigung, da er dem Menschen sagt, daß er nur ein Mechanismus sei.« (S. 137) Das Delikate an dieser Invektive besteht darin, daß sie nicht nur den Dichter, sondern auch den Marxisten Ponge trifft und durch ihn das Denken der KPF, zu der Sartre ein ohnehin reichlich gespanntes Verhältnis hat. Kurz nach der Befreiung wird die Zeitschrift *Action*, deren Kulturchef Françis Ponge heißt, den Existentialismus und seinen Papst Jean-Paul Sartre mit scharfen Angriffen überziehen. [48]

Diese programmatischen Kritiken folgen annähernd dem gleichen Schema. Alle kritisierten Autoren versuchen – wenn auch auf unterschiedliche Art und Weise – sich im Gehäuse der Sprache unterzubringen. Sartre aber lehnt nicht nur das Rettende ab, er insistiert auf einer heillosen kommunikativen Dramatik, welche hinter seinen Kritiken optional hervorschaut. Im übrigen spürt man Sartres alte und ewige Revolte gegen die Ausgedachtheiten, gegen die Tröstungen des mentalen Exerzitiums. Kann man auf diese Weise ein Leben hervorbringen? Oder sind nicht vielmehr die Tröstungen – abgesehen von ihrer Unhaltbarkeit – anstrengender und vergeblicher als die Trostlosigkeiten?

---

48 Laut Contat/Rybalka, *Ecrits*, S. 102 haben diese Animositäten nicht verhindert, daß Ponge lange Zeit der einzige Kommunist war, zu dem Sartre freundschaftliche Beziehungen pflegte.

4. Baudelaire

Und dann noch kurz vor Kriegsende, im Jahr der ›Libération‹ verfaßt: *Baudelaire*.[49] Die erste der Biographien, die Sartre schreiben wird. Die nächste kündigt sich bereits in der Widmung an Jean Genet an. Es folgen die Studien über Mallarmé, Nietzsche und Tintoretto (die alle Fragment bleiben). Dann erscheint seine Autobiographie *Die Wörter*. Anfang der 70er Jahre schließlich folgt das monumentale Alterswerk über Gustave Flaubert *Der Idiot der Familie*.

Es scheint, als habe eine mehr oder weniger zufällige Bitte um ein Vorwort für die Ausgabe von Baudelaire *Ecrits intimes* zu dieser Porträtstudie geführt. Dieser Anlaß erklärt wahrscheinlich auch die stark biographische Perspektive und die relativ dünne literarische Analyse. Aber wenn Sartre dieser Bitte so prompt und ausführlich Folge leistet, dann, weil dieses Unternehmen am Schnittpunkt seiner gegenwärtigen Interessen und Möglichkeiten liegt. Baudelaire, diese Perle reiner Poesie, Baudelaire, mit dem das Bürgertum in der Mitte des 20. Jahrhunderts sein Literaturverständnis eicht (nachdem das Bürgertum des 19. Jahrhunderts ihn zum Teufel gejagt hat), Baudelaire, der sich so beredt zum Opfer der Umstände erklärt hat, daß man ihn einige Dekaden später zum Märtyrer der Dichtung erhoben hat – dieser Baudelaire steht mit jedem Atem- und Schriftzug den Intentionen Jean-Paul Sartres entgegen.[50] Das ist sicher der entscheidende Grund für die Wahl Baudelaires zum ersten Gegenstand einer existentiellen Psychoanalyse.

Zunächst scheint der Essay über Charles Baudelaire die Einlösung

49 Zunächst in Auszügen unter dem Titel ›Un collège spirituel‹, veröffentlicht in: *Confluences*, Nr. 1, Jan/Febr. 1945. Dann in: *Les Temps Modernes*, Nr. 8, Mai 1946: ›Fragment d'un portrait de Baudelaire‹. Erstmals vollständig als Einleitung zu Charles Baudelaire, *Ecrits intimes*. Paris 1946. S. I-CXLV. Als selbständige Buchausgabe: 1947. Dtsch.: *Baudelaire*. 1978.

50 Wir wollen hier ganz außer acht lassen, inwieweit Sartre mit seiner Darstellung Baudelaire wirklich gerecht wird, oder ob er nicht vielmehr dem zeitgenössischen bürgerlichen Baudelaire-Kult aufsitzt. Die empörten Reaktionen auf diesen Essay ließen ja auch nicht auf sich warten, indes gehen sie in der chronique scandaleuse Sartres in den ersten Nachkriegsjahren unter. Aber wie Dolf Oehler schon in seinem Nachwort zur deutschen Ausgabe bemerkt, gehörten die Kritiker Sartres gewiß nicht zur Geistesfamilie derer, die in den 60er und 70er Jahren in der Nachfolge von Walter Benjamin einen ganz anderen Baudelaire entdeckten, als Sartre ihn hier porträtiert – auch um den literarischen Kult des zeitgenössischen Publikums zu spiegeln und zu entlarven.

des Versprechens zu sein, das Sartre in *Das Sein und das Nichts* gegeben hat, nämlich demnächst an konkreten Beispielen die Möglichkeiten einer existentiellen Psychoanalyse vorzuführen. Damals erwähnte er »Flaubert und Dostojewski«[51] Eine Laune der Umstände führt ihn jetzt zu Baudelaire. Aber die Konkretion verlangt, in verschiedener Hinsicht über die Vorgaben von *Das Sein und das Nichts* hinauszugehen. Etwa, wenn es darum geht, das Ich, die Person, das Individuum, das Subjekt – Begriffe, die bei Sartre zum Teil durcheinanderlaufen – näher zu bestimmen. *Das Sein und das Nichts* ist zwar reich an konkreten Beispielen, aber wahrscheinlich auch deshalb, weil Sartre erzählerisch bewältigen muß, was er theoretisch noch nicht genau beschrieben hat: was nämlich ein Individuum ist. In der philosophischen Beschreibung ist es ausschließlich von der Seinsweise des Für-sich bestimmt. Ich bin traurig, heißt: Ich bin Bewußtsein von Trauer, denn die Trauer existiert nirgends als in meinem Bewußtsein, zugleich bin ich auch Abstand von Trauer, insofern die Trauer nicht einfach über mich gekommen ist und nicht mechanische Wirkung einer düsteren Erfahrung ist. »Ich« habe sie gewählt. Nur – wer oder was ist dieses Ich-Individuum? Eine seelenlose Instanz, die sich zum Herrn aller Bestimmungen aufwirft, die sie sich gibt, die aber doch nie Gründe für ihre Bestimmung findet, die sich ein- und ausschaltet, je nach Belieben, und die irrlichternd rasante Diskontinuität wäre, würde sie ausschließlich ihrer Freiheit leben. Blicken wir um uns, dann finden wir bei den empirischen Personen sehr viel mehr Kontinuität und Zusammenhang. Ich sage nicht: Notwendigkeit. Sind das alles nur Beispiele von gefesselten Bewußtseinen? Uneigent-

51 *Sein*, S. 723. Wie wir heute wissen, beabsichtigte er eine existentielle Psychoanalyse schon in den *Tagebüchern*. Da spricht er bereits von Flaubert, aber angeregt durch die Lektüre der Biographie von Wilhelm II. wendet er sich zunächst dieser Figur zu. Damals glaubte er noch an die Möglichkeit, die Geschichtlichkeit von seinen ontologischen Prämissen aus miterfassen zu können. Aber er hat das Projekt, den konkreten Zusammenhang von Individualität und Geschichtlichkeit darzustellen, erst durch die *Kritik der dialektischen Vernunft* theoretisch ermöglicht und erst im Buch über Gustave Flaubert erzählerisch eingelöst. Daß Sartre später nie wieder eine nicht-literarische Persönlichkeit zum Gegenstand einer Biographie gemacht hat, hängt allerdings mit seinen literarischen Obsessionen zusammen, mit der Frage nach der Literatur und der Leidenschaft des Schreibens, die ihn nicht losläßt. Übrigens hat Sartre die angekündigte Auseinandersetzung mit Flaubert tatsächlich bereits 1943 aufgenommen, als er die gesamte Korrespondenz Flauberts liest. Er ist seitdem ständig gegenwärtig. So auch im Text über Baudelaire.

liche, unwahrhaftige Lebensweisen, die sich auf ein ›naturhaftes‹, das Bewußtsein ungebeten bewohnendes Ego berufen? Sartre sagt darüber in *Das Sein und das Nichts* wenig. Allerdings spricht er von einer »Urwahl«, die die empirisch feststellbare Kontinuität der Individuen durch ihren Grundentwurf erklären soll. »Wenn wir zugeben, daß die Person eine Gesamtheit ist, können wir nicht erwarten, daß wir sie mittels einer Addition oder einer Zusammenordnung der verschiedenen, empirisch an ihr entdeckten Neigungen zusammensetzen können. Sondern sie drückt sich im Gegenteil in jedem Hang, in jeder Neigung ganz und ungeteilt aus, wenn auch unter je verschiedenem Gesichtswinkel. [...] Wenn das so ist, müssen wir in jeder Neigung, in jeder Verhaltensweise des Subjekts eine Bedeutung entdecken, die sie transzendiert. Eine *datierte* und besondere Eifersucht, mit der das Subjekt sich in bezug auf eine bestimmte Frau zu Geschichte macht, *bedeutet* für den, der in ihr zu lesen versteht, den umfassenden Bezug zur Welt, durch den das Subjekt sich als ein Selbst konstituiert. Mit anderen Worten: diese *empirische* Haltung ist selbst der Ausdruck der ›Wahl eines intelligiblen Charakters‹. [...] Die existentielle Psychoanalyse sucht die *ursprüngliche Wahl* zu bestimmen. Diese ursprüngliche Wahl, die mit dem Gesicht zur Welt vorgenommen wird und Wahl der Stellung in der Welt ist, ist ganzheitlich wie der Komplex; sie ist, wie der Komplex, früher als die Logik; sie *wählt* die Haltung der Person gegenüber der Logik und den Prinzipien; es kann also nicht die Rede davon sein, sie der Logik gemäß zu befragen. Sie faßt die Gesamtheit des Daseienden in einer prälogischen Synthese zusammen und ist als solche der Mittelpunkt von Beziehungen einer Unendlichkeit mehrwertiger Bedeutungen.«[52]

Wie lautet nun Baudelaires Urwahl? »Er hat gewählt, für sich selbst so zu existieren, wie er für die anderen war; er wollte, daß seine Freiheit ihm wie eine ›Natur‹ erschiene und daß die ›Natur‹, die die anderen in ihm entdeckten, ihnen wie eine Emanation seiner Freiheit vorkäme.« (*Baudelaire*, S. 117) Und an anderer Stelle heißt es: »Aus Stolz und Groll versuchte dieser Mann zeitlebens, sich in den Augen der anderen und in seinen eigenen Augen *zu einem Ding zu machen*. Er wollte abseits stehen von der großen Orgie der Gesellschaft wie ein Standbild, endgültig, undurchdringlich, unassimilierbar. Sagen wir kurz: er wollte *sein* – worunter wir jenen eigensinnigen und streng festgelegten Modus der Präsenz verstehen, welcher einem Objekt eigen ist.« (S. 51) Die Wiederver-

52 *Sein*, S. 708 f u. 717. (Übersetzung von mir)

heiratung seiner Mutter mit dem verhaßten General Aupick stellt Baudelaires Grunderlebnis dar. Er *macht* das Gefühl des Ausgestoßenseins zur schicksalhaften Rolle *wesenhafter* Alterität. Überspringen wir Einzelheiten von Sartres Beschreibung dieser »Selbstkonstitution«. Für ihn liegt die Urwahl in der unmöglichen Komplexierung von Existenz und Sein, in der gewählten und ständig realisierten Spannung von hergestellter Wesenhaftigkeit, in der absurden Absicht, sich als Natur zu schaffen. Aber bei Lichte besehen scheint Baudelaire nichts anderes zu tun, als den konstitutiven Grundwiderspruch des Für-sich konsequent zu »realisieren«, nämlich zwischen Existenz und Sein zerrissen zu sein, insofern die Existenz unstillbarer, aber auch unhintergehbarer Hunger nach Sein ist. Rufen wir uns die folgenden Sätze aus *Das Sein und das Nichts* ins Gedächtnis: »Jede menschliche Wirklichkeit ist direkter Entwurf, das eigene Für-sich zum An-sich-Für-sich zu verwandeln und zugleich Entwurf zur Aneignung der Welt als der Ganzheit des An-sich-Seins in der Besonderung einer fundamentalen Qualität. Jede menschliche Wirklichkeit ist eine Leidenschaft, insofern sie entwirft, sich selbst zu vernichten, um das Sein zu gründen und um zugleich das An-sich zu konstituieren, das als sein eigener Grund der Kontingenz entgeht.« (S. 770) Aber hieße das dann nicht auch, daß Baudelaires Leben nur deshalb ein langsames Sterben war – wie Sartre schreibt –, weil er wie alle nur die Möglichkeit hatte, sein eigenes Scheitern zu wählen, und daß seine Individualität nur eine Inszenierung der Form seines Scheiterns in seinen besonderen Umständen war. Man müßte Sartres Baudelaire-Essay so verstehen, stolperten wir nicht dauernd über die heimlich ausgelegten Schwellen. Alles in diesem Essay ist Entrüstung über Baudelaires hartnäckige Schlaffheit, über seine entschlossene »Wer verliert gewinnt«-Haltung. Sartre bewertet, indem er färbt. Er färbt Baudelaires Leben überaus schwarz, ein fauliger Geruch entströmt dieser Vita. Aber warum diese Heftigkeit, wenn sich hier nur in der Besonderheit die allgemeine Bestimmung der menschlichen Realität vollendet? Sartre erklärt Baudelaire zum Urheber seines traurigen Schicksals. Aber hätte er die Wahl zum Besseren gehabt? Hätte er ein anderer sein können? Vielleicht. Aber das Scheitern kann sozusagen nur die Farbe wechseln, nicht die Richtung, und es scheint, als verweise Sartre auf eine Lebensqualität unterhalb der prinzipiellen – ontologischen – Unmöglichkeit. Aber er insinuiert sie nur, ohne sie zu benennen, ohne sie zu zeigen. Sie ist der unausgesprochene Standort seines fast wollüstigen Grauens über Baudelaires Existenz. Indem er ihn zum allein verantwortlichen Schmied seines Schicksals erklärt, scheint er auf andere Existenzformen hinweisen zu wollen; indem er Baudelaires Handeln als Handwerk der Ohnmacht beschreibt, scheint er die Macht des Handelns beschwören zu wollen; indem er Baudelaires Dichtung als gefälschte Perlen der Passivität hinstellt, scheint er eine ›aktive‹ Literatur im Sinn zu haben. Nur, wo existieren alle diese Aussichten bisher anders als in den Intentionen seiner Kritik?

Die Literaturkritiken enthalten kleine existentielle Psychoanalysen, und die existentielle Studie über Baudelaire enthält eine Literaturkritik. Beide fließen in der Frage zusammen: »*wovon* reden die Bücher? wer schreibt sie? warum?« (*Die Wörter*, S. 52) Warum schreibe ich? Das ist die konkrete Fragerichtung seiner individuellen Moral. Wenn Sartre in einem Interview Ende 1944 sagen wird: »Tatsächlich ist die Moral meine hauptsächliche Sorge, und so war es immer«[53], dann wissen wir gegen den Eindruck, den seine Schriften bei oberflächlicher Betrachtung vermitteln, daß er wirklich versucht hat, in dieser Hinsicht weiterzukommen. Nur haben ihn seine philosophischen Ausgangsbedingungen zunächst in einen Gegensatz zu seinen praktischen Intentionen geraten lassen. Daran wird erst ein neuer historischer Einschnitt etwas ändern.

---

53 ›Jean-Paul Sartre ou l'interview sans interview‹. Article-interview de Pierre Lorquet, in: *Mondes nouveaux*, Nr. 2, 21. Dez. 1944. Hier zit. nach Contat/Rybalka, *Ecrits*, S. 108.

IV. KAPITEL

»Für eine Moral und Kunst des Endlichen«
Die existentialistische Offensive 1944 – 1949

»Ich habe nicht aufgehört, ein moralischer Philosoph zu sein.«[1] Bis an sein Lebensende wird Sartre nicht müde, darauf hinzuweisen, daß ihn das Problem der Moral nie losgelassen habe, auch wenn zu Lebzeiten immer nur Fragmente seiner Überlegungen erschienen. Übrigens muß man dabei von einem ganz schlichten und elementaren Moralbegriff ausgehen: »Wenn man zum Beispiel ein Werkzeug nimmt und sich seiner bedient, so schließt das von Anfang an eine bestimmte Weltsicht und somit eine Moral ein.«[2] In den 70er Jahren äußert Sartre sich mehrfach in Interviews zu den verschiedenen Stadien seiner Beschäftigung mit dem Problem der Moral. In diesen Rückblenden scheint manches durcheinanderzugehen, ja unrichtig zu sein. In einem Gespräch mit Michel Sicard unterscheidet Sartre drei Phasen. Die erste nennt er idealistisch, individualistisch, »sie ähnelt den Moralen der Vorkriegszeit« (S. 15). Die zweite charakterisiert er als »realistisch«, und die dritte sei eine, die »von *Das Sein und das Nichts* und der *Kritik der dialektischen Vernunft* nichts mehr stehen lassen wird« (ibid.).

Die idealistische Phase datiert er in diesem Interview beginnend mit *Das Sein und das Nichts* bis 1946. »Dann habe ich nach *Das Sein und das Nichts* 44, 45, 46, eine Moral in derselben Richtung zu schreiben versucht, mit denselben Ausgangsprinzipien [...]. Ich habe zehn große Notizhefte vollgeschrieben, die meine *verfehlten* Versuche für eine Moral darstellen.« (S. 14) Die zweite Phase verlegt Sartre in die Jahre 1963 – 64, als ihn die Universität von Cornell zu Vorträgen in den Vereinigten Staten eingeladen hatte. Sartre sagte zu und schlug als Thema »Recherches pour une morale« (Untersuchungen zu einer Moral) vor. Diese Vorträge hat er zum Teil ausgearbeitet, teilweise sogar ausführlich. Aber schließlich sagte er die Einladung wegen des militärischen Eingreifens der Amerikaner in den Vietnam-Krieg ab. Diese Vorträge

1 ›L'écriture et la publication‹. Gespräch mit Michel Sicard [1977/78], in: *Obliques*, Nr. 18 – 19, 1980 (Sonderband »Sartre et les arts«), S. 9 – 29. Hier: S. 14.
2 *Sartre. Ein Film*, S. 65.

sollen demnächst erst veröffentlicht werden.[3] Die dritte Phase bezieht sich auf das Gesprächsbuch »Pouvoir et Liberté« (Macht und Freiheit). Aber diesen Text, der ab Mitte der 70er Jahre durch auf Tonband mitgeschnittene Gespräche zustande kam, hat Sartres Gesprächspartner Pierre Victor bis heute nicht zur Veröffentlichung freigegeben. Wir wollen uns hier im wesentlichen auf die von Sartre »idealistisch« getaufte Periode beschränken.

Was meint er mit »idealistisch«? In dem Film über ihn sagt er: »Ich habe immer gedacht, daß es eine Moralität gibt. Aber sie kann nur in konkreten Situationen existieren, setzt also den real in einer Welt engagierten Menschen voraus, und daß man sieht, was aus dieser Freiheit in dieser Welt wird. Mit anderen Worten, die *Kritik der dialektischen Vernunft* ist eine Fortsetzung von *Das Sein und das Nichts*, und die Moral kann erst danach kommen.«[4] Kurz darauf datiert er die »realistische« Periode in die Zeit »vor allem nach dem Krieg und bis 1965«.[5] Zunächst muß man einen kleinen Irrtum korrigieren. Die zehn großen Notizhefte zur Moral hat Sartre wesentlich in den Jahren 1947–48 gefüllt. Dieses Konvolut ist 1983 unter dem Titel *Cahiers pour une morale* (Hefte zu einer Moral) postum erschienen.[6] Allerdings ist Sartres Aussage nur irreführend bezüglich seiner Angaben über die Notizhefte. Wir werden gleich sehen, daß er tatsächlich bereits zwischen 1944 und 1947 zahlreiche Ansätze zu einer Theorie und Praxis der Moral formuliert, von ›Der Existentialismus ist ein Humanismus‹ bis zu *Was ist Literatur?*. Ein anderer Widerspruch scheint darin zu bestehen, daß die »idealistische« Phase sich einmal bis weit in die Nachkriegszeit erstreckt, dann – an anderer Stelle – »der Realismus« direkt in der Nachkriegszeit begonnen haben

3 Die verschiedenen Manuskripte dieser Phase der »Moral« haben Bob Stone und Elisabeth Bowman in ihrem Aufsatz ›Ethique dialectique. Un premier regard aux notes de la conférence de Rome. 1964‹ (in: *Sur les écrits posthumes de Sartre*. Annales de l'Institut de Philosophie et de Sciences morales. Bruxelles 1987. S. 9–34) näher beschrieben. Im selben Band (S. 35–54) findet sich eine weitere Untersuchung zum Thema: Juliette Simont, ›Autour des conférences de Sartre à Cornell‹.

4 *Sartre. Ein Film*, S. 63 f.

5 Ibid., S. 65 f.

6 Allein die im Anhang abgedruckten Fragmente stammen aus dem Jahre 1945. Sartre irrt sich gelegentlich, was Daten und Manuskripte angeht. In diesem Fall wird der Lapsus allerdings durch die Frage vorbereitet, die Sicard stellt, und worin er nach der »Moral von 1945–47« fragt. Wahrscheinlich bezieht sich Sicard dabei auf die Äußerung Sartres in dem Film-Interview (S. 60), wo Sartre irrtümlicherweise seine ersten Moralversuche in die Jahre »zwischen 1945–47« legt.

soll. Dieses eine Mal liegt die Wahrheit wohl tatsächlich in der Mitte, das heißt, beides stimmt. Wenn man den Realismus in seiner allgemeinsten Form so definiert, daß er den »real in einer Welt engagierten Menschen« in den Blick faßt, dann legt jede Seite, die Sartre seit 1945 geschrieben hat, von diesem Realismus Zeugnis ab. Aber wir begegnen ebenso dem Idealismus in all diesen Schriften, insofern von der Welt nur aus der Sicht eines einzelnen, situierten Bewußtseins gesprochen wird. Sartre entgeht zwar keineswegs die *Tatsache* der Kollektive, die Macht der Umstände, die Realität der Zwänge, aber er kann sie mit seinen philosophischen Mitteln noch nicht beschreiben. Kurz, die Fundierung des Individuums im Sozialen und die Fundierung des Sozialen im Individuum bilden zwar vage den Horizont seines Denkens, doch gerinnt diese Dialektik immer wieder zu den beiden unvermittelten Polen Individuum und Gesellschaft. Genau dieser Konflikt bestimmt Sartres Denken und Handeln in den ersten Jahren der Nachkriegszeit.

»Waren erst einmal Hitler und Mussolini hingerichtet, Franco und Salazar davongejagt, würde sich Europa endgültig von der Schande des Faschismus lossagen. Das Programm der Widerstandsbewegung würde Frankreich auf den Weg zum Sozialismus führen. Wir bildeten uns ein, das Land sei so gründlich aufgerüttelt worden, daß es möglich sein müsse, ohne neue Krämpfe sein Gefüge von Grund auf zu verändern. Der *Combat* formulierte unsere Hoffnungen in seiner Devise: Vom Widerstand zur Revolution. Dieser Sieg ließ unsere früheren Niederlagen vergessen, es war *unser* Sieg, und uns gehörte die Zukunft, die er eröffnete. Die Regierung bestand aus Widerstandskämpfern, die uns, mehr oder weniger direkt, kannten. Mit vielen verantwortlichen Repräsentanten der Presse und des Rundfunks waren wir befreundet. Die Politik war zu einer Familienangelegenheit geworden, und wir hatten die Absicht, uns einzumischen.«[7] Das also bedeutete die Befreiung 1944 und das Ende des Weltkriegs 1945 für Sartre und seine Freunde: Hoffnung, Aufbruch zu neuen Ufern, konstruktive Aktion, Engagement. Fast alles, was Sartre in der unmittelbaren Nachkriegszeit schreibt, ist von dieser Euphorie und diesem Optimismus bestimmt. Freilich erhöht diese Lage auch den Druck: Welches Denken sollte den Aufschwung lenken? Wir haben ja gesehen, daß Sartre – zumindest in seinen Schriften – bisher nur einige vage Optionen formuliert hat. Sein Denken enthält bislang keinerlei ins Politische übersetzbare Aussagen, keine gesell-

7 S. de Beauvoir, *Der Lauf der Dinge*, S. 12.

schaftliche Perspektive und keinen konkreten Entwurf des Individuums. Mit einem Male befindet er sich wieder in einer Situation, die der von 1939–40 ähnelt: Die Geschichte fordert ihn zur Entscheidung heraus. Aber in der Zwischenzeit hat er einiges dazugelernt. Worin besteht der entscheidende intellektuelle Bruch zwischen Besatzungszeit und Krieg auf der einen Seite und der Nachkriegszeit andererseits? Maßgebend scheint, daß die Besatzungszeit weder Sartre noch seine Umgebung mit großen »moralischen« Problemen konfrontiert hat. »Niemals waren wir freier als unter der deutschen Besatzung«, lautet der provokante erste Satz eines Aufsatzes, in dem Sartre am 1. September 1944 in den *Lettres françaises* die Zeit unter der Besatzung charakterisierte.[8] »Wir hatten all unsere Rechte verloren und in erster Linie das Recht zu sprechen; jeden Tag warf man uns Schmähungen ins Gesicht, und wir mußten schweigen; [...] Exil, Gefangenschaft und vor allem der Tod, den man in glücklichen Zeiten geschickt kaschiert, machten wir zu ständigen Gegenständen unserer Sorgen, wir lernten, daß das keine unvermeidbaren Unfälle, ja nicht einmal dauernde, aber äußere Bedrohungen sind: es galt, darin unser *Los*, unser Schicksal, die tiefe Quelle unserer menschlichen Realität zu sehen; jede Sekunde erlebten wir die volle Bedeutung des banalen kleinen Satzes: ›Alle Menschen sind sterblich‹. Und die Wahl, die jeder von sich traf, war echt, weil sie angesichts des Todes fiel, weil sie sich stets in der Form, ›lieber den Tod als...‹ hätte ausdrücken lassen.«

Tatsächlich, wenn jede Entscheidung sich fast als Reflex gegen die Umwelt behauptet, wenn Freund und Feind sich so klar zu erkennen geben, wenn man nur der bleiben mußte, der man war, um dann bereits als Gegner, als subversives Potential im Geist von Faschismus und Kollaboration zu gelten, dann hatte es für Sartre kein zwingendes praktisches moralisches Problem seit der Besatzung gegeben. Aber jetzt fordern die neuen Umstände eine konkrete und praktische, sowohl individuelle als auch kollektive Moral.

Der Einschnitt von 1944–45 bedeutet auch in einer anderen Hinsicht die Wende. Sartre tritt, fast mir einem Schlag, in das Rampenlicht einer breiteren Öffentlichkeit. Er publiziert in den wichtigen Zeitungen zum Teil aufsehenerregende Artikel und Reportagen. Sein Theaterstück *Bei geschlossenen Türen* wird mit großem Erfolg gespielt. Man beginnt, *Das*

---

8 Dtsch.: ›Die Republik des Schweigens‹, in: *Paris unter der Besatzung. Artikel und Reportagen 1944–1945*. S. 37–38.

Sein und das Nichts zur Kenntnis zu nehmen. Ende 1945 erscheinen die beiden Romane *Zeit der Reife* und *Der Aufschub*. Vor allem hält Sartre ein bald höchst einflußreich werdendes Publikationsinstrument in Händen: die Zeitschrift *Les Temps Modernes*. Eigentlich seit Ende 1944 beschlossene Sache, dann aber wegen des Papiermangels aufgeschoben, erscheint die erste Nummer im Oktober 1945. Zum Redaktionskomitee gehören Raymond Aron, Maurice Merleau-Ponty, Michel Leiris, Jean Paulhan, Simone de Beauvoir und – als Direktor – Jean-Paul Sartre. Allein diese Zusammensetzung sagt einiges über den Optimismus der allerersten Nachkriegszeit und über das Zutrauen, bei der Erneuerung Frankreichs auch die heterogensten Kräfte und Köpfe legieren zu können.

Die Gerüchte über Simone de Beauvoirs und Sartres Beziehung, über die Libertinage und »Abartigkeit« des Existentialismus, überhaupt über das Treiben in Saint-Germain sind Legion und immerhin in der Hinsicht aufschlußreich – sieht man von den Manipulationen der Skandalpresse ab –, wie sehr sich der Eindruck, den Sartres Schriften hinterlassen, von seinem Selbstverständnis unterscheidet. Das gilt natürlich besonders für die Vorwürfe seitens der Christen und der Kommunisten, mit denen er nach dem Krieg überschüttet wird. »Der Ruhm brachte mir den Haß«, zitiert Simone de Beauvoir ihren Lebensgefährten in jenen Jahren.[9] Aber Sartre nutzt seine neue, skandalumwitterte Bekanntheit nicht nur zu einigen Richtigstellungen, sondern insgeheim gibt er seinem Denken auch eine neue – offensive – Richtung.

Françis Ponge, Kulturchef der kommunistischen Zeitung *Action*, weist Sartre 1944 eines Tages darauf hin, daß sich auf seinem Schreibtisch zahlreiche Polemiken und Pamphlete gegen den Existentialismus im allgemeinen und gegen ihn, Sartre, im besonderen häuften. Er bietet ihm die Gelegenheit, sich auf den Seiten der Zeitung gegen die Angriffe zu wehren. Sartre nutzt das Angebot und faßt die gegen ihn erhobenen Vorwürfe in drei Punkten zusammen[10]: Erstens wirft man ihm vor, ein Schüler Heideggers zu sein; zweitens verführe er die Jugend, indem er sie zu Hoffnungslosigkeit und Nihilismus anstifte; drittens sei der Existentialismus eine Lehre, die das Negative, den Schmutz und

9 *Der Lauf der Dinge*, S. 52.
10 ›A propos de l'existentialisme: mise au point‹, in: *Action*, Nr. 17, 29. Dez. 1944. Dtsch. in: Traugott König (Hrsg.), *Den Menschen erfinden. Sartre Lesebuch*. Reinbek 1986. S. 55–62.

das Hinfällige betone und schätze. »Heidegger hat keinen Charakter«, aber deswegen sei sein Denken ebensowenig Nazi-Philosophie, wie Marxens *Kapital* preußisch ist, nur weil er bei Hegel die Dialektik gelernt habe. Dann erwidert Sartre in knappen Worten, daß der Existentialismus nicht nur keine Philosophie der Hoffnungslosigkeit ist, sondern im Gegenteil ein Denken, das alle Hoffnung darin sieht, daß »der Mensch sich sein eigenes Wesen schaffen muß; indem er sich in die Welt wirft, in ihr leidet, in ihr kämpft, definiert er sich allmählich; und die Definition bleibt immer offen«. Die existentialistische Hoffnung besteht nicht im Glauben, daß die Dinge sich regeln und die Lösungen vom Himmel fallen. Die darin enthaltene Idee des Schaffens, Hervorbringens, der Lebenserfindung wird auch nicht dadurch beeinträchtigt, daß der Mensch dauernd auf die Grunderfahrung der Angst stößt. Aber diese Angst beruht nicht auf irgendeiner nervösen Furchtsamkeit, sondern sie ist das begründete Korrelat jenes Wissens, daß wir ohne apriorischen Wert und ohne apriorische Moral oder Fundament, ohne Stütze handelnd auskommen müssen. Resümierend charakterisiert Sartre den Existentialismus als »*eine humanistische Philosophie des Handelns, der Anstrengung, des Kampfes, der Solidarität*« (S. 61). Bemerkenswert ist, wie Sartre hier das Schöpferische, Kraftvolle, Bejahende betont, das – wie man zugeben muß – in seinem bisherigen literarischen und philosophischen Werk doch eher verdeckt und als Konflikthaftes, Scheiterndes, Unmögliches gedacht oder wenigstens gefärbt wurde. Allein von der inneren Genese seines Werkes her kann man nachvollziehen, daß Sartre hier – unter dem Eindruck einer historischen Wende – bloß die Blickrichtung und die Akzente verändert und jetzt ein bisher im Halbdunkel belassenes Potential seines Denkens ans Licht holt. Aber er wird auch gemerkt haben, daß die Präferenzen, die er nun setzt, von diesem Denken nur höchst unvollkommen gedeckt werden. In diesem Sinne ist die »Klarstellung« mehr Richtungsstellung als Richtigstellung.

Das gilt ungleich mehr noch für den Vortrag ›Der Existentialismus ist ein Humanismus‹[11], den Sartre Ende Oktober 1945 im »Club Mainte-

---

11 ›Ist der Existentialismus ein Humanismus?‹, in: *Drei Essays*. Frankfurt/Berlin/Wien 1971. S. 7–51. Franz.: *L'existentialisme est un humanisme*. Paris 1946. Sartre hat es später als einen »schweren Fehler« bezeichnet (*Sartre. Ein Film*, S. 62), den Vortrag für den Druck freizugeben. Aber er konnte wirklich nicht ahnen, daß dieser Text zur Vulgata des Existentialismus werden sollte. Uns interessiert der Text nicht seiner Wirkung wegen, sondern weil er die moralischen Intentionen Sartres in einer verblüffenden Rohfassung vorführt.

nant« hält. Gegen die bekannten Vorwürfe stellt Sartre den Existentialismus als eine Lehre dar, »die das menschliche Leben möglich macht und die anderweit erklärt, daß jede Wahrheit und jede Handlung eine Umwelt und eine menschliche Ichheit einschließt« (S. 8). Wiederum: Dieser Anspruch ist durchaus mit den Prinzipien von *Das Sein und das Nichts* vereinbar, aber die Akzente sind entschieden anders gesetzt. In diesem Vortrag hebt Sartre drei Punkte besonders hervor: die Subjektivität, die Umweltsituiertheit und die Moral. Das markiert wieder eine deutliche Differenz zum Artikel in *Action*, oder wenn man so will: die Differenz zwischen den Jahren 1944 und 1945, der Befreiung und dem Kriegsende. In dem Moment, da die französische Gesellschaft sich scheinbar von Grund auf neu formiert, sucht Sartre mit allen Mitteln eine gesellschaftstragende Moral, und zwar nicht nur gegen das konkurrierende – bürgerliche – Modell der Rechten, sondern vor allem und viel mehr gegen die Kommunisten, die aus dem Krieg und der Résistance erstarkt hervorgehen.

»Subjektivismus bedeutet einerseits Wahl des individuellen Subjekts durch sich selber und andererseits Unmöglichkeit für den Menschen, die menschliche Subjektivität zu überschreiten.« (S. 12) Subjektivität und Ichheit bleiben aber im Weiteren undefiniert; von der Leere des Bewußtseins, dem Nichts ist wohlweislich nirgends die Rede. Sartre stellt vielmehr die Chance zur Unbestimmtheit als Freiheit zur Wahl heraus: »Wählen Sie, das heißt erfinden Sie.« (S. 19) Und: »Sagen wir lieber, daß man die moralische Wahl mit der Gestaltung eines Kunstwerks vergleichen soll.« (S. 29) Das heißt aber nicht, daß es sich dabei um eine »ästhetische Moral« handelt, wenn man zugrunde legt, daß »ästhetisch« für eine unverbindliche Wahl des Scheinhaft-Schönen steht. Vielmehr ist jeder voll verantwortlich für die Wahl, die er in der situierten Einzelheit des Ich trifft; letztlich aber wählt er die ganze Menschheit. Denn wir kommen zu uns selbst im Angesicht der Anderen. »Somit entdeckt der Mensch, der sich durch das Cogito unmittelbar erfaßt, auch alle anderen, und er entdeckt sie als die Bedingung seiner Existenz.« (S. 26) Jede Wahrheit oder Wirklichkeit entsteht mit den Anderen und durch sie. Um das Individuelle vor der vereinzelten, isolierten und beliebigen Subjektivität zu retten, genügt Sartre nicht allein die Andeutung eines grundlegenden Wir – und mehr als Andeutungen über die Intersubjektivität finden wir hier nicht –, er entwirft noch die Universalität eines jeden Entwurfs »in dem Sinne, daß jeder Entwurf für einen jeden Menschen verstehbar ist« (S. 27). Aber auch diese hermeneutische Universalität bleibt unexpliziert, es sei denn, man wollte den Hinweis, daß der Entwurf eines Chinesen oder Indianers von einem Europäer verstanden werden kann, für eine Begründung halten. Es kann keinerlei Zweifel geben, daß die moralische Intersubjektivität, die Sartre so entschlossen in den Vordergrund seines Vortrags stellt, keinerlei theoretische Stütze hat. Indes zeigt gerade dieser Sachverhalt, daß er beinahe verzweifelt an einer Moral arbeitet.

Der Vortrag ›Der Existentialismus ist ein Humanismus‹ konzediert historisch-gesellschaftliche Determination in Form von »Situiertheit«; aber er streift dieses Problem nur. Der Mensch stößt auf objektive Bedingungen, Beschränkungen, Zwänge, aber er kann nicht auf diese objektiven Tatsachen reduziert werden, sie haben keine mechanischen Wirkungen auf ihn zur Folge. Vielmehr bedeutet der Druck der Umstände, daß jeder jederzeit gezwungen ist zu wählen.

Der Auseinandersetzung mit der Geschichte räumt der Aufsatz ›Materialismus und Revolution‹[12] wesentlich mehr Platz ein. Sartre formuliert hier sehr offensiv seine Zweifel am historischen Materialismus als der offiziellen revolutionären Doktrin der KPF. Tatsächlich enthält dieser Text eher eine Auseinandersetzung mit grundsätzlichen theoretischen Positionen der KP als eine detaillierte Diskussion mit dem Marxismus. Kaum verwunderlich beim Stande der französischen Marx-Rezeption, die Sartre zu diesem Zeitpunkt gewiß noch nicht überholt hat. So bezieht er sich gerne auf Friedrich Engels und dann besonders auf die einschlägig berüchtigten Positionen Engels' im sogenannten ›Anti-Dühring‹[13] – oder sogar auf Stalin. Bei dem späteren Nachdruck des Essays in *Situations III* präzisiert Sartre in einer Anmerkung, daß seine Kritik sich nicht gegen Marx richte, sondern »an die marxistische Scholastik von 1949. Oder, wenn man so will, an Marx *durch* den Stalinschen Neo-Marxismus *hindurch*« (S. 135).

Sein Haupteinwand gilt der Tatsache, daß der Materialismus als »revolutionärer Mythos« keinen Platz für die Subjektivität, für die Frei-

---

12 ›Materialismus und Revolution‹, in: *Drei Essays*, op. cit., S. 52–107. Franz.: ›Matérialisme et Révolution‹, in: *Les Temps Modernes*, Nr. 9, Juni 1946; Nr. 10, Juli 1946.

13 Zum Problem der französischen Marx-Rezeption cf. Bruno Schoch, *Marxismus in Frankreich seit 1945*. op. cit. Zum ganzen Komplex der Auseinandersetzung zwischen kommunistischer Orthodoxie und den Intellektuellen cf. die monumentale Studie von Janine Verdès-Leroux, *Au service du parti. Le parti, les intellectuels et la culture. 1944–56*. Paris 1983.

heit, für die Wahl des Individuums vorsieht. Er nennt den Materialismus »eine Form des Geistes der Schwere und der Flucht vor sich selbst« (S. 68). »Man tritt in ihn ein wie in eine Religion. Ich würde ihn gern als die Subjektiviät derjenigen bestimmen, die sich ihrer Subjektivität schämen.« (S. 69) Wenn die Revolution keinen Wert hat, sondern nur Produkt einer historischen Mechanik sein soll, dann braucht man sie nur zu erwarten und nicht für sie zu kämpfen. So gesehen ist *diese* Vorstellung der Revolution geradezu konterrevolutionär. Die Revolution hat nur Sinn, wenn die Befreiung, die Freiheit einen Wert darstellt. Aber Werte setzen Subjektivität und Wahl voraus. »Was ist denn in Wirklichkeit ein Wert, wenn nicht der Aufruf dessen, was noch nicht ist, an uns?« (S. 87) »Damit ein Hügel leicht oder schwierig zu erklimmen sei, muß man den Plan zu seiner Besteigung gefaßt haben. Idealismus und Materialismus lassen in gleicher Weise das Wirkliche sich verflüchtigen, der eine, weil er das Ding aufhebt, der andere, weil er die Subjektivität aufhebt. Damit sich die Wirklichkeit enthüllt, ist es notwendig, daß ein Mensch gegen sie kämpfe; mit einem Wort, der Realismus des Revolutionärs erfordert gleicherweise das Vorhandensein der Welt und der Subjektivität, besser: er verlangt eine solche Wechselwirkung der einen und der anderen, daß man sich keine Subjektivität außerhalb der Welt, noch auch eine Welt, die nicht durch die Anstrengung der Subjektivität erleuchtet würde, denken kann.« (S. 100)

Von diesem Standpunkt aus kritisiert Sartre die theoretischen Schlüsselbegriffe des Materialismus: »Dialektik«, »Wissenschaft«, »Materie«. Aber er begnügt sich nicht allein mit dieser Kritik, sondern er entwirft sogar das Programm einer revolutionären Gesellschaftstheorie: »Es ist eine philosophische Theorie notwendig, die zeigt, daß die Wirklichkeit des Menschen Handeln ist und daß das Handeln im Universum mit dem Verständnis von diesem Universum, so wie es ist, eins ist – anders gesagt, daß das Handeln Enthüllung der Wirklichkeit *und zugleich* Veränderung dieser Wirklichkeit ist.«[14] Damit spitzt er die geschichtsphilosophischen Fragmente aus den *Tagebüchern* zu, die jetzt zum Keim der *Kritik der dialektischen Vernunft* werden.

Überdies streift Sartre hier ein Thema, von dem er vielleicht bereits ahnen mag, daß es ihn die nächsten Jahre, sogar Jahrzehnte beschäftigen und zerreißen wird, daß nämlich der Materialismus durch die Politik der KPF hindurch die Philosophie des Proletariats darstellt und dessen

14 ›Materialismus und Revolution‹, S. 82. (Übersetzung von mir)

revolutionäre Hoffnungen verkörpert – aber deshalb noch lange nicht die Wahrheit darstellt. Zwar signalisiert Sartre eine gewisse Bereitschaft, den Materialismus als Arbeitshypothese gelten zu lassen, vor allem aber als Kampfinstrument. Doch scheinen die Materialisten dazu keineswegs bereit, wenn sie im Namen ihrer höchst unbefriedigenden Wahrheiten den Zweifel und die abweichenden Meinungen bekämpfen. Wir werden im folgenden sehen, wie Sartre zwischen dem theoretischen Ungenügen am Materialismus und dessen geschichtlicher Macht theoretisch und praktisch zu vermitteln versuchen wird.

Wenn ›Der Existentialismus ist ein Humanismus‹ und ›Materialismus und Revolution‹ in erster Linie eine kritische philosophische Abgrenzung gegen den Materialismus bedeuten, aber auch den Versuch, in das Herz der Naturdialektik beziehungsweise in die historischen Verkürzungen des Materialismus den Stachel der Freiheit, die unreduzierbare ›Lücke‹ des Individuums zu setzen, dann sind die parallelen Aufsätze ›Vorstellung von *Les Temps Modernes*‹ [15], ›Die Nationalisierung der Literatur‹ [16] und ›Für seine Epoche schreiben‹ [17] Entwürfe einer existentialistischen Praxis.

In der ›Vorstellung von *Les Temps Modernes*‹ versucht Sartre, gleich anfangs die Verantwortlichkeit des Schriftstellers herauszustellen. Seit den Lehren des l'art pour l'art und seit dem Realismus existiert die Versuchung der Unverantwortlichkeit, aber »der Schriftsteller ist in seiner Epoche *situiert*: jedes seiner Werke findet einen Widerhall. Auch sein Schweigen« (S. 158). Und eben weil er die Öffentlichkeit sucht und die Öffentlichkeit ihn, deshalb sind auch »Flaubert und die Brüder Goncourt für die Repression der Commune mitverantwortlich« (ibid.).

Sartre annonciert die Aufgaben der Zeitschrift darin, »zu bestimmten Veränderungen in der Gesellschaft beizutragen, die uns umgibt«. Damit meint er zugleich die soziale Lage als auch die Auffassungen, die die Menschen von sich hegen. Jedoch ist dieses Programm nicht partei-

---

15 In: *Der Mensch und die Dinge*, S. 156–170. Franz.:›Présentation‹, in: *Les Temps Modernes*, Nr. 1, 1. Oktober 1945.

16 In: *Der Mensch und die Dinge*, S. 171–184. Franz. ›La nationalisation de la littérature‹, in: *Les Temps Modernes*, Nr. 2, Nov. 1945.

17 In: *Der Mensch und die Dinge*, S. 185–191. Franz.: ›Ecrire pour son époque‹, in: *Les Temps Modernes*, Nr. 33, Juni 1948. Vorabdruck in zahlreichen kleineren ausländischen Zeitschriften.

politisch zu verstehen, sondern im Sinne einer autonomen intellektuellen Tätigkeit, als literarisch-philosophisch-publizistische Vermittlung. Sartre spricht von einer neuen Anthropologie. Er grenzt sie vom analytischen Geist – der Ideologie der bürgerlichen Klasse – ab. Das analytische Denken reduziere den Menschen auf eine Ansammlung natürlicher, atomisierter, maschinengleich funktionierender Elemente. Gegen den Menschen als Natur schlägt Sartre als Programm der *Temps Modernes* eine »synthetische Anthropologie« (S. 165) vor, die jedoch nicht ganz ungefährlich ist: »Wenn das Individuum eine willkürliche, vom analytischen Geist getroffene Auswahl ist, läuft man nicht Gefahr, durch den Verzicht auf die analytische Auffassung die Herrschaft der Person durch die Herrschaft des Kollektivbewußtseins zu ersetzen?« (ibid.) Und in gewissem Sinne könnte man sogar den Faschismus für eine Form des synthetischen Denkens halten. So geht es Sartre um eine Haltung, in der das Individuum nicht in den Kollektiven erstickt, andererseits aber auch nicht in abgerissener Vereinzelung nur sich selbst lebt. »Wir können uns ohne Schwierigkeiten vorstellen, daß ein Mensch, obwohl er von seiner Situation vollkommen bedingt ist, ein Zentrum irreduzibler Nichtdeterminiertheit sein kann. Dieses Stück Unvorhersehbarkeit, das sich vom gesellschaftlichen Feld abhebt, ist das, was wir Freiheit nennen, und die Person ist nichts anderes als ihre Freiheit. Diese Freiheit darf man sich nicht als ein metaphysisches Vermögen der menschlichen ›Natur‹ vorstellen, sie ist auch weder ein Freibrief, zu tun und zu lassen was man will, noch irgendeine innere Zuflucht, die uns noch in Ketten erhalten bliebe. Man macht nicht, was man will, und dennoch ist man für das verantwortlich, was man ist: so ist es; der Mensch, der sich durch so viele Ursachen gleichzeitig erklären läßt, muß dennoch das Gewicht seiner selbst alleine tragen. In diesem Sinne könnte die Freiheit als ein Fluch gelten, sie *ist* ein Fluch. Aber sie ist auch die einzige Quelle der menschlichen Größe.« (S. 167 f)

Fassen wir zusammen. Sartre geht es um eine durch die Literatur, oder allgemeiner: die Schriften, die sich allein als vermittelnde Praxis verstehen, geschaffene Weltanschauung, in der Individuum und Kollektiv sich praktisch vermitteln und durchdringen. Tatsächlich bleibt an diesem Entwurf alles Programm. Weder kann Sartre auf ein, auch nicht sein Denken zurückgreifen, das die praktische Vermittlung von Individuum und Kollektiv auch nur annähernd theoretisch fassen könnte, noch zeigt sich irgendwo eine Literatur, die sich in diesem Sinne begreifen könnte oder wollte. Im Gegenteil rufen Sartres Thesen Wut, Empörung und Spott hervor.[18]

Eine Richtigstellung, aber auch Vertiefung seiner Absicht, die Literatur in die Verantwortlichkeit zu nehmen, enthält der Aufsatz ›Die Nationalisierung der Literatur‹. Sartre weist hier auf die große Gefahr hin, daß die Literatur sich vor den Karren der Parteien, der Wirtschaft, der praktischen Interessen spannen läßt, die ihre Macht entdeckt haben. »Wenn ihnen das gelingt, wird der Schriftsteller wählen können: entweder er verschreibt sich der Wahlpropaganda, oder er tritt in die Sonderabteilung des Informationsministeriums ein; die Kritiker befassen sich nicht mehr damit, seine Werke zu würdigen, sondern untersuchen ihre nationale Bedeutung und Wirksamkeit.« (S. 183) Womit er einerseits die Öffentlichkeitsmacht der Literatur betont und andererseits kritisiert, daß das Potential der Literatur von Kräften entschlossen genutzt wird, die mit der Autonomie der Literatur wenig im Sinne haben. Kurz, die Literatur riskiert, engagiert zu *werden* und somit die Chance eines autonomen, authentischen Engagements aus der Hand zu geben.

Diese beiden Aufsätze erscheinen kurz hintereinander und lösen teilweise heftige Debatten aus, an denen sich unter anderem André Gide beteiligt.[19] Ende 1946 antwortet Sartre darauf in seinem Artikel ›Für

18 Selbst ein Mann wie Jean Paulhan, der sogar eine Zeitlang im Redaktionskomitee der *Temps Modernes* sitzt, schreibt in einem Brief an André Gide am 10. Dez. 1944: »Sartre hat für *Les Temps Modernes* gerade ein Manifest verfaßt, bestehend aus einem solide wirkenden marxistischen Teil und einem schimärenhaften metaphysischen Teil. Flaubert beging den Irrtum, die Unterdrückung der Commune nicht zu verurteilen, und Proust den, von heterosexueller Liebe zu sprechen. Meinetwegen, es lebe die sogenannte engagierte Literatur. Ihre Loslösung vom Marxismus gelingt Sartre nur in dem Maße, wie er sich auf eine menschliche Freiheit einläßt, die hundertmal dürftiger als die von Albertine ist. Ich habe zugesagt, dem Komitee dieser Zeitschrift beizutreten, die wohl langweilige und fade Begründungen kaum vermeiden wird. Aber in der Literatur ist alles verwendbar.« (Unveröffentlichter Brief, Archiv Paulhan. Zit. n. A. Cohen Solal, *Sartre*, S. 347) Vielleicht belegt dieses skeptische Zitat ganz gut, warum Sartre die Generation der Gides, der Paulhans, der Valérys abgelöst hat, aber auch welche Schwellen er dabei zu überwinden hatte. Paulhan hat zwar nicht ganz unrecht, wenn er von einer »schimärischen Metaphysik« schreibt, aber er irrt sich gründlich, wenn er das Potential dieser Metaphysik hinter »langweiligen und faden Begründungen« verschwinden sieht.

19 Zu den Kontroversen um die ersten literarischen Essays Sartres in der Nachkriegszeit cf. Karl Kohut, *Was ist Literatur? Die Thesen der ›littérature engagée‹ bei J.-P. Sartre*. Phil. Diss., Marburg 1965.

seine Epoche schreiben‹, der wahrscheinlich ursprünglich als Abschnitt zu *Was ist Literatur?* vorgesehen war. [20] Er setzt sich hier noch einmal mit dem Vorwurf der Relativierung der Literatur durch ihre situative Zweckhaftigkeit auseinander. Das Absolute ist in seinen Augen weniger dasjenige, was sich durch die Zeiten hindurch in die Ewigkeit zu retten versucht, sondern absolut sind alle Hervorbringungen des Menschen. »Die Wahl unserer selbst ist ein Absolutes« (S. 186), und die Epoche ist die aus der Wahl der Einzelnen gefügte Intersubjektivität, die ihrerseits ein Absolutes darstellt. »Das Menschsein verlangt aber, daß man seine Wahl in der Unwissenheit trifft, erst durch die Unwissenheit wird die Moral möglich.« (S. 187) Was sich also auf nichts reduzieren läßt, was Abkömmling einer freien und nicht letztbegründbaren Wahl des Menschen ist, nennt Sartre das Absolute. In diesem Sinne ist natürlich jeder freie Akt ein Absolutes und gewiß die Literatur. Außerdem kann niemand für seine Enkel schreiben, deren Probleme wir nicht ahnen können. Aber wenn die Enkel in ihrer Epoche entscheiden, welche Literatur der Großväter sie noch wollen, so haben weder die einen noch die anderen recht oder unrecht; das heißt nur, daß sich die Zeiten, die Probleme und Themen geändert haben. »Wir sind für eine Moral und eine Kunst des Endlichen.« (S. 191)

In sechs Lieferungen – von Februar bis Juni 1947 – erscheint dann in *Les Temps Modernes* Sartres Versuch, seine Thesen von der spezifischen Verantwortlichkeit der Literatur grundsätzlich und systematisch zu entwickeln: *Was ist Literatur?* [21] Eine Frage, die, wie wir gesehen haben, für Sartre nicht ganz neu ist, die er aber in dieser Radikalität noch nicht gestellt hat und die schließlich unter dem ›Erfindungsdruck‹ der Nachkriegszeit mehr und anderes zu beantworten hat als seine persönliche Leidenschaft.

Über diesen Text ist so viel, so viel Kontroverses und auch Absurdes geschrieben und gemutmaßt worden, daß es völlig zwecklos erscheint, die bisherige Diskussion zusammenzufassen, um dann in sie einzusteigen. Wir wollen uns hier darauf beschränken zu zeigen, inwieweit dieser Text auf Sartres Problem antwortet, nämlich Schreiben, sein Schreiben, die Aufgabe einer gesellschaftlichen Moral und das Problem

20 Cf. Contat/Rybalka, *Ecrits*, S. 153.
21 Franz.: ›Qu'est-ce que la littérature?‹. Um einige Anmerkungen ergänzter Wiederabdruck in: *Sit. II*, S. 55–330. Dtsch. 1981.

der Geschichte zu integrieren, und schließlich, welche Konsequenzen sich aus dieser Antwort ergeben.

Das erste der insgesamt vier Kapitel fragt »Was ist Schreiben?«. Es geht Sartre vor allem um die Prosa. Töne, Farben und Poesie nennt er Zeichen im eingeschränkten Sinne. Das Dichterwort arbeitet mit der signifikanten Materie; es vergißt sich nicht zugunsten des Dinges, auf das es verweist; seine Bedeutung bleibt ihm irgendwie immanent und wirkt auratisch. Übrigens differenziert Sartre beim Nachdruck seines Essays in *Situations II* diese Unterteilung und bezieht die Charakterisierung der Dichtung vor allem auf die Lyrik des 19. und 20. Jahrhunderts. Auch gesteht er zu, daß es in der Poesie immer einen Anteil Prosa gibt, ein gelingendes Bezeichnen, und in der Prosa immer ein Moment von scheiterndem Bezeichnen, Poesie also. Aber auch diese einschränkenden Hinweise wollen nicht recht überzeugen. Denn selbst wenn man nur die moderne Dichtung in Betracht zieht, was sollte daran hindern, den Bezug auf das Dickicht des signifikanten Materials als den Umweg des Bedeutens anzusehen? Tatsächlich meint Sartre einen Sinn des Schreibens, den besonders die moderne Dichtung verkörpert, den er später aber auch in der Prosa eines Jean Genet und eines Gustave Flaubert entdecken wird: das Schweigen, die Weigerung zu kommunizieren. Es scheint, als suche Sartre ein diesem Sinn entgegengesetztes, zielgenaues und schlagkräftiges Sprechen. Er findet es in der Prosa, die »ihrem Wesen nach utilitär« (S. 23) ist. Das heißt, der Zweck der Sprache ist nicht die Sprache selbst – wie in der Poesie –, sondern »Kommunikation« (ibid.). Es geht um die Verständigung über die Welt. Doch man kann nicht bloß als deskriptiver Zeuge sprechen. Sprechen heißt in jedem Fall handeln, denn die Dinge ändern sich durch die Tatsache des Angesprochenwerdens. Der Prosaist hat automatisch eine bestimmte Form des Handelns gewählt, die man »handeln durch enthüllen nennen könnte« (S. 26). Der Stil ist im Falle der Prosa etwas, das als sekundäres Moment hinzutritt. Er hat keinen Eigenwert, er ergibt sich aus und mit dem Sujet, er lenkt und färbt unauffällig, ohne in den Vordergrund zu treten.

Auch wenn die Prosa der Kommunikation dient – warum wählt man ausgerechnet das Schreiben als »Medium« der Kommunikation. »Warum schreiben?« heißt das zweite Kapitel. In der Beantwortung der Frage »Warum gerade *schreiben*, durch Schreiben seine Fluchten und seine Eroberungen machen?« (S. 36) erkennen wir zunächst das durch *Das Sein und das Nichts* philosophisch abgestützte Selbstporträt des

Schriftstellers Jean-Paul Sartre: Der Mensch ist dasjenige Wesen, das Bedeutung in die Welt bringt, das den Rohstoff des Seins bedeutsam übernimmt, es überschreitend zu *seinem* Sein macht. »Eines der Hauptmotive des künstlerischen Schaffens ist gewiß das Bedürfnis, uns gegenüber der Welt wesentlich zu fühlen.« (ibid.) Aber das Problem dieses Enthüllens einer Ordnung, die noch nicht gesehen, die noch nicht »gesetzt« war, besteht darin, daß der Künstler aus seiner eigenen Schöpfung sozusagen nicht entlassen wird, daß er in ihr als seiner eigenen verlängerten Subjektivität versinkt. Ihre Gegenständlichkeit wird ihm nie ganz gegenständlich. Das gilt besonders für den literarischen Gegenstand. Er erscheint erst durch die Lektüre. Jedoch kann der Schriftsteller sich nicht lesen, wie der Leser sein Buch liest. Der Autor sucht ein Publikum, damit sein Werk, seine Welt sich vergegenständlicht. »Kunst gibt es nur für und durch andere.« (S. 39) Daraus entwickelt Sartre eine komplette Rezeptionsästhetik – »Lektüre ist gelenktes Schaffen« (S. 40) –, und er beschreibt die wechselseitige Komplementarität von Schreiben und Lesen als das Spezifische des literarischen Kommunikationsvorgangs. »Weil man im Buch niemals den zureichenden Grund dafür findet, daß der ästhetische Gegenstand erscheint, sondern nur Aufforderungen, ihn hervorzubringen, weil auch nicht genug im Geist des Autors vorhanden ist, und seine Subjektivität, aus der er nicht hinaus kann, den Übergang zur Objektivität nicht begründen kann, ist das Erscheinen des Kunstwerkes ein neues Ereignis, das sich nicht durch frühere Gegebenheiten *erklären* läßt. Und da ja dieses gesteuerte Schaffen ein absoluter Anfang ist, wird es also von der Freiheit des Lesers vollbracht, und zwar von dem, was an dieser Freiheit am reinsten ist. So appelliert der Schriftsteller an die Freiheit des Lesers, daß sie an der Produktion seines Werks mitarbeite.« (S. 41)

Das Kunstwerk *hat* zunächst keinen Zweck, es *ist* Zweck, weil Appell, weil zu erfüllender Wert durch die intellektuelle, emotionale, temporale Hingabe des Lesens, die den trägen Tanz der toten Buchstaben mit Leben erfüllt. Aber man muß bei der Literatur noch über diese Zweckhaftigkeit ihrer selbst hinausgehen, »denn genau das ist das Endziel der Kunst: diese Welt vereinnahmen, indem man sie so vorführt, wie sie ist, aber als wenn sie ihre Quelle in der menschlichen Freiheit hätte« (S. 49). Man könnte dies die kommunikative Variante der Aneignung nennen: »So rührt also die ästhetische Freude [...] von dem Bewußtsein her, daß ich vereinnahme und verinnere, was das Nicht-Ich *par excellence* ist, da ich ja das Gegebene in einen Imperativ verwandle und die Tatsache in einen Wert: die Welt ist *meine* Aufgabe.« (S. 50) Die Dinge sind – stumme Materialitäten, namenlose Tatsachen. Die Menschen machen sie, indem sie sie mit Bedeutungen versehen; die Menschen machen, daß sie für die Menschen sind. Der Schriftsteller schlägt Bedeutungen vor, er argumentiert ihre Existenz mit seinen literarischen Mitteln herbei, der Leser vergegenwärtigt diese Bedeutungen durch seine Lektüre, er schafft die Objektivierung, die dem Schriftsteller allein nicht möglich ist, und sein subjektives Leseerlebnis überschreitet sich auf die objektive Vorlage hin, während die tendenziell objektive Vorlage sich durch den Vorgang der Lektüre für den Schriftsteller entsubjektiviert. Seine von anderen aufgegriffene Vision gewinnt eine von ihm unabhängige Gegenständlichkeit.

In dieser Phänomenologie der Kommunikation durch Schreiben und Lesen steckt aber noch etwas anderes, was Sartre wie eine immanente Konsequenz des Prozesses darstellt. Da Schreiben immer Handeln bedeutet und jedes Wort die Welt modifiziert, heißt schreiben auch immer die Welt überschreiten. In welche Richtung? Da die Verständigung durch Schreiben und Lesen ein Akt gegenseitiger Hingabe aus Freiheit ist, da die Beteiligten einwilligen, sich freiwillig für die Welt verantwortlich zu fühlen, die sie enthüllen / schaffen, kann Lesen / Schreiben a priori nur ein Ziel haben, nämlich die Freiheit. »Man schreibt nicht für Sklaven. Die Kunst der Prosa ist mit dem einzigen System solidarisch, wo die Prosa einen Sinn behält: mit der Demokratie. Wenn die eine bedroht ist, ist es auch die andere. [. . .] Wie man auch immer zur Literatur gekommen sein mag, welches auch immer die Meinungen sind, zu denen man sich bekannt hat, sie wirft einen in die Schlacht; wenn man einmal angefangen hat, ist man wohl oder übel engagiert.« (S. 54 f) Das ist der erste und hauptsächliche Sinn von »Engagement«: die kommunikative Erfindung der Welt, ihre Verwandlung in intersubjektive Schöpfung, ihre Übernahme als Bedeutung, die Weltwerdung der Literatur jenseits von Sein und Schein als eine kommunikativ begründete Realität.

Das dritte Kapitel (»Für wen schreibt man?«) von *Was ist Literatur?* bereitet im Grunde nur die theoretische Basis für das vierte Kapitel »Die Situation des Schriftstellers im Jahre 1947« vor. Sartre klärt die Epochalität, die Historizität des Lese-/Schreibvorgangs. Wie in dem früheren Aufsatz ›Für seine Epoche schreiben‹ versucht er, die historische Situiertheit der Literatur als ihre wahre Chance begriflich zu machen. Jede literarische Epoche hat ihr Publikum, und jedes historische

Publikum hat seine Literatur geschaffen. Diesen Gedanken illustriert Sartre anhand eines rasanten historischen Abrisses des Verhältnisses von Literatur und Publikum.[22]

»Ich sage, daß die Literatur einer bestimmten Epoche entfremdet ist, wenn sie nicht zum ausdrücklichen Bewußtsein ihrer Autonomie gelangt ist und sich den zeitlichen Mächten oder einer Ideologie unterwirft, mit einem Wort, wenn sie sich selbst als ein Mittel und nicht als einen unbedingten Zweck betrachtet.« (S. 117) In diesem Sinne zeigt Sartre, daß die Geschichte der neueren Literatur eine Geschichte ihrer Entfremdungen war und daß die Autonomie erst noch zu erlangen ist, wobei mit Autonomie natürlich weder die Theorie des l'art pour l'art noch verwandte Einstellungen gemeint sind, sondern die aus dem Wesen der Literatur abgeleitete Form der freien Welt(v)ermittlung. Autonomie indes bleibt so lange ein Traum, wie das kleine und partikulare reale Publikum das virtuelle universelle Publikum ausschließt, indem das erstere der Literatur ihre Themen und Formen vorgibt. »Die tatsächliche Literatur kann nur in einer klassenlosen Gesellschaft ihrem vollen Wesen gleichwerden. In dieser Gesellschaft allein könnte der Schriftsteller erkennen, daß es keinerlei Unterschied zwischen seinem *Sujet* und seinem *Publikum* gibt.« (S. 120) Aber es kann keinen Zweifel darüber geben, daß die gegenwärtige Gesellschaft davon noch weit entfernt ist. Und deshalb stellt sich die Frage, was der Schriftsteller heute, das heißt im Jahre 1947, schreiben kann und soll, und an wen er sich dabei wendet.

Karl Kohut bemerkt zu Recht, daß *Was ist Literatur?* in zwei Teile zerfällt. Die ersten drei Kapitel nennt er Theorie, das vierte Kapitel Programm.[23] Man könnte auch sagen: Die ersten drei Kapitel des Essays entwerfen eine komplexe und grandiose Apologie und Apotheose der Literatur, während die zweite Hälfte jene Möglichkeiten der Literatur unter den gegenwärtig gegebenen Umständen zu taxieren versucht.

»Die Situation des Schriftstellers im Jahre 1947« setzt zunächst den literaturkritischen Abriß des dritten Kapitels fort. Es bestimmt die maß-

---

22 Er verdiente übrigens, genauer gelesen zu werden. Erstens wegen seiner Originalität, zweitens steckt er bereits das Terrain der späteren literaturkritisch-biographischen Essays ab, und drittens belegt er die Skepsis, die Sartre gegen das historisch überkommene Phänomen Literatur hegt. Eine Skepsis, die zweierlei bedeutet: In der Literatur ist noch alles zu tun, aber eben auch alles noch möglich.
23 K. Kohut, op. cit., S. 153 f.

geblichen Strömungen der französischen Literatur im 20. Jahrhundert nach Generationen und versucht, die Einflüsse aufzuzeigen, denen die Generation Sartres ausgesetzt ist. Zur prägenden Erfahrung für die Generation Sartres – er zählt Camus, Koestler, Rousset, Saint-Exupéry und Malraux dazu (S. 165 u. 172) – wird der Krieg, der drohende Krieg im Zeichen der Heraufkunft des Nationalsozialismus, des italienischen Faschismus und des spanischen Bürgerkriegs: »Die Geschichtlichkeit flutete auf uns zurück; in allem, was wir berührten, in der Luft, die wir atmeten, auf der Seite, die wir lasen, auf der, die wir schrieben, selbst in der Liebe entdeckten wir so etwas wie einen Geschmack der Geschichte, das heißt eine bittere und vieldeutige Mischung aus Absolutem und Vorübergehendem.« (S. 165) Und während die literarischen Vorgänger sich gerne in die Ewigkeit davonstahlen, geht es für die Generation Sartres um eine »Literatur der großen Umstände«. »Wie kann man sich durch und für die Geschichte zum Menschen machen? Gibt es eine mögliche Synthese unseres einmaligen und unreduzierbaren Bewußtseins mit unserer Relativität [...]?« (S. 172) Daraus ergibt sich aber auch die Technik des zeitgenössischen Romans, die sowohl der Relativität als auch der Absolutheit der Subjektivitäten Rechnung zu tragen hat. Sartre wiederholt leicht modifiziert die bereits anläßlich seiner Kritik an François Mauriac formulierten Vorstellungen. Und auch die Thematik des zeitgenössischen Romans ergibt sich durch die Situiertheit des Schriftstellers in seiner Epoche: »Die *Praxis* als Einwirken in der Geschichte und auf die Geschichte, das heißt als Synthese der historischen Relativität und des metaphysischen und moralischen Absoluten, mit jener feindlichen und freundlichen, schrecklichen und lächerlichen Welt, die sie uns offenbart, das ist unser Sujet.« (S. 184)

Aber jetzt folgt der Absturz aus seiner Vision einer »totalen« Literatur: das Publikum, das fehlende, das falsche Publikum. Sein »reales« Publikum sieht Sartre im Bürgertum, das geschwächt aus dem Krieg hervorgegangen ist und jetzt von der Literatur eine neue Ideologie und Daseinsrechtfertigung verlange. Vor dem Proletariat als seinem »virtuellen« Publikum steht ein mächtiger und höchst unfreundlich gesonnener Zerberus: die Kommunistische Partei. »Das bedeutet klar, daß wir gegen alle Welt schreiben, daß wir Leser haben, aber kein Publikum. Als Bürger, die mit ihrer Klasse gebrochen, aber bürgerliche Sitten behalten haben, durch die kommunistische Wand vom Proletariat getrennt, von der aristokratischen Illusion geheilt, bleiben wir in der Luft, unser guter Wille dient niemandem, nicht einmal uns, wir sind in die

Zeit des unauffindbaren Publikums eingetreten. Schlimmer noch, wir schreiben gegen den Strom.« (S. 203) Übrigens kokettiert Sartre hier keineswegs mit der Rolle des »poète maudit« oder sonst einer gefälligen Pose verkannten Künstlertums. Kein französischer Schriftsteller der Nachkriegszeit ist so umstritten und wird dermaßen angefeindet wie Sartre. Zum Beispiel schreibt Guy Leclerc über ihn in der kommunistischen *L'humanité* vom 7. April 1948: »Hermetischer Philosoph, Ekelschriftsteller, Skandaldramaturg, Demagoge dritten Grades, das sind die Etappen der Laufbahn von Herrn Sartre.« Am 30. Oktober desselben Jahres setzt eine Verfügung des Vatikans das gesamte Werk Sartres auf den Index der verbotenen Bücher.

Aber was bedeutet es, daß es für die engagierte Literatur kein ansprechbares Publikum gibt? Sie bleibt vorläufig Potential und langfristiges Programm. Die nächstliegende Aufgabe besteht vorerst darin, sich ein Publikum zu schaffen, »ein Bedürfnis zu lesen« (S. 206) zu wecken. Sartre verweist auf die Möglichkeiten der Massenmedien: Zeitung, Radio, Film. (S. 205) Es muß unbedingt vermieden werden, die Literatur zu vulgarisieren, sie zur Propaganda abzuwerten, es gilt, im Vorraum der Massenmedien auf sie vorzubereiten. Die Literatur als »das Reich der Zwecke« stellt sich nicht von selbst ein, es ist zu schaffen. Damit die Literatur jene herrschaftsfreie Verständigung werden kann, die sie ihrer Anlage nach bereits ist, muß ihr der Wunsch nach herrschaftsfreier Verständigung vorausgehen, muß politisch, journalistisch und mit den neuen Möglichkeiten der Massenmedien das Terrain bestellt werden.

Sartre hat, soweit man weiß, die Positionen dieses Essays nie explizit widerrufen. Man könnte allerhöchstens darüber streiten, inwieweit er sie variiert oder in seinen folgenden Auseinandersetzungen mit der Literatur gar bis zur Unkenntlichkeit modifiziert hat. Wir werden gleich zeigen, daß Sartre sich nach 1947 fast überall mehr, und vor allem: anders engagiert als auf dem Feld der Literatur. Ja, man kann sagen, im Verlauf der nächsten fünf Jahre räumt er das Feld der Literatur im engeren Sinne fast vollständig. Wie konnte es dazu kommen? Hat er sich konsequent an die im vierten Kapitel seines Essays formulierte Forderung gehalten, der Literatur erst das Terrain zu sondieren? Und hat er sich womöglich in der Eigendynamik dieser vor-läufigen Arbeit verirrt? Tatsächlich nimmt Sartres publizistische und in seinem Sinne öffentlichkeitswirksame Arbeit zu diesem Zeitpunkt gewaltige Ausmaße an. Er hält Vorträge und schreibt zahlreiche Artikel (vor allem im *Combat* und später in *La Gauche*) zu politischen, philosophischen und literarischen Fragen. Im Oktober 1947 startet eine Radioserie »La Tribune des Temps Modernes«, in denen er und andere Mitarbeiter der *Temps Modernes* zu verschiedenen Problemen Stellung beziehen. Allerdings wird die Sendereihe bereits Ende November aus naheliegenden politischen Gründen eingestellt. Sartre schreibt mehrere Theaterstücke: *Tote ohne Begräbnis* und *Die ehrbare Dirne* (beide 1946). Er beginnt 1947 *Die schmutzigen Hände* (Premiere April 1948), und nach seinem Drehbuch wird der Film *Das Spiel ist aus* realisiert. 1948 beteiligt er sich aktiv an der Gründung einer politischen Partei, dem »Rassemblement démocratique révolutionnaire« (R.D.R.; Demokratisch-revolutionäre Sammlung), wovon unten noch genauer die Rede sein wird. Dazu kommen zahlreiche Aufsätze in *Les Temps Modernes*, Vorworte zu verschiedenen Büchern (etwa zu *Bildnis eines Unbekannten* von Nathalie Sarraute) und Künstlerkatalogen, von zahllosen Interviews ganz abgesehen. Man mag diese verwirrende Vielzahl von Aktivitäten für eine Konsequenz der angekündigten publizistischen Offensive halten, mir kommt wahrscheinlicher vor, daß sich darin die Konfusion widerspiegelt, die sein Essay bei ihm ausgelöst hat. Nie hat ein Autor im 20. Jahrhundert ein kühneres Bild von der Erheblichkeit der Literatur gezeichnet, nie zuvor war es Sartre gelungen, seine Passion zu schreiben besser zu legitimieren, aber fast im gleichen Atemzug muß er eingestehen, daß diese Ansprüche allzu hoch über den historischen Bedingungen hängen und daß das weltenbildende Vermögen der Literatur wohl erst einer künftigen, glücklicheren Epoche zugehört.

Über Sartres eigene Einschränkungen hinaus müssen wir noch einmal untersuchen, inwieweit dieses literarische Manifest *auch* die Zweitrangigkeit der Literatur für die Gegenwart festschreibt. Wir müssen dazu nur klären, welche Durchsetzungsfähigkeit, welches Gewicht jener Entwurf herrschaftsfreier Verständigung durch Literatur in der geschichtlichen Welt haben kann. Gewiß, Sartre beschränkt sich auf die Prosa, auf diejenige Sprache, in der das Wort der Tat, dem Gegenstand am nächsten zu kommen scheint. Und man kann auch seiner Auffassung zustimmen, daß die Welt sich erst im Geäst der Sprache erschließt, daß sie zur Realität, zu einer menschlichen Realität wird durch das Sprechen, durch die Kommunizierbarkeit. Aber welche Rolle kommt dabei der Literatur zu? Inwieweit schafft sie Welt mit ihren Mitteln durch Namensgebung? Eine wahrscheinlich unausrechenbare Frage. Die Literatur, gewiß eine unvermeßbar mitschwingende Stimme in der gewaltigen Kakophonie des ewigen Geredes, eine Stimme, vielleicht nur ein Klang, ein Hall, ein Echo – aber Leitmotiv, geschichtsmächtige Stichwortgeberin? Dazu müßte sie außerhalb der Epoche stehen, auf einem überhistorischen Aussichtspunkt, wo sie, erstens, nicht zu finden ist und wo, zweitens, Sartre sie nicht sehen will. Wenn die Literatur etwas zu sagen hat, dann ist ihre Rede jedenfalls nicht alles durchdringend und vor allem nicht zielgenau, auch nicht zielgenau dirigierbar.

Sartre entwickelt aus der ›Logik‹ des Schreib-/Lesevorgangs den Traum von der Literatur als der »Subjektivität einer Gesellschaft in permanenter Revolution« (S. 122). Das setzt aber voraus, daß die engagierte Literatur nicht erst utopisches Programm, sondern bereits vollständig durchgesetzte Wirklichkeit wäre. Das heißt nicht nur, alle Schriftsteller und alle Leser müßten Sartrianer sein, es müßten auch alle lesen. Aber wir wissen nicht nur aus den Reaktionen auf *Was ist Literatur?*, daß Schreiben und Lesen auch ganz anders als in Sartres Sinn verstanden werden, geschweige denn, daß das »reale« Publikum, wie Sartre selbst einräumt, sich auch nur annähernd mit dem »virtuellen« Publikum deckt. Das Wesen der Literatur, so wie Sartre es darstellt, »west« nicht schon, sondern es wäre erst anzueignen, zu übernehmen, zu realisierender Entwurf. Die engagierte Literatur könnte das heitere Paradies freiheitlicher Verständigung darstellen, aber so, wie es steht, kann sie nur die Menschen guten Willens an sich ziehen. Keine Kleinigkeit! Aber die Wirkung?

Sartre sagt, die Welt sei ein ständig zu schaffender Wert. Man hat manchmal den Eindruck, daß er dabei ein weißes, zu beschreibendes Blatt vor Augen hat. Aber die Welt *ist* bereits eng beschrieben, und zwar nicht mit Bleistift auf Papier. Sie steckt immer schon voller bedeutsamer Tatsachen, voller Finalitäten, die – so sehr sie vom Wort bestimmt, getragen, gelenkt sein mögen – nicht aufs Wort gehorchen. Gepanzerte Finalitäten, die alles daransetzen, als Figurationen materieller Logik, als ›Sachzwänge‹ zu erscheinen. Ein Vollzug, der leugnet, aus dem porösen Material der Kommunikation zu sein. Da, wo die Welt nicht vom Spiel der Stimmen artikuliert wird, gibt sie sich als rohe und übermächtige Natur.

Gut, die Literatur mag enthüllend die in der Welt bestehenden und ablaufenden Finalitäten, den Schein der Notwendigkeit überschreiten. [24] Sie mag es im Namen der Freiheit und zu ihrem Zweck tun, und der Zweck der Enthüllung soll die wiedergewonnene Verfügbarkeit der Welt durch Kommunikation und die Neubesprechung der Welt sein. Aber dabei muß der ideale Leser Sartres immer schon jemand sein, der die Freiheit sucht und der mit den bestehenden Finalitäten hadert. Andererseits hat niemand besser als Sartre gesehen und beschrieben, daß besonders die modernen Menschen den Schatten des Seins suchen, daß sie sich vor dem weiten Reich des Möglichen grausen und daß sie Todesangst davor haben, endlich Konsequenzen aus dem Tod Gottes zu ziehen, kurz, daß sie eine Welt aus wandernden Schnitten unversicherbarer Kommunikation über alles fürchten. Nein, im Vorfeld dieser Literatur bleibt fast alles noch zu tun. Hier opponieren seine Hoffnungen stark gegen seinen »Realismus«. Und zuletzt bleibt noch die Frage, wie sich die befreite Freiheit ihrerseits geschichtlich materiell realisiert, wie sie Tat wird.

Es ist Skepsis angebracht über die Wirkung des Schriftstellerwortes. Aber damit nicht genug. Wenn es darum geht, die Welt durch Enthüllung an die Chancen der Freiheit zu erinnern, warum soll die Enthüllung überhaupt den Umweg über die Fiktionalität nehmen? Sartres Entwurf bewegt sich auf einer haarfeinen Linie. Zum einen soll die Welt in der Verfügung eines schaffenden intersubjektiven Sprechens stehen, andererseits soll das fügende Sprechen, die Be-stimmung nicht als kontingentes Geflirre des Möglichen erscheinen, das sich flüchtig leicht auf die Dinge und Verhältnisse legt. Sartre sucht die Synthese des geschaffenen Seins, das heißt, die Menschen geben sich ihr eigenes Sein. Er sucht eine Vergegenständlichung der Bedeutung, und zwar so, daß sie nicht ganz zum An-sich-Sein wird und nicht bloß Subjektivität, launi-

24 Es ist bezeichnend, daß Sartre, wenn er von der Welt als »Zweckmäßigkeit ohne Zweck« (S. 42 et passim) spricht, dies am Beispiel der Natur veranschaulicht. Die kunstvolle Fältelung der Rosenknospe scheint einen Zweck zu suggerieren. Aber die Menschen müssen ihn erfinden, denn von sich aus gibt die Rosenknospe ihr Geheimnis nicht preis. In der historischen Welt geht es jedoch weniger um die Erfindung der Zwecke als um die Erfüllung vorfindlicher Zwecke, um die Transformation vorhandener, in der Welt bereits gesprochener Finalitäten. Auch das Worumwillen der Enthüllung kann für sich schwerlich in Anspruch nehmen, freie Setzung ex nihilo zu sein. Die Differenz zwischen »ex nihilo« und »von der Welt aus« die Welt beobachten ist keine von Sartre bisher wahrgenommene Differenz. Erst wenn er sich dieses Unterschieds gewahr wird, kann Sartre den idealistischen Realismus der ersten Nachkriegszeit zugunsten eines realistischen Realismus überschreiten.

sche, kontingente, stets widerrufbare Erfindung ist. Es geht ihm um eine auf Verständigung intersubjektiv begründete, aus Freiheit artikulierte, das heißt gegliederte Wirklichkeit, die sich so vergegenständlicht, daß sie das sie und sich schaffende Gerede der Verständigung gleichsam tilgt und doch das Reale als Wert schimmern läßt.

Da in der Literatur die Prosa die am wenigsten in sich verschlungene, die am meisten auf die Welt verweisende Rede ist, bezieht Sartre sich wesentlich auf die Prosa. Den Stil verweist er auf die Hinterbank. Und die Fiktionalität der Prosa erwähnt er nicht einmal. Ganz als ob er Angst hätte, die fragile Gegenständlichkeit zu erschüttern, als fürchte er, die Kreativität zersetze das Sein der Schöpfung. Diese Furcht ist nicht ganz unberechtigt, wenn man bedenkt, daß sämtliche literarischen Avantgarden Frankreichs im 20. Jahrhundert die um ihren Referenten erleichterten Wörter wie kostbare und völlig nutzlose Perlen aufleuchten lassen. Für Sartre hingegen bedeutet Literatur die Arbeit des Namens, und sie hat die Aufgabe der Stellungnahme. (S. 212 ff) Er mutet ihr das Gewicht der Welt zu. Und eben wegen dieser Zumutung meidet er das Problem der Fiktionalität. Aber der Roman gründet im Imaginären, und er argumentiert mit seinem Stil. [25] Wenn er hier diese beiden Kennzeichen der literarischen Prosa kaum erwähnt, dann um den Weg vom imaginären, stilgeleiteten Wort zum intersubjektiv geschaffenen Sein zu verkürzen. Kurz, Sartre hat eher ein noch näher zu bestimmendes, nicht-fiktionales Schreiben qualifiziert als die Literatur im engeren Sinne.

Kaum hat *Was ist Literatur?* das Licht der Öffentlichkeit erblickt, stürzt Sartre sich in ein neues Großprojekt. Das Buch »L'homme« (Der Mensch) wird seit einiger Zeit vom Verlag Gallimard angekündigt. Daraus werden die *Cahiers pour une morale*, die erst posthum, 1983, erscheinen. Während die tagesaktuellen Vorwürfe gegen seinen literaturprogrammatischen Entwurf mal Sartres angeblichen »Kulturbolschewismus« oder, im Gegenteil, mal seinen »kleinbürgerlichen Idealis-

---

25 Das hat er später in seinen Schriftstellerbiographien genau analysiert. Eine Sprachtheorie, die die spezifische Komplexität des literarischen Sprechens sehr viel besser beschreibt, als das in *Was ist Literatur?* der Fall ist, findet sich in seinem ›Plädoyer für die Intellektuellen‹ (1965, in: *Mai '68 und die Folgen. Bd. II*, S. 9–64) und in dem Gespräch, das er 1965 mit Pierre Verstraeten führte: ›Der Schriftsteller und seine Sprache‹ (in: *Was kann Literatur? Interviews. Reden. Texte 1960–1976*. S. 94–122).

mus« aufspießen, lesen sich die Skizzen zu einer Moral wie die ›Summa‹ seiner eigenen Skepsis über den Vorschlag einer kommunikativen Weltsetzung. Denn diese »Moral« versucht nichts anderes, als die philosophischen Grundlagen eines solchen kommunikativen Weltentwurfes nachzuliefern: die Vereinigung von Geschichte und absolutem Subjekt, von Freiheit und konzertierender Intersubjektivität in einem gemeinsamen moralischen Unternehmen. Liest man die *Cahiers pour une morale*, dann ahnt man die – im gewissen Sinne wohl auch verzweifelte – Kühnheit Sartres in *Was ist Literatur?*. In diesen tastenden Reflexionen über die Moral zeigt sich, daß ihm nahezu alle philosophischen Probleme zur Begründung einer kommunikativen Moral ungelöst erscheinen. Es ist hier kaum möglich, die 600seitigen Überlegungen, die kreisenden, sich wiederholenden, auch widersprüchlichen Eintragungen, die Sartre im Laufe von zwei Jahren unter Hochdruck aufs Papier geworfen hat, im Einzelnen nachzuvollziehen, zu ordnen und zu kommentieren.[26] Ich werde mich auf einige Hinweise beschränken.

»Die Moral der Transzendenz und der Innerlichkeit zurückweisen« (S. 19) lautet das Grundproblem. Die menschlichen Handlungen müssen sich ihre Ziele selbst setzen, d. h., einerseits dürfen sie nicht wie gegebene Verordnungen befolgt werden (»Wenn tatsächlich der Zweck gegeben ist als schon Seiendes, wird die Handlung völlig unwesentlich. Sie wird vom Zweck gefordert.« S. 524); andererseits muß dieses Ziel eine gewisse Gegenständlichkeit außerhalb der Subjektivität aufweisen: »In der Tat steckt darin die wesentliche Schwierigkeit der Idee der Schöpfung, denn einerseits muß sie als Schöpfung in ihrem ganzen Sein von der produktiven Intention gedeckt sein, und andererseits muß das geschaffene Sein mit seinem ganzen Sein dieser Intention entgehen, sonst bliebe es nur subjektiver Affekt. In einem Wort, die Intention muß das Sein als in seinem Sein dieser Intention exakt äußerlich geben.« (S. 539). Das Problem stellt sich also für Sartre weniger in der klassischen ethischen Terminologie von »gut« und »böse«, es bleibt bereits im ontologischen Vorfeld hängen: Wie können sich die Menschen eine Welt geben, die weder als pseudo-funktionalistischer Verweisungszu-

---

26 Meines Wissens sind bisher auch erst zwei kurze Versuche zu den *Cahiers pour une morale* erschienen, nämlich: Mark Hunyadi, ›Sartres Entwürfe zu einer unmöglichen Moral‹, in: T. König (Hrsg.), *Sartre. Ein Kongreß*, op. cit., S. 84–92 und: Jean-Louis Chrétien, ›Une morale en suspens‹, in: *Critique*, Nr. 438, Nov. 1983, S. 856–871.

sammenhang gelebt wird, noch bloß subjektiv kontingenter Entwurf ist? Sagen wir, es geht um die ontologische Stabilität einer verabredeten Welt und um die Modi der Verabredung: Wie ist geschichtsmächtige Verständigung zu erreichen? Gut und böse erscheinen dabei eher als implizite Größen; denn gut kann nur sein, was die eigene Freiheit und die Freiheit der anderen zum Zweck nimmt, also die größtmögliche Verständigung erlaubt. Aus dieser Sachlage ergeben sich einige Fragestellungen, von denen drei wenigstens kurz angedeutet werden sollen.

1. »Der Mensch kann nur schaffen, weil er sich als Schöpfer schafft.« (S. 156) Und wir erkennen leicht das in *Was ist Literatur?* vernachlässigte Problem wieder, wonach wir uns schon auf eine Moral hin losgerissen haben müssen, um dem moralisch-kreativen Appell des Kunstwerks als einen solchen zu erkennen. Das Problem dieser schöpferischen Verständigung lautet also zunächst einmal, die Verständigungsbereitschaft zu schöpfen. »Die Kommunikation ist nicht: Sie ist zu machen.« (S. 16) Aber wie sie schaffen, wenn »der Übergang von der Irreflexion zur Reflexion das freie Drama der Person ist« (S. 13)? »Der Mensch ist Schöpfer« (S. 524), oder: »Jede menschliche Handlung ist Schöpfung« (S. 552), aber »die Entfremdung verbirgt ihm seinen Schöpfercharakter« (ibid.). D. h., die Menschen verheimlichen sich dauernd, daß sie sich jeden Tag erfinden müssen, sie haben deshalb den Gehorsam erfunden, die Anpassung, die Affirmation, sie haben es vorgezogen, die Unerfindlichkeit zu erfinden. »Hier zeigt sich ein circulus vitiosus, aus dem wir nicht herauskommen werden. Oder wenn man so will, obwohl gewesen sein durch das Sein muß das Nichts als Nichts seine eigene Motivation sein, das Sein zu schaffen.« (S. 312) Aber woher soll, woher kann ihm solche Motivation widerfahren – Sartre nennt sie »die Konversion« –, ohne daß sie selbst wieder von der Kontingenz entführt wird oder im Herzen eines einsamen Projektes seinen Wert findet, dessen Werthaftigkeit ihm entgeht? Wie entkommt man der Kontingenz? Oder ist die Frage nach der Bewältigung der Kontingenz selbst wieder nur eine Art Salto der Kontingenz, eine kühne Wucherung, die ihr Unternehmen nur rechtfertigen kann, indem sie es sich, über die anderen, als Welt gibt? Die kommunizierte Problematik der Kontingenz wäre dann schon die bewältigte Kontingenz. Indem sie *allen* als der unbegründete Grund ihrer selbst erschiene, wäre sie intersubjektive Begründung und Begründung der Intersubjektivität. Nichts versichert diese Begründung, kein Sein, kein absolutes Wissen, aber das ist ja gerade der Ort der Moral, wie sie Sartre vorschwebt: Schöpfung, gehalten von der vollständig freien, subjektiven, individuellen und konkreten Zustimmung ihrer Schöpfer. [27] Kurz, eine Moral, die ihre Werte weder in einem sicheren Seinshafen unterbringen will, noch in der detotalisierten Totalität des einzelnen Bewußtseins alleine begründet. Ganz gewiß also stellt sich auf Anhieb das unumgängliche Problem der anderen.

2. Die Moral ist nur möglich, »wenn jeder moralisch ist« (S. 16). Wir haben schon vorher mehrfach auf die Theorie des anderen in *Das Sein und das Nichts* und auf die fundamentale Rolle dieser Theorie hingewiesen. Vereinfacht ausgedrückt, geht es darum, die Macht, die die anderen über mich haben, meinerseits zu beherrschen. Aber dieses Unternehmen muß letztlich scheitern, weil mein Selbstbewußtsein immer schon von den anderen wenigstens mitbestimmt ist. Neuerlich geht es in den *Cahiers pour une morale* darum, dieser negativen Struktur der Bedrohung die positive Wende eines gelingenden Mitseins zu geben. Die deutet sich übrigens bereits in ›Der Existentialismus ist ein Humanismus‹ an. Schon dort postuliert Sartre den anderen als Garanten meiner Freiheit. Den größten Teil der Notate zu einer Moral widmet Sartre nun der theoretischen Einlösung dieses Postulats. Und das bedeutet zunächst, den anderen nicht allein in seiner negativen Möglichkeit zu sehen, als den, der »mein Sein stiehlt«, sondern als meine Möglichkeit: »So beginne ich durch den anderen, in der Dimension des Seins zu existieren, durch den anderen werde ich Objekt. Und das ist keineswegs ein Verlust oder eine Gefahr an sich. Es würde nur eine werden, wenn der andere sich weigerte, *auch* in mir eine Freiheit zu sehen.« (S. 515) Auf etlichen Seiten versucht Sartre nun, den anderen als Garanten meiner selbst zu konzipieren: »Es handelt sich da um eine ursprüngliche Situation authentischer Liebe [...]: Das Mitten-in-der-Welt-Sein des anderen enthüllen, diese Enthüllung übernehmen und folglich dieses Sein im Absoluten; es *genießen*, ohne zu versuchen, es sich anzueignen; es in meiner Freiheit behüten und es überschreiten allein in der Richtung auf die Zwecke des anderen.« (S. 523 f) Aber es handelt sich um

27 »Die Pseudoobjektivität ›die Menschen‹ durch eine echte, kollektive Subjektivität ersetzen. Die detotalisierte Totalität übernehmen. Wir sind nur einer, wir sind dennoch nicht zu einigen [...]. Nicht zu rechtfertigen, nicht nicht zu rechtfertigen. Zwei Extreme zur gleichen Zeit: Insofern er Kontingenz ist, *ist* der Mensch *da*, ohne Ursache noch Grund. Insofern er Entwurf ist, schafft er die Rechtfertigung jedes Teilsystems, aber er kann sich aus diesem Grund niemals selbst rechtfertigen.« (S. 22)

Akte, die sich »der reinen Großherzigkeit« (S. 523) verdanken. Wie kann man diese Hingabe erreichen, und wie sie stabilisieren? Was geschieht schließlich, wenn der andere seine Großherzigkeit von mir abzieht, kurz, was begründet die Generosität? Sartre führt die Frage in alle möglichen Richtungen aus: »Wir müssen also die verschiedenen Typen von Forderung an den anderen untersuchen: die Bitte, den Appell, die Erwartung, den Vorschlag, den Anspruch, und die Antworten der anderen: die Weigerung und die Zustimmung. Die Drohung. Die Herausforderung.« (S. 224) Fügen wir die Überlegungen über »die Unwissenheit und die Niederlage« (S. 306 ff), über »die Unterdrückung« (S. 338 ff) und über »die Revolte« (S. 412 ff) hinzu. Bei all diesen Untersuchungen über das Miteinander-Sein geht es um die Prüfung der Möglichkeit, wie eine Bindung der Freiheit möglich sein kann, ohne die Freiheit an die Bindung zu verlieren. Auch hier erkennen wir, daß Sartre Probleme weiterverfolgt, die sich wahrscheinlich erst als Konsequenz aus *Was ist Literatur?* richtig verstehen lassen. Und zwar in zwei Richtungen: einerseits als nachträgliche theoretische Reflexion über die Bedingung der Möglichkeit des Welt-Gebens durch literarische Verständigung, zweitens als Reflexion über die Ausdehnung und Konkretisierung der intersubjektiven moralischen Möglichkeiten überhaupt.

3. Die beharrlichen Anläufe, dem Entwurf, der Schöpfung, der Kreativität eine ontologische Stabilität zu denken, führen dem Gegenstand der Frage gemäß auch ständig zum Problem der Kunst. Es ist bezeichnend, daß Sartres Überlegungen in einer Apotheose der Kunst und des Imaginären münden. Münden, das heißt auch enden, abbrechen.

Ich will von den zahlreichen Reflexionen zur Kunst in diesen Moral-Fragmenten nur jene letzten erwähnen, mit denen die Versuche abbrechen. Sartre setzt die künstlerische von der technischen Schöpfung ab, welche letztere »nicht den Grundentwurf einlöst, nämlich zu schöpfen, um sein Sein zu rechtfertigen« (S. 563). Im technischen Schaffen erschöpft sich das Für-sich darin, in der Welt Beziehungen zwischen Elementen der Welt zu enthüllen. »So taucht es im Sein und aus dem Hintergrund des Seins auf, ohne daß es je die Vorgängigkeit des Nichts gegeben hätte.« (ibid.) Wenn sich das Für-sich im technischen Schaffen erschöpft, dann wäre es kaum mehr als »eine Art höheres Insekt«, ein Trüffelschwein des Seins, das die Möglichkeiten des Seins vom Sein aus erkundet – »eine Art unwesentlicher Diener des Seins« (S. 564). Die Lage ändert sich entschieden, wenn das Bewußtsein das Objekt seines

Begehrens thematisiert. In dem Moment erscheint die Freiheit: »Die Imagination ist die Freiheit.« (S. 565) Die Freiheit, die den Gegenstand ihres Begehrens bejaht oder verneint, die ihn jedenfalls anders versteht als einen bloßen Verweisungszusammenhang von Sein zu Sein. »Aber im selben Moment, da ja das Objekt sich als eine gewisse Anwesenheit in der Abwesenheit auf dem Grund der Nichtung der Welt manifestiert und da dieses Objekt nicht in der puren Indifferenz gegeben ist, sondern immer als noematisches Korrelat eines Begehrens, läßt das Begehren das Objekt wie ein Sein jenseits des Seins auftauchen, magisch und unmittelbar, und es findet sich im Gegensatz zur technischen Aktivität: Es erzeugt für das Für-sich die Illusion, daß – wäre es stärker und mächtiger – es dieser Abwesenheit / Anwesenheit die vollständige Gegenwart übertragen könnte.« (S. 565) Die totale Anwesenheit ist das Kernproblem des Kunstunternehmens. Einstweilen ist das Imaginäre nur das ontologische Idealschema eines von der Freiheit im Sein gehaltenen Seins, das die Freiheit nicht verzehrt: »Das imaginäre Objekt des Begehrens wird (als Abwesenheit) im Sein gehalten durch eine Freiheit, die sich darin erschöpft, ihm das Sein zu geben [...]; wenn es von dieser selben Freiheit im Sein als eine Anwesenheit gehalten würde, hätten wir endlich ein Sein, dessen Seinsgrund die Freiheit wäre, und eine Freiheit, deren Rechtfertigung darin bestünde, das Sein in seinem Sein zu halten.« (ibid.)

Das Universum des Begehrens realisiert sich durch die Kunst, und die Kunst definiert sich als die Realisierung des Begehrens. Freilich, in dieser Stabilisierung des imaginierten Seins als reelles steckt ein Problem: »Wirklich – und hier liegt der Ursprung für die transzendentale Illusion der Künstler –, d. h. für alle zugänglich und stets greifbar und enthüllbar, ebenso wie auch objektiv. Zugleich bleibt sie [die reelle Anwesenheit] kenntlich in ihrem imaginären Ursprung, d. h., sie erscheint in der Einheit einer zweckhaften Herstellung, wo die Substanz die Attribute beherrscht wie der Zweck die Mittel. Am Ende wäre die Kunst *Herstellung der Welt* als Welt des Begehrens, d. h., daß die Welt als kontingentes Sein genichtet wird, um als durch die Freiheit hergestellte Welt wiederzuerscheinen, als Welt, deren *Sein selbst* Zweckhaftigkeit ist, als *geschaffene Welt*.« (S. 566 f) Und wenn dieser letzte Satz schon deutlich an Formulierungen in *Was ist Literatur?* anklingt, dann ist der folgende fast wörtlicher Rückbezug: »Das Anliegen der Kunst ist es, die Welt, die wir sehen, darzustellen als Produkt einer Freiheit.« (S. 568) Wir erkennen das Programm wieder, aber auch in diesen Texten, auch in den strengeren philosophischen Termini überwindet Sartre nicht die Probleme, die sich bereits in seinem Literaturessay gezeigt haben.

Dasjenige Element, das dem Imaginären aus einer kontingenten und einsamen Subjektivität heraushilft, das dem Imaginären als eine Art objektives Kommunikationsrelais dient, nennt Sartre das »Analogon«. Er greift damit auf einen Begriff zurück, den er in ›Die Imagination‹ und *Das Imaginäre* ausführlich entwickelt hat. In den *Cahiers pour une morale* heißt es dazu: »Der Marmor ist nicht die Materie, deren Form Venus wäre: Die Form des Marmors ist eine bestimmte Kontur, die der Bildhauer ihm technisch aufzwingt, und Form und Materie werden erfaßt als Analogon, über das das Werk erscheint. So kann man das ästhetische Paradox erklären, daß das Werk die organische Einheit unmittelbarer Erscheinung sei und daß es fortschreitend und technisch hergestellt wird mittels einer Abfolge von realen Operationen. Tatsächlich ist es niemals das Objekt des Werkes, das hergestellt wird, es ist das Analogon.« (S. 568) Das Analogon ist die objektive und vermittelnde Spur des Imaginären, es ist nicht das Imaginäre selbst, sondern nur seine Anzeige. Der Kunst selbst »gelingt es nur, Anzeiger zu sein« (ibid.). Aber eine Anzeige, die die Welt schafft: »Schon, wenn ich zu malen beginne, lasse ich entstehen und erfinde ich *dort* [wo sich das Modell befindet] die Beziehungen, die ich auf die Leinwand bringe, und jede von ihnen wird finale Ursache des Ganzen. So heißt den Baum malen, ihn neu zu machen am Ende einer zweifachen Operation: Ich führe eine *wirkliche* Operation aus, die zu einem Imaginären auf der Leinwand führt, während ich eine unwirkliche Schöpfung ausführe auf einem wirklichen Gegenstand draußen. Und schließlich, da die Leinwand nur ein Analogon und das Objekt darauf imaginär anwesend ist, ist es das Objekt, das ich wahrnehme, das, insofern es von mir geschaffen ist, imaginär anwesend ist auf der Leinwand. So versuche ich, beim Vergleich von Porträt und Modell zu erfassen, ob das Modell vom Porträt gut Besitz ergriffen hat. [...] So ist der Künstler einerseits ein Mensch, der wählt, imaginäre Objekte wirklich zu schaffen, aber er ist auch und vor allem (wenn man sich auf einen ontologischen Standpunkt stellt) der Mensch, der wählt, die wirkliche Welt imaginär zu schaffen; er ist derjenige, dessen Wahrnehmung bereits unwirklich Schöpfung ist.« (S. 569f)

Diese Sätze beschließen ein Konvolut von immerhin fast 600 engbedruckten Seiten. Sartre kommt auf diese Versuche nie mehr zurück. Es fällt auch nicht sehr schwer zu sehen, daß er sich dauernd im Kreise dreht. Wollte er ursprünglich vielleicht den moralischen Konzepten von

Was ist Literatur? die philosophischen Grundlagen nachreichen, so mußte er am Ende wohl feststellen, daß er sein Problem der künstlerischen Kommunikation und der geschichtsmächtigen Kunst nicht nur nicht gelöst, sondern endgültig in aporetischen Sand gesetzt hat.

Auch wenn die Kunst in diesen Theorie-Fragmenten eine Art ontologisches Ideal darstellt, wo sich qua dem vermittelnden Analogon das Imaginäre als die menschliche und wesentliche, als die angeeignete Realität erweist, dann bleibt doch diese Begründung durch das »Begehren« kontingent und unausweislich. Ganz unabhängig von der Frage, ob denn dieses Imaginäre »zugänglich für alle und stets erfaßbar und enthüllbar« sei. Sartre gelingt es nicht, die prekären ontologischen Möglichkeiten einer Moral – d. h. die vereinigten Bewußtseine, die sich in Freiheit eine Welt geben – mit den konkreten historischen Möglichkeiten zu verbinden. »Schriftstellermoral«[28] wird er deshalb seine Versuche nennen. Verständlich, denn – genau wie wir es zuvor schon festgestellt haben – diese Moral setzt die Bereitschaft aller zu ihr voraus sowie die Bereitschaft zu ihrer Realisierung in der Kommunion der Kunst. Schriftstellermoral – in ihr ist nicht einmal die Möglichkeit des Konkreten gedacht, geschweige denn, daß eine »Schöpfung ab nihilo des Universums des Begehrens« (S. 566), die zum Gegenstand der Kunst wird, der Axt der realen Geschichte Paroli zu bieten wüßte. Die Geschichte ist kein weißes Blatt, auf dem sich zarte Bewußtseine ihre Wirklichkeiten zuspielen. Die Geschichte ist schon ganz und gar beschrieben. Das konkrete moralische Problem heißt: Was trage ich noch in die Zeilen ein, was trägt der Künstler noch in einen Text ein, der gewiß nicht von Künstlern für Künstler geschrieben ist? Gleichwohl, dieser Text schreibt Welt vor. In Wahrheit wird die Welt ja schon laufend kommunikativ geschaffen, aber eben nicht, um die Welt zur Aufgabe eines freiheitlichen Bewußtseins zu machen, sondern weil sich die Bewußtseine dem vorgefundenen Sein unterwerfen oder in ihm – technische Trüffelschweine – sich auf anderes Sein verweisen lassen. Sartre hat das in einem Moment verstanden, wo auch die Träume von einem dritten Weg platzen. »Man schafft keine Bewegung«, konstatiert er nach dem Niedergang des R. D. R. – wir ergänzen: Man schafft keine Bewegung ab nihilo. Man schafft auch keine Welt ab nihilo.

---

28 Zit. nach Contat/Rybalka, *Ecrits*, S. 216.

V. KAPITEL

Die unmögliche »Schriftstellermoral« und ihre Folgen

Wie viele andere französische Intellektuelle oder Schriftsteller ging auch Jean-Paul Sartre politisiert aus dem Krieg und aus der Résistance hervor. Die Erfahrung der Gewalt, die Erfahrung der Macht des Kollektivs prägten ihn. Seine revolutionären Hoffnungen und Erwartungen fand er allerdings von Anfang an nicht in der Kommunistischen Partei Frankreichs repräsentiert. Die KPF hielt sich brav an die von Stalin und Roosevelt in Jalta ausgehandelte Aufteilung Europas in Einflußsphären. Dementsprechend konnte sie ruhigen Gewissens einige Minister in der bürgerlichen Regierung stellen, die allerdings bei Ausbruch des Kalten Krieges 1947 ihre Ämter aufgeben mußten. Die KP hatte sich seit etwa 1943 den bürgerlichen Intellektuellen geöffnet, was – wie wir gesehen haben – auch einen Sartre mit einschloß. Aber unmittelbar nach Kriegsende verschlechterte sich das Verhältnis sofort wieder, was nicht zuletzt daran lag, daß Sarte innerhalb kurzer Zeit zu einer vielbeachteten Intellektuellenfigur aufgestiegen war. Und er dachte gar nicht daran, *seinen* Standpunkt aufzugeben. Die Gründe für die neuerliche Feindschaft? Gewiß, alte Erblasten, von denen wir gehört haben, und deren Kern wahrscheinlich darin zu finden ist, daß die intellektuelle Statur Sartres und die kommunistische Kadermentalität einfach nicht zusammenpaßten. Sartre hat später immer wieder auf die tiefen »menschlichen« Dissonanzen hingewiesen. So sagte er 1974: »Es waren sogar unmögliche Beziehungen, deshalb habe ich mich ja vollständig abgewandt. [...] Es war, als hätten sie [die Kommunisten] eine Maske auf; sie lächelten, sie redeten, sie antworteten auf die Fragen, die ich ihnen stellte, aber in Wirklichkeit waren nicht sie es, die antworteten, sie verschwanden, sie wurden eine Figur, deren Prinzipien man kannte, die die Antwort gab, die *L'humanité* im Namen der Prinzipien gegeben hatte. [...] Es gab nie eine Solidarität zwischen ihnen und mir, außer der unmittelbaren Solidarität des Problems, das gemeinsam gelöst werden mußte.« [1]

Aber neben jenen ›persönlichen‹ Reibungen existierte nach dem Krieg

---

1 ›Gespräche mit Sartre‹, S. 514f.

auch eine neue Konstellation: »Ich hatte damals ein Publikum, und sie wollten mir mein Publikum wegnehmen. Das ist alles. So einfach ist das. Ich selbst war ihnen scheißegal. Es ging doch nur darum, daß ich einige von ihnen abgehalten hatte, weil diese *Das Sein und das Nichts* gelesen hatten. Also mußte man mich schlachten, dann würde auch *Das Sein und das Nichts* verschwinden. Außerdem dachten sie auch ganz allgemein, daß ich so etwas wie einen dritten Weg darstellte, das heißt jene berühmte dritte Kraft oder jener dritte Weg, den die Sozialisten gewünscht hätten. Also mußte man von dieser Seite her beweisen, daß der dritte Weg nicht möglich war.«[2] Inwieweit Sartre tatsächlich als Exponent eines dritten Weges in Erscheinung trat, belegt eine Bemerkung von Raymond Aron, der rückblickend schrieb: »Der Dialog zwischen Existentialisten und Marxisten, oder genauer gesagt zwischen Sartre und den Kommunisten, besetzt seit der Befreiung von 1945 den Vordergrund der politisch-literarischen Szenerie Frankreichs.«[3] 1961 beschrieb Sartre in seinem Nachruf auf Maurice Merleau-Ponty ausführlich das politische Dilemma der Nachkriegszeit für Leute seiner Observanz: »1945 war es möglich, zwischen zwei Haltungen zu wählen. Zwei, nicht mehr. Die erste und bessere bestand darin, sich an die Marxisten zu wenden – an sie allein – und ihnen vorzuhalten, daß die Revolution im Keim erstickt, die Résistance ermordet worden, die Linke zusammengebrochen sei. [...] Um aber auf die verratene Revolution hinweisen zu können, mußte man zunächst Revolutionär sein: Merleau war es nicht, ich war es noch nicht. Wir hatten nicht einmal das Recht, uns als Marxisten zu bezeichnen, trotz unserer Sympathien für Marx. [...] Blieb die zweite Verhaltensweise. Wir brauchtes sie nicht zu wählen, sie zwang sich auf. Selbst den Mittelklassen entstammend, versuchten wir, die Verbindung zwischen dem intellektuellen Kleinbürgertum und den intellektuellen Kommunisten herzustellen. Dieses Bürgertum hatte uns hervorgebracht: wir hatten seine Kultur und seine Werte als Erbteil erhalten; aber die Besatzungszeit und der Marxismus hatten uns gelehrt, daß weder jene Kultur noch diese Werte selbstverständlich waren. Wir verlangten von unseren Freunden in der kommunistischen Partei die Werkzeuge, die notwendig waren, um der Bourgeoisie den Humanismus zu entreißen.«[4]

2 *Sartre. Ein Film*, S. 55 f.
3 Raymond Aron, *Die heiligen Familien des Marxismus*. [1969] Hamburg 1970. S. 19.
4 ›Merleau-Ponty‹, S. 175 ff.

So wurde er schnell zum unberechenbaren Gegner, der den kommunistischen Führungsanspruch in Frage stellte. Verzichten wir darauf, die beinahe täglichen Grabenkämpfe, die die Kommunisten und Sartre sich boten, nachzuerzählen.[5] Sartre hat in seinen Aufsätzen und Vorträgen nach dem Krieg eine doppelte Distanznahme ausgedrückt. Eine theoretische, die der marxistischen Theorie vorwarf, den Ort des Individuums in der Geschichte nicht ausreichend beschreiben und also berücksichtigen zu können. Und die praktische Kritik, die sich zum Teil aus den theoretischen Einwänden ergibt: Da doch der individuelle Revolutionär im kommunistischen Denken keine Rolle spielt, macht sich die Partei zum Vollstrecker »der Geschichte«, und im Namen der Geschichte operiert sie gegen den Einzelnen. Aber es kann nur *für* und *durch* den Einzelnen revolutionäre Ziele geben. Sartre bekräftigt seine Ablehnung der kommunistischen Praktiken noch einmal ganz deutlich in *Was ist Literatur?*: »Die Politik des Stalinschen Kommunismus ist mit der redlichen Ausübung des literarischen Berufs unvereinbar.«[6] Im Grunde stellt dieser Essay weniger einen Versuch dar, die Literatur zu politisieren, was er gar weit von sich weist, sondern er drückt vielmehr die Absicht aus, die Geschichte durch Literatur statt durch Politik zu bewältigen, zu gestalten, zu erfinden. Die Schwächen dieses Entwurfs liegen auf der Hand. Sie werden schließlich unabweisbar, als sich mit Ausbruch des Kalten Krieges eine Polarisierung durchsetzt, die keinerlei Spielraum mehr für Nuancierungen läßt.

Sartres Reaktion auf die theoretischen und praktischen Schwächen seiner Literaturkonzeption führen ihn einerseits zu seinen philosophischen Versuchen über die Moral, andererseits zu einem verstärkten öffentlichkeitswirksamen Auftreten. Im Oktober/November 1947 erhalten *Les Temps Modernes* die Gelegenheit, eine Radiosendung in eigener Regie herzustellen. Sartre nutzt die Möglichkeit, um für ein Denken jenseits der Blöcke zu werben. Die Sendung wird Ende November 1947 abgesetzt, in dem Moment, da Schuman Ramadier als Ministerpräsident ablöst. Der Riß, den der Kalte Krieg in alle Verhältnisse treibt, verschont auch die Redaktion der *Temps Modernes* nicht: Raymond Aron verläßt das Redaktionskomitee, Sartre entzweit sich mit Arthur Koestler und auch erstmals mit Albert Camus. Die politische Problematik

---

5 Die hat Mark Poster gesammelt in einem Kapitel seines Buchs *Existential Marxism in Postwar France. From Sartre to Althusser*. Princeton 1975. S. 109–125.
6 *Was ist Literatur?*, S. 196.

jener Jahre dramatisiert Sartre in seinem Theaterstück *Les mains sales*
(dtsch.: *Die schmutzigen Hände*), das am 2. April 1948 uraufgeführt wird.
Die heftige Kritik seitens der KP aus der Feder von Guy Leclerc wurde
bereits zitiert, und noch 1951 kann in manchen Städten der Film, den
Fernand Rivers nach dem Stück gedreht hatte, wegen der kommunistischen Proteste nur unter Polizeischutz vorgeführt werden. Ganz allmählich begibt Sartre sich in eine Rolle, die er nachgerade für unser
Jahrhundert verkörpern wird: die des Intellektuellen. Damit ist gemeint, daß er das autonome literarische Engagement von *Was ist Literatur?* erweitert und ergänzt durch ein – im Vordersinn des Wortes –
politisches Engagement. Man muß klar sehen, daß *Was ist Literatur?*
nicht nur den Schriftsteller vom Intellektuellen unterscheidet, sondern
gegen letzteren auch einen gewissen Vorbehalt bekundet: Er ist der spe-
zialisierte »clerc«, der überredet, verführt, verkauft. Und natürlich hat
er dabei den kommunistischen Intellektuellen seiner Zeit vor Augen,
der im Namen der Geschichte und der Partei spricht. Sartre wird nicht
nur relativ spät zum Intellektuellen, er bleibt es insgeheim ziemlich miß-
mutig. Zwar nennt er 1966 den Intellekuellen einen »Hüter der fundamentalen Zwecke«[7], aber er sagt es in einer Zeit äußerster politischer
Windstille. Und es ist klar, daß damit nur eine Art Stellvertretervoll-
macht ausgestellt wird: »Er [der Intellektuelle] arbeitet darauf hin, daß
eines Tages eine soziale Universalität möglich wird, in der alle Menschen *wahrhaft* frei, gleich und brüderlich sind, und er ist sicher, daß an
jenem Tag, aber nicht vorher, der Intellektuelle verschwinden wird.«
(S. 35) Anfang der 70er Jahre verlangt er vor dem Hintergrund seines
gauchistischen Engagements, daß der »klassische Intellektuelle« seines
Typs von der Bildfläche zu verschwinden habe. Keine »Kehre« – eine
Reminiszenz.[8]
    Zu dieser Umorientierung in Richtung auf den Intellektuellen gehört
auch, daß Sartre 1948 unter den Gründern des Rassemblement démocratique révolutionnaire zu finden ist. Das R.D.R. versteht sich als intellektuelle Sammlungsbewegung, und nur im eingeschränkten Sinne

7 ›Plädoyer für die Intellektuellen‹, in: *Mai '68 und die Folgen*. Bd. II, S. 9–64. Hier:
  S. 64. Es handelt sich dabei um drei Vorträge, die Sartre 1965 in Japan gehalten
  hat. Es ist übrigens wichtig zu sehen, daß das ›Plädoyer...‹ ebenfalls Intellektuelle
  und Schriftsteller unterscheidet, aber der Schriftsteller gerade durch seine Tätigkeit zum Intellektuellen par excellence wird.
8 Cf. Walter van Rossum, ›»L'intellectuel est voué à disparaître«. Jean-Paul Sartres
  Spätwerk 1968–80‹, loc.cit.

als Partei. Ziel der Gruppe, die vor allem auf Initiative von David Rousset und Georges Altmann zustande gekommen ist, soll die Sammlung der kritischen Linksintellektuellen sein, die sich nicht von der Politik der Blöcke bestimmen lassen wollen und die versuchen, die KP von außen zu reformieren: »Wir wollen uns mit der Ungerechtigkeit und der Würdelosigkeit der heutigen Gesellschaft ebensowenig abfinden wie mit einem Gesellschaftssystem, das das Individuum hemmungslos unterdrücken würde. Die Mittel sind uns genauso wichtig wie der Zweck. [...] Wir haben nicht die Absicht, irgendeine demokratische und politische Kraft zu spalten«, heißt es in dem ›Aufruf des Komitees für das R.D.R.‹, der im Februar 1948 von Sartre, Rousset, Altmann und anderen unterzeichnet wurde.[9] Aber das R.D.R. scheitert an dem, was es zu überwinden trachtete: dem Blockdenken.[10] Sartre demissioniert im Oktober 1949, und die Bewegung erlischt kurz darauf. Damit scheitert sein letzter Versuch einer Politik des dritten Weges, einer Politik, die zugleich seinen Vorbehalten und den geschichtlichen Notwendigkeiten Rechnung trägt, auch einer Politik aus dem Geist der Schriftstellermoral. »Zerfall des R.D.R. Schwerer Schlag. Eine neue und endgültige Lektion in Realismus. Man erschafft keine Bewegung.«[11]

Im gleichen Moment gibt er auch die Arbeit an seiner »Moral« auf. Und jetzt der Realismus? Erst einmal zieht er sich zurück, liest Marx, studiert Geschichte und Ökonomie. Aber die Lehrzeit ist noch nicht ganz vorbei. Seit geraumer Zeit kursieren Gerüchte über die sowjetischen Arbeitslager. 1948 und 1949 bereiten die Berichte des geflohenen sowjetischen Offiziers Krawtschenko der Linken erhebliche Bauchschmerzen, zum Vergnügen der Rechten. Nachdem sich die Schreckensberichte allmählich bestätigen und nicht mehr als westliche Propaganda abgetan werden können, müssen auch *Les Temps Modernes* Stellung beziehen. Neben anderen Aufsätzen zum Thema verfaßt Maurice Merleau-Ponty in seiner Eigenschaft als (inoffizieller) politischer Chefredak-

9 In: *Krieg im Frieden. Artikel, Aufrufe, Pamphlete. 1948–1954*, S. 9–11. Hier: S. 9. Franz. in: *Combat*, 17. Febr. 1948. Über die genaueren politischen Absichten der Bewegung informiert ein Buch mit Gesprächen von: Sartre, Rousset, Rosenthal, *Entretiens sur la politique*. Paris 1949.
10 Über die näheren Gründe des Scheiterns cf. ›Merleau-Ponty‹, S. 179–181 und: ›Gespräche mit Sartre‹, S. 466 f. Auch: S. de Beauvoir, *Der Lauf der Dinge*, S. 174 ff.
11 Zit. n. S. de Beauvoir, *Der Lauf der Dinge*, S. 175 [Übersetzung von mir].

teur der Zeitschrift einen Leitartikel, den Sartre mitunterzeichnet.[12] Für Merleau-Ponty wird dies die letzte Konzession an den Kommunismus bleiben. Für Sartre beginnt damit eine Zeit der kommunistischen Apologie.

Der Aufsatz bestreitet weder die Existenz der Arbeitslager noch andere erhebliche Probleme des sowjetischen Systems. Aber Merleau-Ponty und Sartre bestreiten die Gleichung »Kommunismus=Faschismus«, die damals weltweit die Runde machte: »Wie immer die gegenwärtige Sowjetgesellschaft aussehen mag, *grosso modo* befindet sich die UdSSR, bei Gleichgewicht der Kräfte, auf seiten derer, die die bei uns bekannten Formen der Ausbeutung bekämpfen. Aus dem Verfall des russischen Kommunismus folgt nicht, daß der Klassenkampf ein Mythos, daß das ›freie Unternehmertum‹ möglich oder wünschenswert und daß ganz allgemein die marxistische Kritik hinfällig ist. Woraus wir nicht den Schluß ziehen, daß man mit dem Kommunismus Nachsicht haben muß, sondern daß man in keinem Fall mit seinen Gegnern paktieren darf. Die einzig gesunde Kritik ist demnach diejenige, die innerhalb und außerhalb der UdSSR auf die Ausbeutung und die Unterdrückung abzielt, und jede Politik, die sich gegen Rußland *definiert* und die Kritik auf Rußland begrenzt, ist eine Absolution der kapitalistischen Welt.« (S. 27) Kurz, die Stalinschen Praktiken diskreditieren noch lange nicht den Marxismus. Jahre später sollte Merleau-Ponty in seiner Abrechnung mit dem Marxismus schreiben: »Zu sagen, wie wir das getan haben, der Kommunismus bliebe als Kritik oder Negation wahr, ohne Aktion oder positiv zu sein, hieße, uns außerhalb der Geschichte und insbesondere außerhalb des Marxismus stellen, hieße, ihn aus Gründen rechtfertigen, die nicht die seinen sind, und schließlich, die Doppeldeutigkeit zu einer festen Regel machen.«[13] Für Merleau-Ponty Grund zum Bruch mit den Marxisten, für Sartre, noch mehr die ›guten‹ kommunistischen Prinzipien aus der ›schlechten‹ kommunistischen Praxis zu fischen. Ein dorniger Weg, ein Kreuzgang. Aber es bedarf noch eines weiteren Schlages, der die Polarisierung zwischen den Blöcken endgül-

---

12 ›Die Tage unseres Lebens‹, in: *Krieg im Frieden*. Bd.I, S. 20–32. Franz.: ›Les jours de notre vie‹, in: *Les Temps Modernes*, Nr. 51, Jan. 1950. Über den ganzen Komplex cf. F. von Krosigk, *Philosophie und politische Aktion bei J.-P. Sartre*. München 1969. S. 104–108.

13 Maurice Merleau-Ponty, *Die Abenteuer der Dialektik*. [1955] Frankfurt a. M. 1968. S. 279.

tig so vergröbert, daß die Politik des dritten Weges zu einer unpolitischen Einstellung herabsinkt: der Ausbruch des Koreakrieges im Juni 1950.

1950 enthält Sartre sich praktisch aller politischen Stellungnahmen. Anfang des folgenden Jahres schreibt er sein Theaterstück *Der Teufel und der liebe Gott*.[14] Sein eigenes politisches Drama löst er auf der Bühne in der Gestalt des Götz: »Ich habe Götz machen lassen, was ich nicht tun konnte.«[15] Sartre verschanzt sich weitgehend hinter literarischen Arbeiten. Aber im Juni 1951 gibt er in einem Interview ein weiteres Stück Annäherung an die KP zu Protokoll. »Bis auf weiteres repräsentiert die kommunistische Partei für mich das Proletariat, und ich sehe nicht, wie sich das in nächster Zeit ändern könnte. [...] Es ist unmöglich, eine antikommunistische Position einzunehmen, ohne gegen das Proletariat zu sein.«[16] Ein Angebot, das die Kommunisten annehmen. Im Januar 1952 tritt die KP an Sartre heran, um ihn um seine Mitarbeit bei der Bewegung zugunsten von Henri Martin zu bitten. Henri Martin ist ein kommunistischer Seemann, den man wegen seiner Aktivitäten gegen den Indochinakrieg ins Gefängnis geworfen hat. Sartre willigt in den Vorschlag ein, er legt dem Staatspräsidenten Aureol ein Gnadengesuch vor und erklärt sich bereit, an einem Buch über den gesamten Ablauf der Affäre mitzuarbeiten. Zu diesem Dossier-Buch[17] schreibt Sartre – im Winter 52/53 – im wesentlichen nur die Einleitung und die Übergänge zwischen den verschiedenen Beiträgen und Dokumenten. Heute lesen sich die Stellen, die aus Sartres Feder stammen, teilweise wie die Einübung in einen Jargon: das Pathos der klassenkämpferischen Literatur. Tatsächlich hat Sartre sich in der Zwischenzeit den Kommunisten radikal genähert und seine Versuche eines dritten Weges zwischen und gegen die Blöcke aufgegeben.

Dazu haben die folgenden Ereignisse beigetragen: Ende Mai 1952 wird der US-General Mathew B. Ridgeway, als Nachfolger von Eisenhower Oberbefehlshaber der alliierten Streitkräfte in Europa (SHAPE,

14 *Le diable et le bon Dieu*. Uraufgeführt am 7. Juni 1951 im Théâtre Antoine in Paris. Buchausgabe: 1951.
15 Zit. n. S. de Beauvoir, *Der Lauf der Dinge*, S. 236.
16 Interview in: *Paris-Presse / L'Intransigeant*, 7. Juni 1951. Zit. n. *Œuv. Rom.*, S. LXX.
17 *Wider das Unrecht. Die Affäre Henri Martin*. Franz.: *L'affaire Henri Martin*. 1953.

damals noch in Paris), in Paris erwartet. Ridgeway war nicht nur einige Zeit Oberbefehlshaber der UN-Streitkräfte in Korea, er wurde von den Kommunisten auch für den Einsatz bakteriologischer Waffen verantwortlich gemacht. Am 25. Mai wird der Chefredakteur von *L'humanité*, André Stil, verhaftet, weil er Ridgeway als »General des bakteriologischen Krieges« bezeichnet hat und zu einer – bis dahin noch nicht verbotenen – Demonstration gegen ihn aufrief. Die inzwischen verbotene Demonstration gegen Ridgeway wird zu einer großen Niederlage für die KP, da ihrem Aufruf nur relativ wenige Teilnehmer folgen. Dennoch kommt es zu schweren Auseinandersetzungen zwischen Demonstranten und Polizei. Und am gleichen Tag wird auch noch der Fraktionsvorsitzende der KP, Jacques Duclos, verhaftet. In seinem Auto findet man – nach Polizeidarstellung – eine geladene Pistole, einen Gummiknüppel, ein Funkgerät und zwei Brieftauben. Mit dem Funkgerät hätten der Polizeifunk abgehört und Anweisungen für die Demonstration übermittelt werden sollen. Und die Brieftauben wären für Kurierdienste nach Moskau bestimmt gewesen. Nun, Pistole und Gummiknüppel gehören Duclos' Leibwächter, das Funkgerät ist ein schlichtes Autoradio, und die subversiven Tauben waren tot und für den Kochtopf bestimmt. Eine Farce? Gewiß auch. Aber als Sartre – zu diesem Zeitpunkt in Rom – von den Vorgängen hört, brechen bei ihm die Dämme: »Die letzten Bande zerrissen, meine Perspektive wandelte sich: ein Antikommunist ist ein Hund, davon gehe ich nicht ab, davon werde ich nie mehr abgehen. Man wird mich für einfältig halten, und ich hatte tatsächlich schon manches erlebt, ohne mich aufzuregen. Aber nach zehn Jahren des Grübelns hatte ich einen Punkt erreicht, an dem es nur noch eines winzigen Anstoßes bedurfte. In der Sprache der Kirche war das eine Konversion. [...] Im Namen der Prinzipien, die sie mir eingeimpft hatte, im Namen ihres Humanismus und ihrer ›Humaniora‹, im Namen der Freiheit, der Gleichheit, der Brüderlichkeit schwor ich der Bourgeoisie einen Haß, der erst mit meinem Leben enden wird. Als ich Hals über Kopf nach Paris zurückkehrte, mußte ich schreiben, oder ich wäre erstickt. Ich schrieb Tag und Nacht den ersten Teil des Essays ›Les communistes et la paix‹.«[18]

Bereits in der Juli-Nummer der *Temps Modernes* erscheint die erste Lieferung dieses langen Nachdenkens: ›Die Kommunisten und der

18 ›Merleau-Ponty‹, S. 199 f.

Frieden‹. [19] Zwei Dinge bewegen Sartre besonders: die Mittel, zu denen die Rechte griff, und wie sie in der Affäre Duclos sowie in der Affäre Henri Martin zum Vorschein kamen. Aber auch der schwache Erfolg sowohl der Kundgebung vom 28. Mai wie auch beim Aufruf zum Generalstreik vom 4. Juni 1952 seitens der kommunistischen Gewerkschaft C.G.T. Jetzt muß man sich entscheiden. »Es ist das Ziel dieses Artikels, meine Übereinstimmung mit den Kommunisten in genau umrissenen und begrenzten Punkten zu erklären, indem ich von *meinen* Prinzipien, nicht von den ihren aus argumentiere.« (S. 142)

In den beiden ersten Teilen des Essays, die 1952 erscheinen, untersucht Sartre die kommunistische Politik anhand der beiden gescheiterten Demonstrationen vom 28. Mai und 4. Juni. Er sieht in der Sowjetunion zwar den Sozialismus nicht verwirklicht, aber sie sei der einzige Staat, wo er möglich scheine. Und die Sowjetunion trete für den Frieden ein, da das vom Krieg geschwächte und im Aufbau befindliche Land gar nicht anders könne, als den Frieden zu wollen. Er diskutiert auch Fragen der Gewalt und der formalen Freiheiten der bürgerlichen Demokratie. Wenn er in den ersten beiden Kapiteln die kommunistische Praxis verteidigt, dann verteidigt er in der dritten und umfangreichsten Lieferung seines Aufsatzes – sie erscheint 1954 – ausdrücklich das Prinzip der Partei, was sich bereits in den 1952 veröffentlichten Teilen absehen läßt. Die Partei ist sozusagen das »Subjekt« des Proletariats. Die Klasse wird erst durch Aktion zur Klasse, außerhalb der vereinigenden Aktion ist sie bloß Masse mit gewissen, äußerlichen Kennzeichen. Die Masse besteht aus uniformierten, aber getrennten und isolierten Individuen. »Die Klassen sind nicht, man macht sie.« (S. 170) Wer macht sie? »Das Proletariat schafft sich selbst durch seine tägliche Aktion, es besteht nur im Handeln, es ist Handeln; wenn es aufhört zu handeln, zerfällt es.« (S. 171) Wenn allerdings die Einheit des Proletariats wesentlich durch seine Praxis bestimmt wird, fragt sich, wie und unter welchen Umständen seine Einheit entsteht. »Die Einheit der Arbeiter entsteht nicht spontan.« (S. 174) Erst die Partei schafft, verkörpert und lenkt diese Einheit. Ohne dieses Zentrum seiner selbst hätte das Proletariat keinerlei Chance.

Es scheint, als hätte Sartre wirklich eine radikale Konversion begangen, als hätte er seine ganzen, vernehmlich und streng formulierten

19 In: *Les Temps Modernes*, Nr. 81, Juli 1952; Nr. 84, Okt.–Nov. 1952; Nr. 101, April 1954. Dtsch. in: *Krieg im Frieden*. Bd. II, S. 75–301.

Zweifel an der kommunistischen Praxis und der marxistischen Theorie über Bord geworfen. Aber wir müssen uns noch einmal vor Augen führen: 1952 gab es nur die Alternative, entweder zwischen den Blockmächten zu wählen oder im Unpolitischen zu verstummen. Unter dem Gesichtspunkt, gewählt haben zu müssen, rechtfertigt Sartre seine Entscheidung von 1952 noch 1975: »Weil ich immer noch der Meinung bin, daß in den Jahren des Kalten Krieges die Kommunisten recht hatten. Die UdSSR – mit all den Fehlern, die sie hatte und die wir kennen – war immerhin bedroht, sie war noch nicht stark genug, den Vereinigten Staaten in einem Krieg standhalten zu können, und sie wollte daher den Frieden. Dashalb konnten wir uns mit der Haltung der Kommunisten identifizieren: im wesentlichen warfen sie den USA dasselbe vor, was wir ihnen vorwarfen.«[20] Trotzdem provoziert Sartres Stellungnahme heftige Reaktionen. Albert Camus und Maurice Merleau-Ponty, die sich wie viele andere Intellektuelle für die Entpolitisierung entschieden, überwerfen sich 1952 bzw. 1953 aus verschiedenen Anlässen, aber letztlich aus den gleichen Gründen mit Sartre. Claude Lefort, Mitarbeiter der *Temps Modernes* und Mitbegründer einer linken antistalinistischen Gruppe namens *Socialisme ou barbarie* (Sozialismus oder Barbarei)[21], beginnt eine polemische Auseinandersetzung mit Sartre, auf die dieser ebenso heftig antwortet. Und Dominique Dessanti, seit vielen Jahren mit Sartre befreundet und prominentes Mitglied der KP, bekennt in ihren in den 70er Jahren veröffentlichten Memoiren den Schock, den die Proklamation von Sartres Weggenossenschaft mit der KP ausgelöst hat: »1952 sah man die Ermordung der Angeklagten im Slánsky-Prozeß in Prag [...], aber im selben Augenblick, in diesen selben Monaten, kam Sartre, das Symbol des fordernden Gewissens und der Freiheit, zu den Kommunisten. [...] Der Eifer des Neubekehrten gewann genau in dem Augenblick die Oberhand, in dem wir innerhalb [der KPF] seit fast zehn Jahren – acht davon in aller Öffentlichkeit – begannen, uns peinliche Fragen zu stellen.«[22]

Aber was von Sartres Konversion wirklich zu halten ist, das wissen

20 ›Selbstporträt mit siebzig Jahren‹, S. 215.
21 Zu dieser Gruppe gehörten unter anderem auch Cornelius Castoriadis und Jean-François Lyotard.
22 D. Dessanti, *Les Staliniens (1944–1956): une expérience politique*. Paris 1975. S. 246 ff. Zit. n. Traugott König und Dietrich Hoß, ›Nachwort‹ in *Krieg im Frieden*. Bd. II, S. 340–350. Hier: S. 345 f.

wahrscheinlich nur er selbst und die Verantwortlichen in der KP. Für die letzteren bedeutet Sartres Essay gewiß einen großen propagandistischen Erfolg – solange man den Text seiner »Liebeserklärung« vergißt, der übrigens aus verständlichen Gründen auch nie in den Ländern des real existierenden Sozialismus übersetzt wird. In Sartres ausführlicher Darstellung dürfte es kaum eine Zeile geben, die mit dem offiziellen Selbstverständnis der Partei, ihrer Politik und ihrer Ideologie übereinstimmt. Man muß Sartres Ankündigung, daß seine Übereinstimmung mit den Kommunisten allein von *seinen* Prinzipien geleitet wird, vollkommen wörtlich nehmen. In gewissem Sinne könnte man von einer taktischen Meisterleistung sprechen: Gezwungen, mit den Kommunisten zu kooperieren, definiert er die kommunistischen Prinzipien um. Aber es geht dabei auch um mehr – und tatsächlich auch um eine Konversion. ›Die Kommunisten und der Friede‹ ist nur zuletzt eine Beschreibung, der Essay enthält vor allem und im wesentlichen ein Programm: die Keime seiner eigenen künftigen Gesellschaftstheorie. Um mich in zeitgemäßeren Termini auszudrücken: In ›Die Kommunisten und der Friede‹ überbietet Sartre seine literarische Theorie der kommunikativen Verständigung durch eine politische Theorie des kommunikativen Handelns. Nimmt man es genau, dann war es das, was er bereits 1939/40 gesucht, vage thematisiert und dann allmählich in der Linie seiner Entwicklung entfaltet hat: eine praktische Theorie, die dem Individuum, dem Kollektiv und der Geschichte gerecht wird.

Wenn Sartre sich gegen den Trend und gegen seine erklärte und begründete Antipathie mit den Kommunisten einläßt, wenn er die schmutzige Auseinandersetzung mit der Geschichte sucht, dann hat sich alles geändert. Noch in *Was ist Literatur?* hat er die Zusammenarbeit mit den Kommunisten für unvereinbar mit dem Metier des Schriftstellers erklärt. Im selben Text gibt er die Parole aus: »den Menschen erfinden« [23]. Und jetzt arbeitet er mit der KP, weil er nicht mehr glaubt, daß man den Menschen erfinden kann. Wie Pascal denkt er vielmehr: Nous sommes embarqués – wir sitzen im Boot. Die Menschen können allenfalls in eine überwältigend kompakte Welt Sinn einschreiben, aber dem Individuum gehört weder die Welt, noch steuert es, was mit seinen Inschriften geschieht. Ihm gehört nicht der Anfang, noch das Ende. Es kann und muß ständig alle Bedingungen überschreiten, die es nicht gesetzt hat. Die anderen haben eine furchtbare Gewalt über es, aber nie-

---

23 *Was ist Literatur?*, S. 223.

mand kann bloß Opfer sein, noch sich als grausamer anderer der anderen befreien. Das Drama der menschlichen Realität hat sich verlagert: In *Das Sein und das Nichts* war das Individuum das seiner Freiheit ausgelieferte Nichts, das vergeblich versuchte, sich zu begründen. Jetzt, auf dem Weg zur Geschichte, auf dem Weg zur *Kritik der dialektischen Vernunft* ist die Furie das Kollektiv, der konditionierte Mensch, der sich in der Macht der Umstände als Lücke zu behaupten hat, als Negation der historisch-kollektiven Verfügung. Früher krankte das Individuum an der allzu weitherzigen Leere seiner Verfügbarkeiten, jetzt wird das Nichts zur Geheimwaffe gegen die erdrückenden Zugriffe der Bedingungen. Angesichts dieser Lage löst sich natürlich auch das Problem der individuellen Moral in einen individuellen Kampf für das Individuum auf; wobei das nächstliegende Problem heißt, wie kann dieser Kampf geschichtsmächtig geführt werden, ohne daß die revolutionären Kollektive ihre Ziele verraten. ›Die Kommunisten und der Frieden‹ ist ein erster Versuch in diese Richtung.

Unter dem Druck der Umstände und in deutlich theoretischer Absicht erhebt der Essay die Partei zum praktischen Subjekt des Proletariats. Wir wissen, wie lange Sartre an dem Pakt mit der KP festgehalten hat. 1956, nach der Intervention sowjetischer Truppen und der Niederschlagung der demokratischen Bewegung in Ungarn, kündigt Sartre seine Weggenossenschaft. Im selben Jahr entsteht allerdings auch durch die Ereignisse auf dem XX. Parteitag der KPdSU die Hoffnung auf Entstalinisierung und Tauwetter. In dieser Hoffnung schreibt Sartre seinen großen Aufsatz ›Das Phantom Stalins‹: »Mit unseren Möglichkeiten von Intellektuellen, die von Intellektuellen gelesen werden, werden wir versuchen, zur Entstalinisierung der kommunistischen Partei Frankreichs beizutragen.«[24] Also ein sehr viel bescheideneres Programm als das der totalen Literatur, die »den Menschen erfinden« wollte. Eine fromme und lange vergebliche Hoffnung. Sein eigentlicher Beitrag zu dieser Absicht besteht in der *Kritik der dialektischen Vernunft*, an der er seit 1957 fieberhaft arbeitet und worin er versucht, den Marxismus mit der Freiheit als Faktizität und Entwurf in Einklang zu bringen. Aber der Schritt in Richtung einer Theorie des kommunikativen Handelns, den Sartre seit 1952 tat, bleibt nicht ohne Wirkung auf

---

24 In: *Krieg im Frieden*. Bd. II, S. 215–332. Hier: S. 332. Franz.: ›Le fantôme de Staline‹, in: *Les Temps Modernes*, Nr. 129/130/131, Nov./Dez. 1956 – Jan. 1957. [Dreifachausgabe von *T. M.*]

das Selbstverständnis des Schriftstellers. Dem werden wir unsere abschließenden Überlegungen widmen.

Die glänzenden Möglichkeiten der Literatur werden von einer schweren Hypothek überschattet. »Die Literatur [ist] im Begriff [...] zu sterben. Nicht daß es ihr an Talenten noch an gutem Willen fehlte: aber sie hat in der zeitgenössischen Gesellschaft nichts mehr zu suchen. Genau in dem Moment, da wir die Wichtigkeit der Praxis entdecken, in dem Moment, da wir ahnen, was eine *totale* Literatur sein könnte, löst sich unser Publikum auf und verschwindet, wir wissen buchstäblich nicht mehr, für wen wir schreiben sollen.«[25] Wir haben gesehen, welche Schlüsse Sartre daraus zieht: Die Schriftsteller seiner Generation haben sich zunächst darauf zu konzentrieren, sich ein Publikum zu schaffen. Dieser Empfehlung folgt er selbst mit einem intensiven publizistischen, politischen, literarischen Engagement. Zusätzlich stürzt er sich 1947/48 in die Arbeit für den dritten Band der *Wege der Freiheit*: *Der Pfahl im Fleische*.[26] Dieser Roman wurde seit 1946 verschiedentlich unter anderem Titel angekündigt. Bei seinem Erscheinen wird *Der Pfahl im Fleische* von der Kritik nicht gerade enthusiastisch begrüßt.[27] Auch wenn man nicht durchweg von Verrissen sprechen kann, so scheint die Lauheit der Kritiken Sartre in gewisser Weise recht zu geben: Sein Publikum – wenigstens sein Romanpublikum – löst sich vor seinen Augen auf. Das mag auch an zumindest einem der Themen dieses Romans liegen. Sartre schildert im ersten Teil das Ende der *drôle de guerre*, die Schlußphase des deutschen Angriffs und dann die Gefangennahme Mathieus, die seiner eigenen ähnelt. Im zweiten Teil erzählt er die erste Etappe und die ersten Erfahrungen seiner Gefangenschaft. Aber in die Erzählung vom Leben im Gefangenenlager fließen nicht nur die Gedanken und Empfindungen ein, die er in jenen Monaten selbst gehegt hat, sondern er färbt sie mit den politischen Konstellationen aus der Zeit der Niederschrift von *Der Pfahl im Fleische* 1947/48. Es lassen sich zahlreiche Entsprechungen feststellen zwischen den Begebenheiten im Roman und seinem Engagement für das R.D.R. oder überhaupt seinen Bemühungen um einen dritten Weg. Und so rückt auch – im zweiten Teil – die

---

25 *Was ist Literatur?*, S. 185.
26 Franz.: *La Mort dans l'âme*. Der Roman erscheint zunächst vollständig in sechs Lieferungen in *Les Temps Modernes* (Dez. 1948 – Juni 1949) und im August 1949 als Buch.
27 Cf. ›Dossier de presse‹, in: *Œuv. Rom.*, S. 2017–2023.

Gestalt des Kommunisten Brunet, der in den vorangegangenen Bänden der Trilogie nur als Nebenfigur in Erscheinung tritt, in den Vordergrund. An dieser Figur spielt Sartre seine Auseinandersetzung mit den Kommunisten in den Jahren 1945–48 durch.

Contat und Rybalka vermuten in ihren Anmerkungen zum Gesamtprojekt der *Wege der Freiheit*, daß die wachsende Distanz zwischen Romanzeit und Zeit der Niederschrift Sartre dazu gebracht habe, eine Fortsetzung von *Wege der Freiheit* nicht mehr zu schreiben. »Die Unmöglichkeit für Sartre, von seinen lebendigen Erfahrungen und den Doppeldeutigkeiten der Nachkriegszeit Rechenschaft abzulegen in einem Roman, der während der Besatzung und der Résistance spielen sollte.«[28] Ende 1949 erscheinen noch die Fragmente des geplanten vierten Bandes in *Les Temps Modernes*[29]. Aber damit hat Sartre nicht nur die Arbeit an seinem großen Romanprojekt eingestellt, er hat auch die Literatur im engeren Sinne, und das heißt für ihn: den Roman aufgegeben.[30] Nicht in einer spektakulären Verabschiedung, sondern schlichter: Die Literatur muß Sartre als ein vorläufig untaugliches Mittel in den anstehenden Auseinandersetzungen erschienen sein. »Wenn die Literatur nicht *alles* ist, ist sie nicht der Mühe wert«, erklärt er in einem Interview 1960.[31] Was heißt das? Ich glaube, man muß ein schlichtes Bild zeichnen: Sartre sieht das Individuum als eine unbewaffnete, aber möglichkeitsfähige Negation der Welt. Die Welt zeigt und hält sich in den unablässigen und kakophonen Strömen des Geredes. Die Literatur, wie sie Sartre ideal vorschwebt, wäre der ausgezeichnete Ort, an dem sich die Individuen sprechend über die Welt einigen und damit sich selbst erfinden. Dieses Ideal motiviert natürlich auch Sartres Vorbehalt gegen eine ästhetizistische Literatur, eine Literatur als Kulturbranche, als

28 *Œuv. Rom.*, S. 2136.
29 ›Drôle d'amitié‹, in *Les Temps Modernes*, Nr. 49, Nov. 1949; Nr. 50, Dez. 1949. Wiederabdruck in *Œuv. Rom.* Sehr viel später tauchen noch weitere Fragmente auf, die unter dem Titel ›La dernière chance‹ (dtsch.: ›Die letzte Chance‹, in: *Die letzte Chance*) ebenfalls in den *Œuv. Rom.* abgedruckt sind.
30 Wir hören zwar, daß Sartre um 1950 an einem neuen Roman arbeitet, der »La Reine Albemarle et le dernier touriste« (Die Königin Albemarle und der letzte Tourist) heißen sollte. Laut S. de Beauvoir sollte dieses Buch »gewissermaßen *Der Ekel* seines reifen Alters sein« (*Der Lauf der Dinge*, S. 196). Daraus werden aber nur zwei Fragmente in *Sit. IV* veröffentlicht: ›Un parterre de capucines‹ und ›Venise, de ma fenêtre‹.
31 ›Literatur als Engagement für das Ganze‹. Interview mit Madeleine Chapsal, in: *Was kann Literatur?*, S. 9–29. Hier: S. 13.

Spezialist für das Phantastische, Unsagbare, Erhabene und Erlesene, ein Treibhaus erlesenen Genusses, der an eigens eingerichteten Orten – und nur dort – stattfindet, kurz, eine Literatur der verbalen Ohnmachten. Man muß es noch einmal sagen: Nie in diesem Jahrhundert wurde der Literatur mehr zugetraut, auch zugemutet als bei Sartre. Und man versteht, warum er den poetischen Seelen nicht so recht über den Weg traut, und warum sie ihn – so unpoetisch –verschmähen: im Namen einer Autonomie des Namenlosen.

Aber da er keine Möglichkeit für die totale Literatur, wie er sie in *Was ist Literatur?* ins Auge gefaßt hat, sieht, richtet er sich gleichsam in einem vorliterarischen Raum ein. Man könnte auch von einer die totale Literatur vorbereitenden Literatur sprechen. Das heißt, er verzichtet auf Fiktionalität, die er schon in seinem literaturprogrammatischen Essay kaum berührt und gerechtfertigt hat.

Betrachten wir nur seine Schreibaktivität im Jahre 1948. Zusammenbrüche und Anfänge. Er schreibt gleichzeitig an seiner »Moral«, an *Der Pfahl im Fleische*, und dann beginnt er eine »große, lange und sehr schöne Studie über Nietzsche«[32], die sich als Nebenprodukt aus den Arbeiten an der Moral ergab, von der aber heute jede Spur fehlt. Und schließlich schreibt er noch an einer Studie über Stéphane Mallarmé, von der er etwa zweihundert Seiten fertigstellt. Zweitausend sollten es werden![33] Bei Mallarmé findet Sartre sein eigenes Projekt der totalen Literatur wieder, aber mit umgekehrten Vorzeichen. »Die Wissenschaft des Negativen, dieses *Nichts*, das wie ein Schneeball sich um andere Nichtse bereichert, um seine Artikulation wieder einzuziehen und sich jenseits der Auslöschung der Erscheinungen als das imaginäre Nichts oder als die Imaginarität des Nichts zu offenbaren, hat natürlich Stéphane Mallarmé zur höchsten Vollendung gebracht«[34], so charakterisiert er Mallarmé in seinem späteren Buch über Gustave Flaubert, an dem er mit einigen Unterbrechungen jahrzehntelang arbeitet. Baudelaire, Mallarmé, Flaubert und Genet – alles Großmeister der hohen Kunst der Derealisierung.[35]

32 Sagt S. de Beauvoir in ›Gespräche mit Sartre‹, S. 240.
33 Cf. Anmerkung 6 der Einleitung.
34 *Der Idiot der Familie*, Bd. IV, S. 203.
35 Traugott König hat in seinem Nachwort zu *Mallarmés Engagement* gezeigt, wie die Monographien Sartres zu diesen Autoren ineinander übergehen, aber auch welche Differenzen Sartre in Hinsicht auf den Vorgang der »Derealisierung« herausarbeitet.

»Sein Engagement erscheint mir so total wie möglich: gesellschaftlich ebenso wie poetisch«, sagt Sartre über Mallarmé. [36] Aber dieses totale Engagement ist dem Sartres genau entgegengesetzt: Es sucht und inszeniert das Unsagbare, dem es alles opfert. »Würdig wird der Dichter schweigen, da niemand ihn ja dazu auffordert zu reden; oder vielmehr nein, er wird schreiben: aber das wird nur geschehen, um öffentlich zu verkünden, daß er schweigt. Bestimmte Sujets werden ihm verboten sein? Ausgezeichnet: er wird sich alle anderen versagen: von 1860 bis 1900 streikt die Literatur durch Verstummen.« [37] In Mallarmé sucht er das historische Modell, den Prototyp für das, was seit seinen ersten Literaturkritiken nicht aufgehört hat, ihn zu beunruhigen: die Weigerung der Literatur, Welt zu werden, diesen entschiedenen Vorbehalt, dieses manische Engagement der Verneinung. In seinem Genet-Buch zitiert er Maurice Blanchot: »Zunächst liegt die Sprache in einem Widerspruch: ganz allgemein ist sie das, was die Welt zerstört, um sie wiedergeboren werden zu lassen im Zustand von Sinn, bedeuteten ›Werten‹; aber in ihrer schöpferischen Form fixiert sie sich auf den einzigen negativen Aspekt ihrer Aufgabe und wird reines Anfechtungs- und Verklärungsvermögen. [. . .] Das ist in dem Maß möglich, wie sie, einen sinnlichen Wert annehmend, selbst ein Ding, ein Körper, eine verkörperte Potenz wird.« [38] In Mallarmé inkarniert sich in höchster und staunenswerter Vollendung jenes tiefe und leidenschaftliche Engagement für das Schweigen, das Nichts, die Zerstörung der Kommunikation und ihre »Verklärung« durch Irrealisierung, das seitdem den Lauf der Literatur wie eine geheime Bestimmung lenkt. Das Negationspotential der Literatur oder der Sprache überhaupt verkehrt sich gegen sie selbst und behauptet sich als ein rätselhaftes Schweigen, im Namen einer Hyperkommunikation des abwesenden Seins oder im Zeichen eines verzehrenden Ressentiments. Sartre ist schon bei Baudelaire darauf gestoßen, daß dieses Merkmal des modernen literarischen Selbstverständnisses in der Mitte des 19. Jahrhunderts auftaucht. Aber in dieser ersten Schriftsteller-Monographie interessierte ihn mehr die Person Baudelaires, die im Scheitern ihr Heil gesucht hat, was sich indes bald als epochales Paradigma der Literatur erweist: »Wer verliert, gewinnt«. Bei Mallarmé findet er die vollendete literarische Einlösung dieser Losung.

36 ›Literatur als Engagement für das Ganze‹, loc. cit., S. 12.
37 *Mallarmés Engagement*, S. 29.
38 *Saint Genet. Komödiant und Märtyrer*, S. 483.

Im Werk Jean Genets findet er nicht nur das Echo des »Wer verliert, gewinnt«-Spiels in der unmittelbaren Gegenwart wieder, es erlaubt ihm auch, seine Analyse des schwarzen Engagements mit einer Analyse der Person zu verbinden.

Sartre hat in den 40er Jahren zusammen mit Jean Cocteau und anderen dafür gesorgt, daß der zu lebenslänglicher Verbannung in eine Strafkolonie verurteilte Jean Genet begnadigt und vorzeitig aus der Haft entlassen wurde. Infolge dieser Ereignisse freundeten sich Sartre und Genet an. Ende 1949 bittet man Sartre um ein Vorwort für die Gesammelten Werke Genets, die bei Gallimard erscheinen. Genau zu diesem Zeitpunkt hat er einerseits seine »Moral«, andererseits die Fortsetzung von *Die Wege der Freiheit* vorläufig – und was er noch nicht wußte: endgültig – aufgegeben. Aus diesem Vorwort wird eine fast tausendseitige Studie über Person und Werk Jean Genets. Darüber hinaus geht es ihm um ein methodisches Problem. Die *Cahiers pour une morale* waren ursprünglich unter dem Titel »L'homme« angekündigt worden. Sartre läßt das Projekt fallen, aber tatsächlich drückt der Titel sein größtes Problem aus: Was ist ein konkreter Mensch, ein konkretes Bewußtsein, eine konkrete Handlung? »Dieses Stück Unvorhersehbarkeit, das sich vom gesellschaftlichen Feld abhebt, ist das, was wir Freiheit nennen, und die Person ist nichts anderes als ihre Freiheit.«[39] Aber wenn der Mensch diese Unvorhersehbarkeit, diese Leerstelle ist, an der sich der Lauf der Welt bricht und entscheidet, dann kann man ihn entweder nur in groben und allgemeinen Worten abstrakt umreißen, oder man muß konkret von ihm erzählen. Daß Sartres Anthropologie in erzählerischer Form daherkommt, ist nur konsequent. Es gilt, durch Erzählung zwischen zwei Momenten zu vermitteln, auf die er bereits in *Mallarmés Engagement* hinweist: »Das eigentliche Rätsel ist ja komplexer: es geht darum, wie man gleichzeitig zwei Methoden benutzen kann, die sich auszuschließen behaupten, wie ein und derselbe thematische Komplex gleichzeitig einem persönlichen und sexuellen Geschick und einem Moment der Sozialgeschichte als Emblem dienen kann. Und wenn bewiesen wäre, daß man diesen beiden Systemen zugleich Rechnung tragen muß, welche Beziehung muß man dann zwischen diesen beiden Bedeutungsordnungen herstellen? Gegenseitige Durchdringung, absolute Trennung, einseitiger Einfluß der einen der beiden auf die andere, Wechselwirkung?« (S. 107 f)

39 ›Vorstellung von *Temps Modernes*‹, S. 167 f.

So unternimmt also *Saint Genet* auch die Aufgabe, jene Anthropologie zu erzählen, die ihm philosophisch bisher noch nicht gelungen ist: »Die Grenzen der psychoanalytischen Interpretation und der marxistischen Erklärung aufzuzeigen, darzulegen, daß allein die Freiheit über eine Person in ihrer Totalität Aufschluß geben kann, sichtbar zu machen, wie diese Freiheit, im Kampf mit dem Schicksal zunächst von ihren Verhängnissen erdrückt, sich dann auf sie zurückwendet, um sie nach und nach zu steuern, zu beweisen, daß Genie keine Begabung ist, sondern der Ausweg, auf den man in hoffnungslosen Fällen kommt, die Wahl herauszufinden, die ein Schriftsteller von sich selbst, seinem Leben und dem Sinn des Universums trifft bis hinein in die formalen Merkmale seines Stils und seiner Komposition, bis hinein in die Struktur seiner Bilder und in die Besonderheit seiner Neigungen, die Geschichte einer Befreiung im Detail nachzuzeichnen: das ist es, was ich gewollt habe.«[40] Aber Jean Genet ist auch ein dankbares Beispiel für Sartres Anthropologie. In ihm inkarniert sich geradezu jenes Stück Unvorhersehbarkeit, er ist die schillernde Gestalt der Überschreitung seiner Bedingungen: »Freiheit ist jene kleine Bewegung, die aus einem völlig gesellschaftlich bedingten Wesen einen Menschen macht, der nicht in allem das darstellt, was von seinem Bedingtsein herrührt. So wird aus Jean Genet ein Dichter, obwohl er ganz dazu bedingt war, ein Dieb zu werden. Vielleicht ist *Saint Genet* das Buch, in dem ich am besten dargelegt habe, was ich unter Freiheit verstehe. Als Genet, der zum Dieb gemacht worden war, sagte: ›Ich bin ein Dieb‹, bedeutete diese unscheinbare Abweichung den Beginn eines Prozesses, durch den er zum Dichter [...] wurde [...].«[41] Aber in den Triumph seiner Freiheit mischt sich auch ein bitterer Ton. »Diese einsame und angespannte, aus Notwendigkeit geniale Seele« (S. 904) wird zwar zum

---

40 *Saint Genet*, S. 905. Später wird Sartre allerdings einräumen, daß die Darstellung der objektiven historischen Bedingungen »völlig unzureichend« gewesen sei: »Die Grundzüge der Interpretation – daß Genet ein Waisenkind unter Vormundschaft der Sozialfürsorge war, das in eine Bauernfamilie gegeben wurde, nichts besaß usw. – bleiben zwar gültig. Aber das alles geschah außerdem um 1925, also in einem bestimmten Kontext, der in dem Buch völlig fehlt. Die Sozialfürsorge und die Situation eines Findelkindes sind andererseits spezifische gesellschaftliche Phänomene, und Genet ist ein Produkt des 20. Jahrhunderts; aber von alldem wird in dem Buch nichts erwähnt.« (›Sartre über Sartre‹. Interview, in: *Sartre über Sartre*, S. 144–166. Hier: S. 153)

41 ›Sartre über Sartre‹, S. 146.

Dichter, aber schließlich auch zu einem Wesen, »das nicht mehr am Rande der Gesellschaft lebt, jemand, der nicht mehr weiß, wo er sich befindet, und daher schweigt. In einem solchen Fall kann Freiheit kein Glück sein. Freiheit ist kein Triumph. Für Genet hat sie nur einige Wege eröffnet, die ihm anfangs verschlossen waren.«[42] Letztlich bleibt Genet also der Gefangene seiner Bedingungen, auch wenn er sie ständig überschreitet.

Sartres Buch erscheint in dem Moment – im Sommer 1952 –, da er sich auch politisch radikal zur Faktizität des Geschichtlichen als Ausgangspunkt aller Überschreitungen bekennt. Die Freiheit bleibt Freiheit der Überschreitung, die Person bedeutet jenen winzigen und unbestimmten Abstand zu den Umständen, aber die konkrete Überschreitung findet nicht statt in Richtung auf reine Wahl und auf einen ex nihilo gestifteten Wert, sie realisiert in der Welt vorfindlichen Sinn, den die Person erschließt, der aber von der Welt in Evidenz gehalten wird. Immer unabweisbarer stößt Sartre auf das bleierne Gewicht der Dinge. Die Freiheit schrumpft, sie weicht zurück, aber sie stirbt nicht. »Wenn das Räderwerk uns faßt, müssen wir ganz und gar hindurch; das bißchen Freiheit, das wir noch haben, liegt in der Entscheidung, ob wir den Finger hineinstecken oder nicht. Mit einem Wort: der Anfang gehört uns; später müssen wir unser Schicksal wollen.«[43]

Literarisch schreibt er jetzt »wahre Romane«[44], d. h. Romane, die von der inventiv-phantastischen Dimension der Realität einerseits Zeugnis ablegen und zugleich diese Dimension erzählend und die Erzählung kommentierend ›herstellen‹. Kurz, Genet oder Flaubert werden nicht bloß einfach bei der Arbeit ihres Lebens beobachtet, auch Sartre beobachtet sich bei der Arbeit an – zum Beispiel – Flauberts Leben. Er verschreibt sich einer Literatur, die das kommunikative Potential der Literatur ständig, wenn auch negativ thematisiert. In *Was ist Literatur?* hat Sartre im Grunde den Literaturentwurf des 18. Jahrhunderts aufgenommen und für unsere Tage umgeschrieben. Im Gefolge der Aufklärung und durch das Absterben der Welterklärungsmonopole von Kirche und Staat und bald auch der Wissenschaft rutscht die Literatur in die Rolle einer lebenswirksamen Weltdeuterin, ja sie vertritt über-

42 Ibid.
43 ›Merleau-Ponty‹, S. 209.
44 Sartre wollte den *Idiot der Familie* als einen »*wahren* Roman« verstanden wissen. Cf. ›Sartre über Sartre‹, in: *Sartre über Sartre*, S. 144–166. Hier: S. 159.

haupt die Ansprüche ›des Lebens‹, das in einer funktional differenzierten Gesellschaft schmerzhaft als ungeborgener ›Rest‹ seiner bewußt
wird. Nur, wo ist diese Funktion der Literatur abgeblieben? Wer hat es
wann und warum geschafft, daß die Literatur sich der eigenen Literari-
zität aufopfert, daß sie Mittel und Zwecke verwechselt? Für Sartre
keine Frage von historischem Belang, sondern der Versuch die alte
Tragweite der Literatur wiederherzustellen. Zugleich erlaubt ihm dieser Versuch – in gewissen Grenzen –, eine Literatur dieses Anspruchs
herzustellen: ›das Leben‹ mit Bildern, Sätzen und Wörtern zu versehen.

Ende 1953 beginnt Sartre mit seiner Autobiographie *Die Wörter*, die –
obwohl im wesentlichen 1953 geschrieben – erst 1963 veröffentlicht
wird[45] und mit der er im Grunde bereits 1939/40 begonnen hat. Merkwürdigerweise erzählen *Die Wörter* – zumindest auf den ersten Blick –
mehr vom Glauben als vom Unglauben, und sie erzählen nicht vom
Prozeß der Häutung, den unsere Studie zu zeigen versucht hat. Man
könnte glauben, Sartre spricht lieber und ausführlicher von dem, der er
war, als von dem, der er ist – ganz wie in den *Tagebüchern*. In Wahrheit ist
er ganz gegenwärtig mit dem, was er ist: unterwegs. Und vielleicht ist es
das, was von der großen Moral übriggeblieben ist: der Stil dieses Buches, die Lust an der Gemengelage, die trockene Heiterkeit, mit der er
sich lieber in einer absurden Geschichte stecken sieht als in einem grotesken Heil. Es scheint, daß die erste Fassung von dieser Tonlage nicht
viel enthielt, sondern sich in bitteren Abrechnungen und Verwün-
schungen über die Irrfahrten des Sich-Verschreibens erging. So mag
man einen Sinn darin erkennen, daß der Text zehn Jahre später in einer
deutlich nuancierteren Fassung erscheint. Wenn Sartre die Geschichte
seines Abfalls vom Glauben erzählt, wenn er die ›Mentalreservation‹
beschreibt, die er in seiner Kindheit ›erworben‹ hat und die ihn so viele
Jahrzehnte geschützt hat: die Berufung zum Schreiben, die Neurose,
die aus ihm ein Wesen machte, das immer schon geschaffen war, dann
will er damit keinen neuen Glauben verkünden. Er hat nur »die Konsequenzen aus dem Tode Gottes« gezogen. Endlich schließt Sartre eine
Erfahrung ab, die 1939/40 begonnen hat: »Er [ein Mann von heute
50 Jahren = Sartre] war das Spielzeug einer Mystifikation bis zu dem
Morgen, an dem er entdeckt, daß man das Spielzeug der Umstände

45 *Les Mots*, zunächst in: *Les Temps Modernes*, Nr. 209, Okt. 1963; Nr. 210, Nov. 1963.
   Buchausgabe: 1964.

werden konnte: ein Morgen im Jahre 1939, wo Ihnen eine Uniform übergestülpt wird, eine Kennummer und die Verpflichtung, ein ›Engagement‹ zu erfüllen, das andere für Sie unterzeichnet haben sollen. Von da an wird er sich entschließen, sich ganz alleine zu engagieren.«[46]

Sind wir damit am Ende unserer Geschichte? Es kommt darauf an. Soweit es darum ging, den Weg nachzuvollziehen, den Sartre vom freien und freihändigen, vom bloßen Individuum bis zum verschwitzten und blutbefleckten Trotzdem- und Immer-noch-Individuum zurückgelegt hat, können wir hier einhalten. Aber natürlich stürmt unser ungeheuer eiliger Mann noch weiter. Er beginnt eine andere Bataille. Sie führt ihn von der *Kritik der dialektischen Vernunft* über das poltische Engagement im Algerienkrieg, in der Dritte-Welt-Bewegung, im Russeltribunal zum amerikanischen Vietnamkrieg bis zum *Idiot der Familie*. Sie führt ihn nicht immer zu Siegen. Das liegt in der Natur seiner Schlachten. Denn es geht darum, sich in einer Welt zu schaffen, die einem nicht gehört, in der man sich nicht gehört, in der man sich aber auch nicht einfach verlieren kann. In den 70er Jahren hat Sartre das Gefühl, auf einer Schwelle zu stehen, von wo er einerseits auf sein Werk zurückblickt, und die ihn andererseits bis an den Rand eines »Jenseits meines Werkes« führt, wohin er allerdings nicht mehr vorgestoßen ist. Er starb am 15. April 1980. Und ein Zeitgenosse nannte seine Beerdigung »die letzte Demonstration vom Mai 68«. Aus heutiger Sicht eine furchtbar zutreffende Diagnose. Seitdem herrscht die postmoderne Metaphysik des Liberalismus, die bekanntlich mit der Freiheit nichts im Sinn hat.

Soll man deshalb um einen neuen Sartre bitten? Er selbst würde über dieses Ansinnen kaum lächeln. Leithammel der Freiheit zu sein ist und bleibt ein unfruchtbares Paradox. Warum also unser kleiner Parcours – woran soll er gemahnen? Sartres Denken liegt in etlichen Büchern gespeichert vor. Und sicherlich ärgert einen das lieblose Zeug, das man dauernd über ihn und sein Werk zu lesen bekommt. Aber ich muß zugeben, noch bevor ich sein Denken genauer verstanden habe, stand ich bereits im Banne seines Kraftfeldes. Ich spüre es heute noch, wenn ich seine Bücher aufschlage. Wie soll man es nennen? Energie, Dynamik, Gewalt, Lust, Ernst? Und dann diese stets geschürte Ungemütlichkeit.

46 ›Avant la création de *Nekrassov* au théâtre Antoine‹. Interview, in: *Le Monde*, 1. Juni 1955. Zit. n. Contat/Rybalka, *Ecrits*, S. 386.

Woher kommt er, dieser Mut, diese »Losreißungskraft« von allem, von allen, auf alle, auf alles zu? Ich weiß es nicht. Vielleicht müßte man Jean-Paul Sartre denselben Prozeduren unterziehen, mit denen er versucht hat, Mallarmé, Genet oder Flaubert zu röntgen. Allerdings scheint es mir fraglich, ob wir Sartres Windeln kennen müssen, um sein Denken für uns fruchtbar zu halten. In *Die Wörter* erzählt er von sich selbst wie von einem Gleichnis. Von sich so viel, damit der Leser sich erkennen kann. In diesem Buch finde ich auch Bilder, die für uns alle gelten, auch wenn wir sie verschieden erfahren und Verschiedenes daraus machen. Ich denke vor allem an das Motiv, ohne Fahrkarte zu sein. Es gab in seinem Leben Momente der Rettungsversuche, Anstalten, »die Sünde der Existenz« zu tilgen. Wir haben uns in dem Moment eingeschaltet, da er dem Traum von der Platzkarte zu entsagen versucht. An diesem Verzicht entlang formuliert er sein Denken. Merkwürdigerweise hat man dabei den Eindruck: je mehr er sich losreißt, um so mehr kommt er an.

Ich möchte unbedingt einigen Freunden und Helfern danken. An erster Stelle den Professoren Artur Greive und Peter-Eckehardt Knabe, die mich über Jahre hinweg geradezu listen- und fintenreich gefördert und gefordert haben. Und dies, obwohl sie stets wußten, daß das Ergebnis nur sehr bedingt ihren eigenen Auffassungen entsprechen würde.

Ebenso danke ich Marie-Thérèse und Michel Cadot, die mir ihr wunderschönes Haus in Locmiquel in der Bretagne für sechs glückliche Monate zur Verfügung gestellt haben. Marie-Thérèse Cadot hat die Drucklegung dieses Buches, das ich zu großen Teilen in dem von ihrem Geist durchwehten Garten geschrieben habe, nicht mehr erlebt. Sie starb im Januar 1990. Das Buch ist auch der Erinnerung an sie gewidmet. Manche Stellen sind in direkter Auseinandersetzung mit ihr entstanden.

Christoph Vormweg hat mit großer Genauigkeit, viel Sachverstand und noch mehr mitschwingender Freundschaft das Manuskript korrigiert. Deshalb hatte auch mein Lektor Reiner Stach ziemlich wenig Arbeit, aber ich danke ihm für weitere Anregungen und Verbesserungen. Jochen Greven hat schmerzhaft, aber zuletzt vielleicht doch hilfreich geschimpft. Hanns Grössel hat mich ebenfalls sehr unterstützt und so die Fertigstellung der Arbeit ermöglicht.

Anderen werde ich anders danken.

W. v. R.

Philosophie

Jean Le Rond D'Alembert
Einleitung zur 'Enzyklopädie'
Herausgegeben und mit einem
Essay von Günther Mensching
Band 6580

Jean Le Rond D'Alembert
Denis Diderot u.a.
Enzyklopädie
Eine Auswahl
Herausgegeben von
Günther Berger
Band 6584

Francis Bacon
Weisheit der Alten
Herausgegeben und
mit einem Essay von
Philipp Rippel
Band 6588

Ernst Cassirer,
Jean Starobinski,
Robert Darnton
Drei Vorschläge,
Rousseau zu lesen
Band 6569

René Descartes
Ausgewählte Schriften
Herausgegeben von
Ivo Frenzel
Band 6549

Denis Diderot
Über die Natur
Herausgegeben und
mit einem Essay von
Jochen Köhler
Band 6583

Hans-Georg Gadamer (Hg.)
Philosophisches Lesebuch
3 Bände: 6576/6577/6578

Jens Heise
Traumdiskurse
Die Träume der Philosophie
und die Psychologie des
Traums
Band 6585

Max Horkheimer

Gesellschaft im Übergang
Aufsätze, Reden und Vorträge
1942 – 1970. Herausgegeben
von Werner Brede
Band 6545

Sozialphilosophische Studien
Aufsätze, Reden und Vorträge
1930 – 1972. Herausgegeben
von Werner Brede
Band 6540

Zur Kritik der
instrumentellen Vernunft
Band 7355

Fischer Taschenbuch Verlag

fi 69 / 8 a

Philosophie

Martin Jay
Dialektische Phantasie
*Die Geschichte der Frankfurter
Schule und des Instituts für
Sozialforschung*
Band 6546

Susanne K. Langer
Philosophie auf neuem Wege
*Das Symbol im Denken,
im Ritus und in der Kunst*
Band 7344

Ludger Lütkehaus (Hg.)
„Dieses wahre innere Afrika"
*Texte zur Entdeckung des
Unbewußten vor Freud*
Band 6582

Niccolò Machiavelli
Politische Schriften
*Herausgegeben von
Herfried Münkler*
Band 10248

Platon
Sokrates im Gespräch
Vier Dialoge
Band 6550

Jean-Jacques Rousseau
Schriften
*Herausgegeben von
Henning Ritter*
2 Bände: 6567/6568

Bertrand Russell
Das ABC der Relativitätstheorie
Band 6579
Moral und Politik
Band 6573
Philosophie
**Die Entwicklung
meines Denkens**
Band 6572

Joachim Schickel
Philosophie als Beruf
Band 7315

Hans Joachim Störig
**Kleine Weltgeschichte
der Philosophie**
Band 6562

Christoph Türcke
Der tolle Mensch
*Nietzsche und der
Wahnsinn der Vernunft*
Band 6589

Charles Whitney
Francis Bacon
Die Begründung der Moderne
Band 6571

Franz Wiedmann
Anstößige Denker
*Die Wirklichkeit als Natur
und Geschichte in der
Sicht von Außenseitern*
Band 6587

Fischer Taschenbuch Verlag